古代歷史文化研究輯刊

九 編

王明蓀 主編

第 3 冊

燕國史稿（修訂版）（下）

彭 華 著

國家圖書館出版品預行編目資料

燕國史稿（修訂版）（下）／彭華 著 -- 初版 -- 新北市：花木
蘭文化出版社，2013〔民 102〕
目 4+186 面；19×26 公分
（古代歷史文化研究輯刊 九編；第 3 冊）
ISBN：978-986-322-185-2（精裝）
1. 先秦史
618   102002665

ISBN-978-986-322-185-2

9 789863 221852

古代歷史文化研究輯刊
九 編 第 三 冊   ISBN：978-986-322-185-2

燕國史稿（修訂版）（下）

作　　者	彭華
主　　編	王明蓀
總 編 輯	杜潔祥
出　　版	花木蘭文化出版社
發 行 所	花木蘭文化出版社
發 行 人	高小娟
聯絡地址	235 新北市中和區中安街七二號十三樓
	電話：02-2923-1455／傳眞：02-2923-1452
網　　址	http://www.huamulan.tw 信箱 sut81518@gmail.com
印　　刷	普羅文化出版廣告事業
初　　版	2013 年 3 月
定　　價	九編 27 冊（精裝）新台幣 45,000 元

燕國史稿（修訂版）（下）

彭 華 著

目次

第十章　古族與古國（上）

　　「古族」一詞，前輩學者曾經使用過。如蒙文通（1894～1968）的一本學術專著，即名爲《古族甄微》〔註1〕。但仔細閱讀該書，知其所收錄的「古族」並非盡皆發展成爲「民族」（ethnicity）；所以，用「古族」來爲該書命名，還是比較貼切的。

　　本文之所以不用「民族」而用「古族」，正是鑒於其發展程度而言的，因爲它們有的已經發展成爲頗具規模的、比較成熟的「民族」（如鮮虞、東胡、山戎），而有的尚未發展成爲嚴格意義上的「民族」，甚至還處在「氏族」（clan）或「部落」（tribe）階段〔註2〕。

　　「古國」一詞，古人使用頗多（如《史記》、《漢書》），而晚近的學者也曾經使用過，如蒙文通（1894～1968）的《周秦少數民族研究》〔註3〕、王獻唐（1896～1960）的《山東古國考》〔註4〕。《周秦少數民族研究》的一節，

〔註 1〕蒙文通：《古族甄微》（《蒙文通文集》第二卷），成都：巴蜀書社，1993 年。
〔註 2〕在《陳寅恪「種族與文化」觀辨微》（《歷史研究》2000 年第 1 期）一文中，我曾經談及「民族」的定義問題，不妨將相關文字移錄於此。斯大林（1879～1953）給「民族」下過一個經典的定義，「民族是人們在歷史上形成的一個有共同語言、共同地域、共同經濟生活以及表現在共同文化上的共同心理素質的穩定的共同體」（《斯大林選集》上卷，北京：人民出版社，1979 年，第 64 頁）；而新近的研究則加入了一個「民族認同意識」，「凡是居住在一定地域內、相互有切實的經濟聯繫，操同一種彼此能理解的語言，通常在其整個歷史進程中保留著一定的文化特點，意識到自己屬於一個獨立社會群體的人們所組成的共同體，就叫作民族共同體」（〔蘇〕尼·切博克薩羅夫、伊·切博克薩羅娃著，趙俊智、金天明譯：《民族·種族·文化》，北京：東方出版社，1989 年，第 31 頁）。總之，就發展程度而言，「民族」無疑是高於「氏族」和「部落」的。
〔註 3〕上海：龍門聯合書局，1958 年 7 月第一版。
〔註 4〕濟南：齊魯書社，1983 年。

即名爲《犬封古國》。但仔細揣摩文意，知蒙文通筆下的「古國」有「古代國家」（ancient state）之意。他引《山海經・海內北經》「有犬封國」，又言「犬封國曰犬戎」（按：引文當作「犬封國曰犬戎國」），接下來就考證犬戎如何如何；後來，鬼方「服犬戎而據其國」〔註5〕。但此犬戎是否已經發展成爲「國家」（state），尚未可知；所以，蒙文通對「古國」的理解還有一定偏差。相對而言，考古學界對「古國」的理解就要科學得多，嚴謹得多。蘇秉琦在分析遼西地區屬於紅山文化的喀左東山嘴祭壇遺址和牛河梁「女神廟」、積石塚遺址時提出，「我國早在五千年前，已經產生了植根於公社、又凌駕於公社之上的高一級的社會組織形式」，他把這種「高於氏族部落的、穩定的政治實體」稱之爲「古國」〔註6〕。謝維揚先生進一步加以說明，蘇秉琦「在這裡所說的『古國』實際上是屬於前國家範疇的」〔註7〕。這是本文所使用的「古國」一詞的第一個含義。

但「古國」一詞，還兼具「古代國家」的含義，如王國維就說過，「夏殷以來古國，方之蔑矣」〔註8〕。因而，本文所用的「古國」一詞，則同時具有兩個層次的含義：第一層含義，亦即謝維揚先生所說的「前國家範疇」的「古國」；而第二層含義，指的是已經上陞爲「國家範疇」的「古國」。這是合乎歷史事實的用法。比如，由鮮虞所建立的中山國，已經發展爲「國家」；而燕國之成爲「國家」，則早已是不爭的事實。

在此附帶提及的而又需要特別辨析的是，在甲骨文、金文和傳世文獻中，曾經出現過諸如某某「國」、「方」、「邦」等，他們並不一定就是「國家」，許多仍然處於「前國家」階段，僅爲一些部落（人群、家族）或都邑而已。這一區別，夏曾佑（1865～1924）早在《中國古代史》中已經明確指出，「夫古國如是之多者，大抵一族即稱一國，一國之君，殆一族之長耳」〔註9〕。隨後，

〔註5〕蒙文通：《古族甄微》，成都：巴蜀書社，1993年，第67～69頁。

〔註6〕蘇秉琦：《遼西古文化、古城、古國》，《文物》，1986年第8期。

〔註7〕謝維揚：《中國早期國家》，杭州：浙江人民出版社，1995年，第276頁。

〔註8〕王國維：《殷周制度論》，《觀堂集林》卷十，北京：中華書局，1959年。

〔註9〕夏曾佑：《中國古代史》，北京：三聯書店，1955年，第35頁。夏曾祐此書作於1902～1906年，三聯書店版據商務印書館1935年第三版重印，除在文字上稍做處理外，其餘一仍其舊。夏氏此論，金景芳評價甚高，「夏氏的說法，確有見地」（《古史論集》，濟南：齊魯書社，1981年，第51頁），「夏氏這個說法，最有見地」（《金景芳古史論集》，長春：吉林大學出版社，1991年，第204頁）。

郭沫若又在《中國古代社會研究》（1927 年）中再次申述，「我們古時候的所謂國，其實僅僅是一個大宗或小宗，所以動輒便稱萬國萬邦」〔註 10〕。王玉哲則從地域觀念分析過「國」的含義。他認為，在先秦時期，「國」、「邑」二字是相通的，三代時的所謂「國」，即以一個大邑為都城，周圍不遠由國王控制的地區即是王畿，再以外遠近不等散佈著屬於王朝的各諸侯的城邑，其間散佈著不屬於王朝、或者還是敵對的許多方國〔註 11〕。所以，本書標題使用的「古國」一詞，是謹慎、嚴謹而又科學的〔註 12〕。

一、有易氏

有易氏，是河北一個古老的氏族部落，曾經和商之祖先有過仇殺。《山海經・大荒東經》云：「有人曰王亥，兩手操鳥，方食其頭。王亥託於有易、河伯僕牛。有易殺王亥，取僕牛。」而郭璞注引《古本竹書紀年》則說是王亥「賓於有易而淫焉」，結果被有易之君綿臣殺死，後來上甲微「假師於河伯以伐有易，滅之，遂殺其君綿臣也」。此事在《周易》和《楚辭》中均有反映。《周易・大壯》六五爻辭：「喪羊於易，無悔。」《周易・旅》上九爻辭：「鳥焚其巢，旅人先笑後號咷，喪牛於易，凶。」顧頡剛認為，這裡講的就是「有易殺王亥取僕牛」的故事〔註 13〕。《楚辭・天問》云：「該秉季德，厥父是臧，胡終弊於有扈，牧夫牛羊？」這裡的「該」和「有扈」，誠如王國維所言，就是「王亥」和「有易」〔註 14〕。《呂氏春秋・審分覽・勿躬》所云「王冰作服牛」，蓋本《山海經・大荒東經》「王亥僕牛」（王冰即王亥）。又，《楚辭・天問》云：「昏微遵迹，有狄不寧；何繁鳥萃棘，負子肆情。」關於此四句，姜亮夫（1902～1995）一方面承接王國維之說，解前兩句為上甲微之善事（「上甲微遵先人之迹，為先人服仇」）；另一方面，又從語法入手，證明後兩句說的是上甲微與兒媳亂倫事，前後褒貶不一，故以「何」來形成語義的轉換，

〔註 10〕 郭沫若：《中國古代社會研究》，北京：人民出版社，1964 年第二版，第 38 頁。

〔註 11〕 王玉哲：《殷商疆域史中的一個重要問題——「點」和「面」的概念》，《鄭州大學學報》，1982 年第 2 期。

〔註 12〕 田繼周說：「方即邦，意為國。」（《少數民族與中華文化》，上海：上海人民出版社，1996 年，第 4 頁注釋 1。）顯然是輕率之言，切不可盲從。

〔註 13〕 顧頡剛：《周易卦爻辭中的故事》，《古史辨》第三冊，上海：上海古籍出版社，1982 年。

〔註 14〕 王國維：《殷卜辭中所見先公先王考》，《觀堂集林》卷九，北京：中華書局，1959 年。

此「必爲微之涼德無疑」〔註15〕。結合郭璞《山海經》注引《古本竹書紀年》「賓於有易而淫焉」觀之，姜亮夫之說合理。

　　頗有意思的是，在新近公佈的《清華大學藏戰國竹簡（壹）》中，赫然就有一篇《保訓》；而《保訓》的內容，是記述周文王晚年病重且將不久於人世之時，向太子發（即後來的周武王）口述的遺訓；遺訓所舉之例有二，一爲舜，二爲上甲微。《保訓》云：「隹王五十年，不豫。王念日之多鬲（歷），恐述（墜）保訓。……王若曰：……昔微叚（假）中於河，以復有易，有易怀（服）氒（厥）辠（罪）。微亡（無）害，迺（乃）追（歸）中於河。」〔註16〕所謂「有易怀（服）氒（厥）辠（罪）」，即有易人服其罪，即有易人向王亥之子上甲微認罪，承認並追悔其殺害王亥的罪行；所謂「微亡（無）害」，即上甲微沒有殘害有易人；所謂「迺（乃）追（歸）中於河」，即河內地區崇尚起了和諧之道〔註17〕。由此以觀，愈發證明王國維「二重證據法」之顚撲不破也。套用王國維之語，「雖謬悠緣飾之書如《山海經》、《楚辭・天問》，成於後世之書如《晏子春秋》、《墨子》、《呂氏春秋》，晚出之書如《竹書紀年》，其所言古事亦有一部分之確實性」〔註18〕。

　　張忠培認爲，有易氏就是北狄（筆者按：「易」、「狄」在上古韻同聲近，可以換用〔註19〕），有易之稱大概與易水有關，有易氏到上甲微以後便衰落下去；而海河北系區夏家店下層文化的分佈區域、年代、與鄰境文化關係等方面都和文獻中的有易氏相吻合，這種文化很可能就是有易氏所屬的考古文化〔註20〕。有易氏的地望，根據王國維的考證，就在今天河北易水流域〔註21〕。

〔註15〕姜亮夫：《重訂屈原賦校注》，《姜亮夫全集》卷六，昆明：雲南人民出版社，2002年，第289～291頁。

〔註16〕清華大學出土文獻研究與保護中心編，李學勤主編：《清華大學藏戰國竹簡（壹）》，上海：中西書局，2010年，第143頁。

〔註17〕廖名春、陳慧：《清華簡〈保訓〉篇解讀》，《中國哲學史》，2010年第3期。

〔註18〕王國維：《古史新證——王國維最後的講義》，北京：清華大學出版社，1994年，第52～53頁；謝維揚、房鑫亮主編：《王國維全集》第十一卷，杭州・廣州：浙江教育出版社・廣東教育出版社，2009年，第278頁；王國維著，彭華選編：《王國維儒學論集》，成都：四川大學出版社，2010年，第345頁。

〔註19〕林澐說：「易是中古的喻母四等字，古韻屬錫部。狄是中古的定母字，古韻也屬錫部。而音韻學上有『喻四歸定』的成說，也就是中古的喻母四等字在上古時代和中古時代定母字屬於同一聲類。則易和狄在先秦時代可能是同音的。」（林澐：《古文字研究簡論》，長春：吉林大學出版社，1986年，第114頁。）

〔註20〕張忠培：《夏家店下層文化研究》，《中國北方考古文集》，北京：文物出版社，

　　結合甲骨卜辭的記載，張忠培和王國維之說基本上可以信從。《掇》1455：「其告於高祖王亥三牛。」《佚》888：「辛巳卜貞，王亥□甲即於河。」這兩處的「亥」字，字形均作上隹下亥，與《山海經·大荒東經》所記「兩手操鳥方食其頭」有關，而卜辭中之「河」顯然就是易水。有易氏爲游牧部落之說，應當沒錯；但此時的商人，卻不一定僅從事游牧活動，農業應當是其主業。《屯南》2105：「於高祖亥奉禾。」「奉禾」與「奉年」、「受禾」與「受年」是同義的，均指穀物之收穫，乃豐收之意〔註22〕。此爲商人主要爲農業民族，而非僅爲游牧民族之明證。

二、孤竹

　　孤竹的歷史十分悠久，在甲骨文和金文以及傳世文獻中，都有關於孤竹的記載。

　　在甲骨文裏，孤竹單稱「竹」，有時也稱作「竹侯」。《屯南》1116：「己亥卜貞，竹來以召方，於大乙……。」《乙》4525：「竹入十。」《粹》918：「……取竹芻於丘。」〔註23〕《京津》2114：「竹侯。」《合集》3324：「竹侯。」《合集》22045：「子竹犬。」一般認爲，它們指的就是孤竹，「竹」是孤竹的省稱，竹是族屬，侯是爵稱；其地望在今河北省東北部到遼寧省西南的部分地區，今河北省盧龍縣大致是竹侯的都邑所在〔註24〕。從上述卜辭可知，孤竹曾經向商王室進貢龜甲（「竹入十」）和犬（「竹犬」），提供畜牧奴隸（「取竹芻於丘」）。

　　甲骨卜辭所反映的孤竹與商的關係，是頗爲密切的。如，孤竹之女嘗爲武丁王妃，甲骨卜辭稱作「婦竹」（《後》下 27.10、《甲骨續存》1.64）；孤竹國人還擔任過史官，卜辭稱作「卜竹」（《合集》23805）；孤竹還爲商朝守護北部邊防、抵禦土方，「䢓妻笅（竹）告曰：土方侵我田十人」（《菁》6，《合集》6057）；甲骨卜辭中還有關於孤竹國婦女在商王朝活動的記錄，如「竹妾」（《合集》2863）、「婦竹」（《後》27.18）、「妻竹」（《菁》6）、「母竹」（《乙》

　　　　1990 年，第 204～205 頁。
〔註21〕王國維：《殷卜辭中所見先公先王考》，《觀堂集林》卷九，北京：中華書局，
　　　　1959 年。
〔註22〕姚孝遂、肖丁：《小屯南地甲骨考釋》，北京：中華書局，1985 年，第 18 頁。
〔註23〕姚孝遂、肖丁：《小屯南地甲骨考釋》，第 96 頁。
〔註24〕彭邦炯：《從商的竹國論及商代北疆諸氏》，《甲骨文與殷商史》第三輯，上
　　　　海：上海古籍出版社，1991 年。

105）；孤竹也常參加商王對祖先的祭祀活動（《合集》6647、20333，《英藏》1822）。

在金文中，孤竹一般都稱作「孤竹」。1973年，在遼寧喀左縣出土一件渦紋銅罍，屬於商代晚期，銘文是「父丁，孤竹，亞微」。根據李學勤考證，此銘文中的「孤竹」即是商代的孤竹〔註25〕。但白川靜不同意李學勤的說法，認爲銅器並非孤竹國的祭器，而是燕軍進入大淩河確保交通路線時遺留下來的〔註26〕。筆者認爲，李學勤之說更爲有理。除此之外，出現「孤竹」之名的銅器還有一些，如方罍的「孤竹亞橐」，方鼎的「亞橐孤竹□」，亞橐鼎的「亞橐孤竹酒」（《集成》2033）。憲亞、微亞兩個「亞」同屬於孤竹。

在傳世文獻中，孤竹也稱之爲「孤竹」。《史記·伯夷列傳》云：「伯夷、叔齊，孤竹君之二子也。」《周本紀》云：「伯夷、叔齊在孤竹」，正義：「《括地志》云：『殷時諸侯孤竹國也。』」《逸周書·王會解》云：「孤竹距虛」。

「孤竹」之得名，有人說是因爲當地盛產一種帶方棱的竹子（「觚竹」）。《爾雅·釋地》：「觚竹、北戶、西王母、日下，謂之四荒。」郭璞注：「觚竹在北，北戶在南，西王母在西，日下在東，皆四方昏荒之國，次四極者。」邢昺疏：「觚竹者，《漢書·地理志》：『遼西令支有孤竹城是乎？』」羅泌（1131～1189）《路史·國名紀》說，「孤竹」一作「觚竹」，「觚」者，觚棱之意也。陳平補充依據，商代的河北北部孤竹國一帶，氣候較今天溫暖濕潤，可能當時正好盛產這種竹子〔註27〕。但我認爲，這種推測未免有些牽強附會。因爲甲骨文單稱之爲「竹」，而不是「孤竹」，更不是「觚竹」；而金文也作「孤竹」，沒有作「觚竹」的；《路史·國名紀》說「孤竹」一作「觚竹」，這本身就是後起的說法，並且此「孤竹」恐非彼「孤竹」，亦即二者同名異實，它僅是作爲植物名的「孤竹」（或「觚竹」）而不是作爲國名的「孤竹」。

孤竹爲子姓、目夷氏一說，應當是沒有問題的〔註28〕。《史記·殷本紀》說：「契爲子姓，其後分封，以國爲姓，有殷氏、來氏、宋氏、空桐氏、稚氏、

〔註25〕晏琬（李學勤）：《北京、遼寧出土銅器與周初的燕》，《考古》，1975年第5期；李學勤：《試論孤竹》，《社會科學戰線》，1983年2期。

〔註26〕轉引自〔日〕町田章：《殷周與孤竹國》，譯文見《考古學參考資料》（6），北京：文物出版社，1983年，第53頁。

〔註27〕陳平：《燕史紀事編年會按》（上冊），北京：北京大學出版社，1995年，第49頁。

〔註28〕《史記·周本紀》正義說，「殷時諸侯孤竹國也，姓墨胎氏」，顯然是對先秦時期姓、氏有別的誤解，不足爲據。

北殷氏、目夷氏。」其中的「目夷氏」，即「墨胎氏」的同音異寫；「墨胎」，又作「墨夷」、「墨臺」、「默臺」或「默怡」（《通志・氏族略》）以及「明夷」（《周易》）等。

孤竹的地望，《史記・伯夷列傳》正義引《括地志》云，「孤竹古城在盧龍縣南十二里，殷時諸侯孤竹國也」，即孤竹城在今河北盧龍一帶。但索隱所言卻與此有別，「按：《地理志》孤竹城在遼西令支縣。應劭云伯夷之國也。」《孟子・離婁上》說：「伯夷辟紂，居北海之濱。」北海即今渤海，地理位置也與此接近。建國以來，在河北北部、遼寧西部等地先後出土過大批與商代孤竹國有關的青銅器。遼寧喀左縣北洞村出土過帶有「父丁，孤竹，亞微」銘文的青銅器，年代為商末。它們說明，孤竹國的統治範圍除了河北北部外，已經到達遼寧西部。所以，結合傳世文獻和出土文獻，孤竹國的疆域應在西南起今河北遷安、盧龍，沿渤海北岸東抵遼寧興城，北達遼寧北票和內蒙古敖漢旗南部的廣袤範圍之內〔註29〕。

作為殷商的一個同姓諸侯國，孤竹國始封於商湯時期，《帝王世紀》說是「湯特封墨臺氏於孤竹」〔註30〕，《史記・伯夷列傳》索隱更是言之鑿鑿，說孤竹「是殷湯三月丙寅日所封」。有商一代，孤竹曾受商王的重用，甲骨文中多次出現「令竹」，便是明證。

從相傳的商湯始封至帝紂時代，孤竹國一共傳了九代，而現在可以考見的是第七代以下的三代。第七代國君名「獻」，甲骨文記作「竹侯」，廟號是「丁」，大約生活於武丁后期至廩辛時代，曾經做過商王朝的「貞人」和「司卜」。第八代是「獻」的兒子，金文記作「微」，尊稱為「亞微」，文獻記作「初」，字子朝（《史記・伯夷列傳》索隱引）。「亞微」有子三人，長子即伯夷，名允，字公信；第三子即叔齊，名致（或作智），字公達（《史記・伯夷列傳》索隱引）；中子名憑，金文作「亞憲」，在殷王朝中官至亞卿。因為伯夷和叔齊相繼讓國外逃，國人便立中子亞憲為國君，即第九代孤竹國君〔註31〕。

周武王討伐商紂，伯夷、叔齊曾叩馬而諫；商朝滅亡以後，二人「義不

〔註29〕 陳平：《燕史紀事編年會按》（上冊），第54頁；李德山：《東北古民族與東夷淵源關係考論》，長春：東北師範大學出版社，1996年，第86頁。

〔註30〕 吳卓信：《漢書地理志補注》引，《二十五史補編》（第一冊），北京：中華書局，1955年。

〔註31〕 金耀：《亞微罍考釋——兼論商代孤竹國》，《社會科學戰線》，1983年第2期。

食周粟，隱於首陽山」，最後餓死（《史記·伯夷列傳》）。而孤竹國的境遇也大不如前。其地先「以之封箕子」（《隋書·裴矩傳》），後因箕子及其族人東遷至古朝鮮，孤竹便隸屬於燕國，受燕國的統轄。隸屬於燕國的孤竹，可能並沒有真正歸順於燕國，而是與燕國處於敵對狀態。再後來，強大的山戎南下發展，孤竹與令支一同受制於山戎，成為山戎的「與國」（《國語·齊語》韋昭注）。在山戎的伐燕行動中，孤竹與令支可能都被迫參與了這次統一行動〔註32〕。燕國告急於齊國，齊桓公北上救燕，結果大獲全勝，並「刜令支，斬孤竹而南歸」（《國語·齊語》，以及《管子·小匡》等）。尹知章說，孤竹之君就在這次戰爭中被殺（《管子·小匡》注）。之後，孤竹國就再也沒有出現過。由此看來，孤竹國應當就滅亡於齊桓公二十三年（西元前664年）。

三、令支

在出土的甲骨卜辭中，出現過「㠱絵」（《佚》720）、「叀絵」（《粹》1161）等；丁山認為，它們指的就是傳世文獻中的「令支」〔註33〕。

令支，又作「不令支」（《逸周書·王會解》）、「泠支」（《管子·小匡》）、「離支」（《管子·輕重甲》）、「離枝」（《史記·齊太公世家》）、「令止」（《淮南子·時則訓》）、「零支」（《後記·炎帝參盧篇》）等。在古代漢語裏，「不令支」之「不」並非發語詞，僅僅是一個助語辭；所以，「令支」當是「不令支」的省稱〔註34〕。

關於令支族的構成，《中國東北史》曾指出令支、孤竹「或者即為兩親族亦未可知」（第163頁），李德山引此文，認為令支是東夷族系中的萊夷和郳婁族的各一部分合併而組成的〔註35〕。

關於令支的地望，在認識上沒有什麼異議。《國語·齊語》韋昭（204

〔註32〕齊桓公當時打出的旗號是「尊王攘夷」，他救邢、救燕、封衛、伐楚，皆由此而出發；據此反觀他之所以伐山戎、刜令支、斬孤竹，一則固然是出於燕國的「告急」，另則也說明這些古族與古國當時非但不臣服於周王朝，反而進攻姬姓燕國。所以，我推測令支與孤竹參與了山戎的伐燕行動，應當沒錯。

〔註33〕丁山：《甲骨文所見氏族及其制度》，北京：中華書局，1988年，第139～144頁。

〔註34〕朱右曾《周書集訓校釋》說：「盧曰：不字，發聲。王曰：《齊語》云：北伐山戎，刜令支，斬孤竹。」陳逢衡《逸周書補注》：「《王會》二不字係助語辭，如句吳、於越之類。」

〔註35〕李德山：《東北古民族與東夷淵源關係考論》，第93頁。

～273）注：「令支，今爲縣，屬遼西郡，孤竹之城存焉。」《史記・周本紀》正義認爲其故城在盧龍縣南七十里，並加按語，「後漢令支縣屬遼西郡也」〔註 36〕。《地形志》說：「肥如有令支城。」楊守敬（1839～1915）加按語：「在今遷安縣南。」由此可知，令支故城就在今河北遷安縣一帶。其活動範圍肯定超過遷安縣一帶，東部已到遼西的西部地區〔註 37〕。

殷商之時，令支與孤竹比鄰而居，所以在古文獻中二者常常被連帶提及；但令支的勢力恐較孤竹國更爲弱小。「成周之會」時，令支貢獻的方物是「玄獏」（孔晁說是黑色的狐狸），對周王朝政權予以承認並表示臣服。

進入春秋之後，山戎崛起於北部，並南下發展，令支與孤竹曾經一度淪陷爲山戎的「與國」（《國語・齊語》韋昭注）。淪陷爲山戎「與國」的令支，與孤竹一樣可能也參與了山戎的伐燕行動。「（齊桓公）二十三年（西元前 664 年），山戎伐燕，燕告急於齊，齊桓公救燕」（《史記・齊太公世家》），結果山戎被打敗，「（齊桓公）刜令支，斬孤竹而南歸」（《國語・齊語》）〔註 38〕。令支就此潰散，其部眾或融合於燕國，或散入東胡。

四、㠱國與箕國

「㠱國」是一個歷史頗爲久遠的古國，在甲骨文和金文裏都有關於「㠱國」的記載。

「㠱國」見於甲骨卜辭的記載，如「丁卜於㠱」（《小屯、殷虛文字甲編》2389），「㠱」（《小屯、殷虛文字乙編》3927）、「㠱侯」（《殷虛書契前編》2.2.6，《合集》5693）、「亞㠱」（《合集》27930、27931），其年代約在帝乙或帝辛時期。

在金文裏，「其」作「㠱」。在兩件同名商代銅器亞㠯簋上，均有「亞㠯」二字（《集成》3090、3091）。三件同名商代銅器亞其㠯作母辛卣（蓋器同銘），銘文作「亞其㠯作母辛彝」（《集成》5292、5293、5294）。商代晚期銅器孝卣（孝祖丁卣）銘文：「丁亥，𠨘易（賜）孝貝，用乍（作）且丁彝。㠱侯亞㠯。」（《三代》13.34，《集成》5377）1973 年，遼寧喀左出土斐方鼎（《集成》2702），其銘文爲：「㠱侯亞㠯。丁亥，𠨘商（賞）又（有）正斐要貝，才（在）

〔註 36〕張衍田輯校：《史記正義佚文輯校》，北京：北京大學出版社，1985 年，第 13 頁。

〔註 37〕李德山：《東北古民族與東夷淵源關係考論》，第 94 頁。

〔註 38〕解釋見前文相關部分（第二節《孤竹》）。

穆，朋二百。斐辰（張），㪿商（賞），用乍（作）母乙障。」〔註39〕1955 年，在淩源縣馬廠溝小轉山子北坡發現一批青銅器，其中有亞盉，銘文是：「㠱侯亞矣。匽侯錫（賜）亞貝，用乍（作）父乙寶障彝。」（《三代》14.10.7～8，《集成》9439）。西周早期銅器亞㠱侯矣父乙簋：「亞㠱侯矣父乙。」（《集成》3504）西周早期銅器亞㠱矣作父乙簋：「亞㠱矣作父乙。」（《集成》3505）在北京近郊盧溝橋、房山縣琉璃河 M251、昌平縣白浮村等地出土的商末周初青銅器上，分別有「㠱侯亞矣」、「㠱亞矣」、「丌」（即「其」字）等字樣〔註40〕。1951 年，山東黃縣出土了八件東周㠱器。據此可知，早在三千多年前，就有了「㠱國」，並且爲侯爵。

　　唐蘭、李學勤認爲，甲骨文和金文中的「㠱」當即箕子的「箕」〔註41〕。但也有人認爲，商周文字中的「㠱侯」應與箕子無關〔註42〕。㠱國，姜姓；建都或在今山東莒縣北；最終爲楚國所滅〔註43〕。周孝王十年（西元前 431 年），楚簡王「北伐滅莒」（《史記·楚世家》），與之相鄰的「㠱」也在此時爲楚所滅。王獻唐在《黃縣㠱器》中指出，「㠱」國姜姓，原籍就在今山東莒縣北部濰水之源，亦即《漢書·地理志》所記載的箕縣故地〔註44〕。「㠱」國爲姜姓的鐵證，應該是㠱公作叔姜壺（㠱公壺）、王婦㠱孟姜匜（㠱孟姜匜）和㠱侯簋。前兩者的年代同爲春秋早期，並且同是媵器。㠱公壺的銘文爲「㠱公乍（作）爲子弔（叔）姜□鹽壺，眉壽萬年，永保其身，它它熙熙，受福無其（期），子孫永保用之」（《集成》9704），㠱孟姜匜的銘文爲「王婦㠱孟姜乍（作）旅它（匜），其萬年眉壽用之」（《集成》10240），㠱侯簋的銘文爲「㠱侯乍（作）㠱井姜妨母媵尊簋，其萬年子子孫孫永保用」〔註45〕。由此

〔註39〕唐蘭：《西周青銅器銘文分代史徵》，北京：中華書局，1986 年，第 110～113 頁。

〔註40〕琉璃河考古工作隊：《北京附近發現的西周奴隸殉葬墓》，《考古》，1974 年第 5 期。

〔註41〕唐蘭：《西周青銅器銘文分代史徵》，第 107～108 頁；晏琬（李學勤）：《北京、遼寧出土銅器與周初的燕》，《考古》，1975 年第 5 期。

〔註42〕任偉：《西周封國考疑》，北京：社會科學文獻出版社，2004 年，第 220 頁。

〔註43〕陳槃：《不見於春秋大事表之春秋方國稿》，臺北：中央研究院歷史語言研究所，1970 年初版，1982 年再版，第 96～102 頁。

〔註44〕王獻唐：《黃縣㠱器》，《山東古國考》，濟南：齊魯書社，1983 年，第 146～158 頁。

〔註45〕陳佩芬：《新獲兩周青銅器》，《上海博物館集刊》第 8 期，上海：上海書畫出版社，2000 年。

可知，「異」國確實爲姜姓，並且在春秋時期曾和周天子通婚〔註46〕。此說基本上成爲學術界的定論。

「異」（箕）在商代是一個顯族，累世在朝爲官，與商王室的關係極爲密切。1976年，在殷虛婦好墓出土了二十一件「異」（箕）族銅器，大概是「異」進獻給商王室的貢品，婦好死後被用作隨葬品而埋入幕中〔註47〕。「異侯」也常率兵勤王，《甲骨文合集》36525有這方面的記載。有的研究者指出，屬於姜姓族團的「異氏」，與商王室有通婚關係〔註48〕。

傳世文獻中的「箕國」，爲殷人箕子所建。據《史記·宋世家》和《殷本紀》記載，箕子爲紂之「親戚」，因見紂荒淫而又不聽勸誡，「乃被髮佯狂而爲奴」，「紂又囚之」。武王滅商以後，命召公釋箕子之囚。箕子因不忍見商之亡，便率領部分族民遠走而進入東北。

據考證，箕子向北遠走的第一站就在當時的孤竹族所居的附近。《隋書·裴矩傳》說周以孤竹之地「封於箕子」。張博泉指出，「箕氏於殷末遷來東北，其初地在遼西，今大淩河流域」〔註49〕。在當時的孤竹附近的箕族，應與孤竹等一樣，「隸於燕侯管轄之下」〔註50〕。從出土的青銅器銘文上可以看出，燕國當時是吸收了這部分殷人參政的〔註51〕。箕族後來繼續遷移，最後到達朝鮮半島的北部。這種推理應當說是有一定道理的，因爲北京、遼寧等地都曾發現過異氏器，它們「應爲周初異氏北遷一支的物質遺存」〔註52〕。

武王克商以後封箕子，當是不爭的事實。應劭（約153～196）說，「武王封箕子於朝鮮」（《漢書·地理志下》顏師古注引）；《史記·周本紀》說「（武王）因以朝鮮封之」，《宋微子世家》說「（武王）乃封箕子於朝鮮而不臣也」，正義引《括地志》云：「高驪平壤城，本漢樂浪郡王險城，即古朝鮮

〔註46〕王獻唐：《黃縣異器》，《山東古國考》，第116～125頁。

〔註47〕中國社會科學院考古研究所：《殷墟婦好墓》，北京：文物出版社，1980年，第97頁。

〔註48〕王永波：《「己」識族團考》，《東夷古國史研究》（第二輯），西安：三秦出版社，1990年。

〔註49〕張博泉：《東北地方史稿》，長春：吉林大學出版社，1985年，第75頁。

〔註50〕張博泉：《東北地方史稿》，第164頁。

〔註51〕如亞盉中的「亞」，陳夢家認爲就是周初服事於燕侯的殷遺（《西周銅器斷代（三）》，《考古學報》，1956年第1期，第80～81頁）。

〔註52〕王永波：《「己」識族團考》，《東夷古國史研究》（第二輯），西安：三秦出版社，1990年。

也。」〔註53〕此說當不誤，因在今朝鮮平壤大同江南岸，發掘了漢代古物，有樂浪太守朝鮮右尉等封泥、樂浪禮官瓦當等〔註54〕。

武王之封箕子，是對既成事實的承認。箕子既受周之追封，當有君臣禮節，《史記》所言「不臣」恐不可靠，反倒《尚書大傳》所言更接近歷史事實，「箕子既受周之封，不得無臣禮，故於十二祀來朝」（《太平御覽》卷七八〇引），只是「來朝」的時間限制顯較中原等國寬鬆得多。

陳平推測，箕子之所以不往別處遠走高飛，而偏偏是往朝鮮遠竄，當有深意可以挖掘，「這正表明箕子原先在朝鮮就有著相當的基礎與背景；而箕子所以原先在朝鮮就有相當背景與雄厚基礎，這正透露出箕子商末在王畿以外的封國的位置與地位，正處在北幽地區的商殷諸侯方國中雄長的位置上」，而這與近百年來北京、遼寧喀左等地出土「㠱侯」銘青銅禮器，與有關專家將箕子封國推定在今北京地區恰恰是互爲映證的〔註55〕。

箕子到古朝鮮以後，對於當地經濟和文化的發展，無疑具有不可低估的作用。《漢書·地理志下》說：「殷道衰，箕子去之朝鮮，教其民以禮義，田蠶織作。」《後漢書·東夷傳》說：「昔武王封箕子於朝鮮，箕子教以禮義田蠶，又管以八條之教。」結果朝鮮的民風民俗爲之大變，「無門戶之閉，而民不爲盜」（《三國志·魏書·東夷傳》）。

根據歷史典籍的記載，箕氏朝鮮的首都在王險城〔註56〕（今朝鮮平壤），而其統治的中心區域就在今天朝鮮半島的北部，並與燕國接壤。《戰國策·燕策》說：「燕東有朝鮮、遼東。」《山海經·海內北經》說：「朝鮮在列陽東，海北，山南，列陽屬燕。」

箕氏朝鮮一共傳了四十餘世。在戰國時期，箕氏朝鮮曾經一度強大，並「自稱爲王」。《三國志·魏書·東夷傳》裴松之注引魚豢《魏略》說：「昔箕子之後朝鮮侯，見周衰，燕自尊爲王，欲東略地。朝鮮侯亦自稱爲王，欲興兵逆擊燕以尊周室，其大夫禮諫之，乃止。使禮西說燕，燕止之，不攻。後子孫稍驕虐，燕乃遣將秦開攻其四方，取地二千餘里，至滿番汗爲界，朝鮮遂弱。」根據史書記載，燕「自稱爲王」於西元前 323 年的「五國相王」時

〔註53〕 張衍田輯校：《史記正義佚文輯校》，第 120 頁。
〔註54〕 金毓黻：《東北通史》，重慶：五十年代出版社，1944 年版（1981 年重印），第 57 頁。
〔註55〕 陳平：《燕史紀事編年會按》（上冊），第 41～42 頁。
〔註56〕 《史記·秦始皇本紀》正義引《括地志》。

期（《戰國策·中山策》），當時正值燕易王十年（《史記·燕召公世家》和《六國年表》）。所以，箕氏朝鮮「自稱為王」也當在西元前 323 年，而其「欲興兵逆擊燕，以尊周室」的軍事行動，應當是這之後的事。結果，兩軍相遇於遼河流域，箕氏朝鮮的軍隊被擊敗。其後，在西元前 280 年，燕將秦開率領燕軍長驅直入，一直攻打到滿番汗（今鴨綠江下游一帶），雙方劃定以此為界。經受這次打擊之後，箕氏朝鮮的勢力便衰落下去了。再後來，在燕國的全盛時期（「全燕」），燕國「嘗略屬眞番、朝鮮，為置吏」（《史記·朝鮮列傳》），在當地建立燕國的統治，箕氏朝鮮便成為燕國的一個地方行政單位。

箕氏朝鮮的最後一任統治者是箕準，雖然在朝鮮還有一定的權力，但已經失去了政治上的獨立性。箕氏朝鮮後被燕人衛滿擊破，衛滿便「自王之」（《史記·朝鮮列傳》索隱），是為衛氏朝鮮。秦滅燕後，古朝鮮「屬遼東外徼」（《史記·朝鮮列傳》），仍然處在秦的版圖之內。

五、薊國

「薊」國也是一個歷史久遠的古國。在傳世典籍中，關於薊的記載分為兩個系統，一個以《史記·周本紀》為代表，一個以《禮記·樂記》為代表。

據《史記·周本紀》記載：「（武王克殷），乃罷兵西歸，……武王追思先聖王，乃褒封神農之後於焦，黃帝之後於祝，帝堯之後於薊，帝舜之後於陳，大禹之後於杞。於是封功臣謀士，而師尚父為首封，……封召公奭於燕。」《史記·周本紀》的這則記載後來為《路史·後記》、《冊府元龜》卷一七三、《通志》卷四九、《皇王大紀》卷一二及《通鑒外紀》卷三等書抄錄。但《史記·周本紀》的這則記載有一個疑難，既然先言褒封「帝堯之後於薊」，後又言「封召公奭於燕」，是否前後互相矛盾呢？唐人張守節即察覺了這一「矛盾」，他在《史記正義》中予以點出，並試圖圓融，「封帝堯之後於薊，封召公奭於燕，觀其文稍似重也。《水經注》云薊城內西北隅有薊丘，因取名焉。……按：周封以五等之爵，薊、燕二國俱武王立，因燕山、薊丘為名，其地足自立國。薊微燕盛，乃並薊居之，薊名遂絕焉。今幽州薊縣，古燕國也」。另外，《水經注》卷十三《濕水》也明言是封帝堯之後於薊。

但《禮記·樂記》的記載與此有點差異，「武王克殷反商，未及下車，而封黃帝之後於薊，封帝堯之後於祝」；《史記·樂書》的文字與之同出一轍，完全相同。後世的《白虎通·封公侯》、《孔子家語·辨樂》、《藝文類聚·封

爵》、《北堂書鈔》卷一九與四八、《太平御覽》卷一六二、《文獻通考》的《封建二》與《樂一》等書，都是抄錄《禮記・樂記》而成。另外，《說文解字・邑部》也說是封黃帝之後於契（薊）。

以上二說，當以「封帝堯之後於薊」一說為勝，顧炎武就作如是觀（《日知錄》卷三十一《薊》）。顧炎武固然相信「黃帝姬姓，召公蓋其後」以及「薊、燕為一國，而召公即黃帝之後」這樣的說法，但他也不得不承認，《史記・周本紀》確實為信史，「其說為長」。其所言第一點本身就不具有充足的說服力，而《史記・周本紀》為信史一說卻是不可移易的，因為司馬遷撰寫《史記・周本紀》時，依據的是可信的周人譜牒〔註57〕。相對而言，《史記・樂書》自「丞相公孫弘曰」以下，乃由後人續作，續作雜取了劉向《別錄》中的《樂記》，其可信程度自然不能與《史記・周本紀》同日而語。

「薊」之得名，來自城內的「薊丘」。「薊丘」之名最早見於戰國時的樂毅報燕惠王書，燕國大勝齊國，「珠玉財寶車甲珍器盡入於燕。齊器設於寧臺，大呂陳於元英，故鼎反乎歷室，薊丘之植植於汶篁」（《史記・樂毅列傳》以及《戰國策》卷三十《燕策二》）〔註58〕。《水經注》卷十三《濕水》指出：「今城內西北隅有薊丘，因丘以名邑也，猶魯之曲阜、齊之營丘矣。」

酈道元（約 470～527）的上述記載應當是可信的。酈道元是河北涿縣人，生於北魏和平六年（西元 465 年，一說延興二年，即西元 472 年），上距戰國時代六七百年，且從上述引文可以看出，他是親自到過薊城的，並親眼目睹了薊丘的方位。侯仁之根據《水經注》所記水道和薊城的相對位置以及其他旁證材料，推求酈道元所記載的薊城約在今北京外城之西北部，即廣安門附近一帶，北京白雲觀西牆外原有一處高丘，有可能即是古代薊丘的遺址〔註59〕。這一帶曾經發現過燕國的饕餮紋半瓦當〔註60〕；宣武門至和平門一

〔註57〕《史記・三代世表》：「太史公曰：五帝、三代之記，尚矣。自殷以前諸侯不可得而譜，周以來乃頗可著。」《太史公自序》：「維三代尚矣，年紀不可考，蓋取之譜牒舊聞，本於茲，於是略推，作《三代世表》第一。」

〔註58〕關於這幾句話的解釋，請參看陳寅恪的《薊丘之植植於汶篁之最簡易解釋》（《金明館叢稿二編》，上海：上海古籍出版社，1980 年，第 261～263 頁）。

〔註59〕侯仁之：《關於古代北京的幾個問題》，《歷史地理學的理論與實踐》，上海：上海人民出版社，1984 年第二版，第 145～146 頁；侯仁之、金濤：《北京史話》，上海：上海人民出版社，1980 年，第 16 頁。

〔註60〕趙正之、舒文思：《北京廣安門外發現戰國和戰國以前的遺迹》，《文物參考資料》，1957 年第 7 期；北京市文物管理處：《北京市又發現燕饕餮紋半瓦當》，

線及其周圍，發現過數座分佈很密的戰國瓦井〔註 61〕；更南面的陶然亭、白紙坊和天壇等地，又發現過許多戰國墓葬〔註 62〕。這些遺迹都應與薊城有相當的關係，至於確切位置，尚待進一步詳細勘察。

常徵引《呂氏春秋》語爲證，說滅商之初周有「封國四百，服國八百」，「所謂封國是指新建置的諸侯，服國則是殷代已有而改服周王朝的邦族。堯族後裔的薊國，便是服國之一。太史公所以稱之爲『褒封』，乃是特異其典，使神農之後裔焦、黃帝之後裔祝、帝舜之後裔陳、大禹之後裔杞，及帝堯之後裔薊（還有後來的湯後裔宋），分別奉祀其先人即所謂『先聖王』。這些邦國按周王朝五種封國說，便是『賓服』。賓服就是與周王室處於賓主地位的邦國，也就是《左傳》宋大夫樂大心所說：『我於周爲客』。這種制度傳而至於後世，便演化成爲『備三恪』。武王褒封薊國，使之奉祀帝堯，不過是承認其原有地位，引爲同盟而已」〔註 63〕。由此看來，「褒封」之國確實與周初「封建」之國有所不同，其差異最爲集中地體現在與周的關係上，「褒封」之國對周中央王朝只恪盡「賓服」之禮。

根據《公羊傳·隱公元年》何休（129～182）注的說法，「有土嘉之曰褒」，周武王之所以「褒封」帝堯之後於薊，應當是帝堯之後原先就世代居住於薊，周武王只是對帝堯之後的地位加以重新認定；而周武王之「褒封」薊國，其目的在於籠絡人心，以爲新建立的周王朝服務。《論語·堯曰》說：「（周）興滅國，繼絕世，舉逸民，天下之民皆歸心焉。」朱熹（1130～1200）集注說：「興滅、繼絕，謂封黃帝、堯、舜、夏、商之後。」

根據近年的考古發現和研究，西周初年燕國之都就在今天北京市西南房山區琉璃河鎮北的董家林村〔註 64〕，1193 號大墓所出克罍、克盉諸器銘文就是明證〔註 65〕；而燕都就與薊爲鄰。最初是二國並存，後「薊微燕盛，（燕）

《考古》，1980 年第 2 期。

〔註61〕 北京市文物工作隊：《北京西郊白雲觀遺址》，《考古》，1963 年第 3 期；北京市文物管理處：《北京地區的古瓦井》，《文物》，1972 年第 2 期。

〔註62〕 北京市文物局考古隊：《建國以來北京市考古和文物保護工作》，《文物考古工作三十年》，文物出版社，1979 年，第 5 頁。

〔註63〕 常徵：《辨薊丘》，《中國古都研究》，中國古都學會編，杭州：浙江人民出版社，1985 年，第 20 頁。

〔註64〕 北京市文物工作隊：《北京房山縣考古調查簡報》，《考古》，1963 年第 3 期；郭仁、田敬東：《琉璃河商周遺址爲周初燕都說》，《北京史論文集》第一輯，1980 年；北京市文物研究所：《琉璃河西周燕國墓地》，文物出版社，1995 年。

〔註65〕 中國社會科學院考古研究所、北京市文物研究所：《北京琉璃河 1193 號大墓

乃並薊居之，薊名遂絕焉」。至於「（燕）乃並薊居之」的年代，應當就在燕昭王時。《韓非子・有度》說：「燕襄王以河爲境，以薊爲國。」此處的「燕襄王」，全稱應當是「燕昭襄王」，簡寫作「昭王」或「襄王」〔註66〕，燕昭王西元前311～前279年在位，其時正值燕國強盛時期。由此看來，戰國時燕國才遷都於薊，並沿用「薊」這個名稱，表明薊城在戰國時尚未荒落，所以，薊國的滅絕年代「似不會太早，很可能是至春秋之末猶存」〔註67〕。應該說，這個推斷大致沒錯。至於薊國滅絕的具體原因，因爲材料匱乏，所以無從加以推斷。

2002年11月，北京市爲了紀念薊城建城3048年，在廣安門濱河廣場建立了一座高達9米的「薊城紀念柱」。

六、韓國

韓之名，見於《詩經・大雅・韓奕》和《左傳》（僖公十五年、二十四年）等先秦史籍，與燕國有著極爲密切的關係。但關於韓國，卻又是謎團重重。

先說《詩經》中的韓國。《詩經・大雅・韓奕》云：「奕奕梁山，維禹甸之。有倬其道。韓侯受命。王親命之：『纘戎祖考，無廢朕命；夙夜匪解，虔共爾位。朕命不易，榦不庭方，以佐戎辟。』四牡奕奕，孔脩且張。韓侯入覲，以其介圭，入覲于王。王錫韓侯，⋯⋯韓侯取妻，汾王之甥，蹶父之子。韓侯迎止，于蹶之里。百兩彭彭，八鸞鏘鏘，不顯其光。諸娣從之，祁祁如雲。韓侯顧之，爛其盈門。蹶父孔武，靡國不到。爲韓姞相攸，莫如韓樂。孔樂韓土，川澤訏訏。魴鱮甫甫，麀鹿噳噳。有熊有羆，有貓有虎。慶既令居，韓姞燕譽。溥彼韓城，燕師所完。以先祖受命，因時百蠻。王錫韓侯，其追其貊。奄受北國，因以其伯。實墉實壑，實畝實藉。獻其貔皮，赤豹黃羆。」但這則材料卻是問題多多，陳平指出，《韓奕》至少有三點疑問：一是封韓侯的周王時代不明。《詩序》說：「《韓奕》，尹吉甫美宣王也。能錫命諸侯。」顯然，《詩序》將封韓侯之事繫於周宣王之世；但《今本竹書紀年》卻將此事繫於周成王之世，「周成王十二年，王師、燕師城韓，王錫韓侯命」。

發掘簡報》，《考古》，1990年第1期。
〔註66〕 童書業：《春秋左傳研究》附錄《周代謚法》，上海：上海人民出版社，1980年，第385頁。
〔註67〕 曲英傑：《周代燕國考》，《歷史研究》，1996年第5期。

二是該時究竟相當於燕國哪一位君王，也難以確定。因爲連封韓侯的究竟是成王還是宣王都不能確定，自然也就不可能確定燕侯的世次。三是所封韓國的方位不明〔註 68〕。關於韓的地望，舊說在今陝西韓城西南，贊成者有顧棟高〔註 69〕；但王肅卻另立新說，認爲在涿郡方城縣（其地有韓侯城），江永《春秋地理考實》贊成王肅之說〔註 70〕；另外，顧祖禹（1631～1692）《讀史方輿紀要》說在今山西芮城縣。之所以會有如此大的分歧，主要是思考問題簡單化所致，即只考慮一種可能性而不及其餘。

其實，周朝之時的韓國至少有兩個：一個在今陝西韓城，一個在今河北固安。「花開兩朵，各表一支」，下文便對這兩個韓國分別予以論述。

由《左傳》僖公二十四年富辰諫語「邘，晉、應、韓，武之穆也」可知，周武王曾有子受封於韓。《今本竹書紀年》所說「周成王十二年，王師、燕師城韓，王錫韓侯命」，當即指此。該條下杜預未注，那麼這一韓國位於何處呢？《括地志》云：「韓城在同州韓城縣南十八里，古韓國也。《古今地名》云韓武子食采於韓原故城也。」（《史記·韓世家》正義引）。這是位於今陝西韓城的韓國，與晉國毗鄰，春秋之時亡於晉。《史記·晉世家》說：「小子元年（西元前 709 年），曲沃武公使韓萬殺所虜晉哀侯。」集解引賈逵（30～101）語：「韓萬，曲沃桓叔之子，莊伯弟。」由此可知，陝西韓城的韓國至晚在西元前 709 年已經被晉兼滅，晉將其地封給姬姓的韓萬。後來「三家分晉」的韓國，大概就是韓萬之後；因爲《韓世家》說韓「得封於韓原，曰韓武子」，而《古今地名》也說韓武子食采於韓原故城（同前）。

而《韓奕》之韓者，當在今河北固安。根據《水經·聖水注》記載，此說的發明者是曹魏之時的王肅（195～256）；其實，漢人王符（約 79～約 166）早已持相同觀點（《潛夫論·志氏姓》）；宋人王應麟（1223～1296）傾向於認同此論（《詩地理考》卷四「韓侯·韓城」條）。清人江永《春秋地理考實》贊成王肅之說，並且說理充分，頗具說服力。因爲設若韓國在關中，「豈役燕師爲之築城？又何能受追貊北國乎？」相反，將韓國考訂在固安，「與《詩》之

〔註 68〕陳平：《燕史紀事編年會按》上冊，第 179～180 頁。本節下文所述，借鑒陳書頗多。

〔註 69〕〔清〕顧棟高輯：《春秋大事表》卷九《春秋列國地形口號》，北京：中華書局，1993 年，第 1001 頁。

〔註 70〕〔清〕劉文淇：《春秋左氏傳舊注疏證》，北京：科學出版社，1959 年，第 379 頁。

『王錫韓侯，其追其貊。奄受北國』者正相符」〔註 71〕。河北固安之韓，大概亡於強大的山戎，一如邢國之受北戎侵襲〔註 72〕。至於其滅亡的年代，至少早於西元前 664 年齊桓公北伐山戎以救燕之前，即當在春秋早期。

七、鮮虞－中山

關於鮮虞，《春秋大事表・春秋四裔表》認爲來源於白狄，白狄「其別有三：曰鮮虞，曰肥，曰鼓」〔註 73〕。白狄原先居住在陝西北部和山西西北部，後乘中原諸侯國混戰之機，於西元前八世紀末大舉進入內地，佔據了太行山以東的廣大地區。白狄別種之中，鮮虞最大，後來成爲千乘強國之一的中山國，就是鮮虞建立的。

「中山」之名，始見於《左傳》定公四年。關於中山國的族屬，學術界有三種看法：

一種意見認爲，戰國時的中山是春秋鮮虞的延續，既非姬姓，也非子姓。此說以李學勤、李零、顧頡剛爲代表，持近似看法的有劉來成、李曉東、史爲樂等〔註 74〕。

一種意見則堅持認爲，鮮虞姬姓，戰國中山國與春秋狄族所建立的鮮虞既非一國，也非一姓，它出自周王室、反映的文化是受鮮虞影響的華夏族文化〔註 75〕。

第三種意見認爲，中山爲白狄所建，白狄是姬姓而不是春秋鮮虞的延續；春秋鮮虞當爲中山所滅，二者的君統並不相襲〔註 76〕。

春秋時稱鮮虞，屬白狄，一說爲子姓部落（《續漢書・郡國志》），一說爲姬姓（《世本》），一說爲姮姓（《潛夫論・志氏姓》），而《國語・周語》又說狄爲隗姓。鮮虞非華夏族，其理甚明，故而可以先排除鮮虞爲子姓、姬姓二說；而姮姓一說後出，其可信度遠較隗姓一說爲低。總之，鮮虞爲隗姓一說

〔註 71〕〔清〕劉文淇：《春秋左氏傳舊注疏證》，第 379 頁。
〔註 72〕參看本書第十一章第四節《山戎－北戎－無終戎》。
〔註 73〕〔清〕顧棟高輯：《春秋大事表》卷三十九《春秋四裔表》，第 2170 頁。
〔註 74〕李學勤、李零：《平山三器與中山國史的若干問題》，《考古學報》，1979 年第 1 期；顧頡剛：《戰國中山國史箚記》，《學術研究》，1981 年第 4 期；劉來成、李曉東：《試論戰國時期中山國歷史上的幾個問題》，《文物》，1979 年第 1 期；史爲樂：《中山國史簡說》，《河北師大學報》，1981 年第 2 期。
〔註 75〕黃盛璋：《關於戰國中山國墓葬遺物若干問題辨正》，《文物》，1979 年第 5 期。
〔註 76〕孫華：《論中山國的族姓及有關問題》，《河北學刊》，1984 年第 4 期。

最為可信〔註77〕。

　　春秋前期，鮮虞的都城是「鮮虞亭」。根據《讀史方輿紀要》（卷十四）
和《清一統志》的說法，鮮虞亭在今河北正定縣新城鋪。鮮虞後又北遷至今
河北唐縣。《左傳》昭公十三年：「晉荀吳自著雍以上軍侵鮮虞，及中人，驅
衝競，大獲而歸。」《國語・晉語九》云：「趙襄子使新穆稚子伐翟，勝左
人、中人。」《括地志》說：「中山故城一名中人亭，在定州唐縣東北四十一
里，春秋時鮮虞國之中人邑也。」《後漢書・光武紀》李賢（655～684）注引
張曜《中山記》說：「中人城，城中有山，故曰中山。」〔註78〕說明到了春秋
後期，鮮虞已經向北遷移到了今唐縣境內，並因為新城中有山而改國名為「中
山」〔註79〕。至於鮮虞中山國的疆域，包括今河北省西部的高邑、寧晉、元
氏、趙縣、石家莊、靈壽、平山、行唐、曲陽、唐縣、定縣一帶〔註80〕。

　　戰國時期，中山夾居在燕、齊、趙三國之間，疆域雖小，武力卻很強盛。
西元前414年，中山武公初立，都於顧（今河北定縣）〔註81〕。魏文侯三十
八年（西元前408年），魏伐中山，經過前後三年的戰鬥，終於在西元前406
年滅了中山，因為魏和中山之間隔著趙，魏文侯把太子擊封於中山，並派李
克為相；又把樂羊封於中山的靈壽（今河北靈壽西北）（見《韓非子・外儲說
左下篇》和《難二篇》）〔註82〕。

　　由於魏和中山之間隔著趙國，魏不能強有力地控制中山，後來魏國和趙
國、楚國等國混戰，中山便借機復國。其復國的時間大約是西元前380年左
右〔註83〕。桓公是復國後的第一任國君，並遷都於靈壽，《世本》說「桓公徙
靈壽」（《史記・趙世家》「索隱」引）〔註84〕。

　　中山曾受周王的冊封。西元前323年，中山與韓、趙、魏、燕五國共稱

〔註77〕　王國維：《鬼方昆夷獫狁考》，《觀堂集林》卷十三，北京：中華書局，1959
　　　　　年。
〔註78〕　《讀史方輿紀要》卷十二直隸保定府唐縣下引。
〔註79〕　閻忠：《周代燕國史研究》，吉林大學博士學位論文，金景芳指導，1994年，
　　　　　第38頁。
〔註80〕　楊寬：《戰國史》（增訂本），上海：上海人民出版社，1998年，第287頁。
〔註81〕　金景芳：《中國奴隸社會史》，上海：上海人民出版社，1983年，第411頁。
〔註82〕　此處的「三年」之說，採用的是楊寬的說法，見《戰國史》（增訂本），第291
　　　　　～292頁。
〔註83〕　李學勤說大約在西元前378年，《東周與秦代文明》，北京：文物出版社，1984
　　　　　年，第75頁。
〔註84〕　楊寬：《戰國史》（增訂本），第299頁。

王。西元前 314 年，齊宣王乘燕國子之之亂攻燕，中山也出兵相隨，在中人
（今河北唐縣西南）打敗燕軍，殺死燕國的大將，並乘機攻佔大片土地（《戰
國策‧齊策五》）。

從西元前 307 年起，趙武靈王連年向中山用兵，中山由此削弱。西元前
301 年，中山君受趙的威脅而奔齊。趙惠文王三年（西元前 296 年），趙乘齊
國南攻楚國的時機，一舉滅掉中山，遷其君於膚施（今陝西榆林南）。趙之滅
中山，前後歷時五年，即從西元前 301 年至西元前 296 年〔註85〕。

中山復國後，傳五世而亡。1974～1978 年，在河北平山縣發掘了中山國
墓葬遺址。根據出土銘文記載，中山國國君的世系爲文公－武公－桓公－成
公－王𧧻－孖盗－尚七代〔註86〕。

從文獻記載、出土銘文和遺物來看，中山國雖然不是華夏族，但它的思
想文化卻深受華夏族的影響（尤其是儒家的影響），已經較爲深入地「華夏化」
了。《太平寰宇記》卷六二《河北道‧定州》說：「（中山）專行仁義，貴儒學。」
出土銘文中也大講忠孝仁義。如中山王方壺銘文說，「夫古之聖王，務才（在）
得賢，其即（次）得民。故辭禮敬則賢人至，寵愛深則賢人親，籍斂中則庶
民附」，而「燕君子噲，不分大義，不告諸侯，而臣宗（主）易位」，「爲人臣
而反其臣宗（主），不祥莫大焉」，「不用禮宜（義），不分逆順，故邦亡身死，
曾無一夫之救」〔註87〕。李學勤認爲，「中山的華化和儒學在中山流行，和魏
國一度佔領該地有關。魏人佔領中山，大概有二十多年，起了把華夏文化進
一步傳播到中山的作用。當時魏君是魏文侯，他師事孔子弟子子夏，使魏國
成爲儒學的重要中心。魏人李克曾傳《詩經》之學，在魏統治中山時任中山
相，所以平山銘文反映《詩經》在中山風行，並不是偶然的」〔註88〕。這個
分析是有相當道理的。

但中山國也部分地保留了自己的民族文化特色。例如，使用山字形銅器
作禮器，瓦當作溝狀紋，建築的頂部脊瓦也作山形，隨葬品中有便於攜帶的
皮帳和帳內取暖用具，這些都是游牧民族生活的體現〔註89〕。1977 年至 1982

〔註85〕楊寬：《戰國史》（增訂本），第 373 頁。
〔註86〕詳見《中山王方壺》、《中山王鼎》和《中山胤嗣孖盗圓壺》。
〔註87〕〔清〕王先謙撰，呂蘇生補釋：《鮮虞中山國事表疆域圖說補釋》，上海：上
海古籍出版社，1993 年，第 94～97 頁。
〔註88〕李學勤：《東周與秦代文明》，第 83～84 頁。
〔註89〕河北省文物管理處：《河北省平山縣戰國時期中山國墓葬發掘簡報》，《文物》，

年，又對河北平山三汲的中山都邑靈壽遺址作了全面的勘察〔註 90〕。這裡的戰國早期墓有一些是積石墓，與華夏風俗明顯有異；同時，某些墓葬中發現的金絲圈耳飾、包金虎形飾件、莖部飾鏤空蟠蛇紋的青銅短劍等，都顯示了北方民族的遺風〔註 91〕。

　　至於中山的國家進程模式，謝維揚先生認為屬於「土著自動模式」，「從中山國的整個歷史來看，在它的形成中土著自動因素應該說起了相當重要的作用。中原王朝對中山國的建立沒有發生直接的影響」；另一方面，「中山國在其發生後，即自動納入了中原政治的格局，同時中山國本身（尤其是在經過魏國對其的佔領後）也迅速華夏化」〔註 92〕。

1979 年第 1 期。

〔註 90〕 河北省文物研究所：《河北省平山三汲古城調查與墓葬發掘簡報》，《考古學集刊》第五輯，1987 年。

〔註 91〕 李學勤：《東周與秦代文明》（增訂本），北京：文物出版社，1991 年第二版，第 388 頁。

〔註 92〕 謝維揚：《中國早期國家》，杭州：浙江人民出版社，1995 年，第 489～491 頁。

第十一章　古族與古國（下）

一、屠何

屠何，或作「不屠何」（《逸周書‧王會解》）、「不一著何」（《墨子‧非攻中》）、「不屠」（《藝文類聚‧獸部》引《周書》）、「屠何」（《管子‧小匡》）、「東屠」（《論語‧子罕》疏引《後漢書‧東夷傳》）、「豹胡」（《逸周書‧王會解》附錄伊尹朝獻《商書》）等。孫詒讓（1848～1908）說，「屠、著，聲類同，不著何即不屠何也」，「豹胡亦即不屠何。豹、不、胡、何，並一聲之轉」〔註1〕。其說有理。

至於屠何的族源及其族稱的含義，有以下三說：

馮家昇認為屠何就是東胡，《中國東北史》認為屠何是從山戎、東胡分化而出的一部，金岳認為屠何源於土方〔註2〕。李德山認為屠何族本是東胡族中之一部，同樣是東夷的後代，其族源同樣可以追溯到邾婁族〔註3〕。屠何乃東胡族之一部，此說應當大致沒錯。

屠何族的居地，當初就在今遼西小凌河下游的錦縣一帶。陳逢衡（1778～1855）《逸周書補注》云：「鄭立誠曰：《漢書‧地理志》遼西郡有令支縣，又有徒何縣。徒何即屠何也。衡案：漢徒何縣，在今直隸永平府大寧衛東百九十里錦縣西北。」〔註4〕春秋中葉時，屠何大概已遷徙到晉北（今河北涿鹿、

〔註1〕〔清〕孫詒讓：《墨子閒詁》，《諸子集成》第四冊，上海：上海書店出版社，1986年，第85頁。

〔註2〕金岳：《東胡源於土方考》，《民族研究》，1987年第3期。

〔註3〕李德山：《東北古民族與東夷淵源關係考論》，長春：東北師範大學出版社，1996年，第118頁。

〔註4〕孫詒讓持論與此相同（《墨子閒詁》，《諸子集成》第四冊，第85頁）。

淶水一帶），所以《管子・小匡》說齊桓公「中救晉公，禽狄王，敗胡貉，破屠何，而騎寇始服」。

屠何曾經對周王朝表示過歸順。周初「成周之會」，屠何貢獻的方物是「青熊」，也就是東北地區至今仍習見的黑熊。

大約在春秋的中前期，屠何曾參加了對內地晉國進行的掠擄騷亂活動。據劉恕（1032～1078）《通鑑外紀》卷四考證，周惠王十三年（西元前 664 年），齊桓公在救燕過程中，給予屠何以重創。屠何遭受這次打擊後，力量衰微。戰國之初，已不復存在〔註5〕。

二、俞人

俞人是一個弱小的古族，其名僅見於《逸周書》。《逸周書・王會解》云：「俞人，雖馬。」孔晁注：「俞，東北夷。」俞人直接淵源於東夷族系的邾婁族，其族名也是因襲「邾婁」而來的〔註6〕。

據劉師培（1884～1919）、吳承志考證，俞人居住在今遼西大凌河流域，在今錦州旁〔註7〕。

俞人與中原中央王朝曾經建立過一定的聯繫，「成周之會」時，他們向周王朝進獻了「雖馬」（《逸周書・王會解》）。「雖」，本作「雟」，或訛作「驨」，孔晁注釋說：「雟如馬，一角，不角者曰騏。」《爾雅・釋獸》云：「驨，如馬，一角；不角者，騏。」邢昺（932～1010）疏：「驨，獸名也。狀如馬，一角。不角者，名騏。」顯然，雖馬是一種與馬相類似的動物。

至於俞人的社會發展程度，因資料實在太欠缺，難以斷論，劉師培倒是用了一個「國」字，認為「俞人當為渝水附近之國」（同上）。

李德山「以情理推測，大約在春秋以後，或即被周邊民族所兼併」〔註8〕；閻忠的推測要晚一些，認為俞人的歷史一直延續到戰國，入戰國後逐漸融入其他部族中〔註9〕。

〔註5〕 李德山：《東北古民族與東夷淵源關係考論》，第 119 頁。

〔註6〕 李德山：《東北古民族與東夷淵源關係考論》，第 115～117 頁。

〔註7〕 劉師培：《周書王會解補釋》，《劉申叔遺書》（上），南京：江蘇古籍出版社，1997 年，第 1168 頁；吳承志：《山海經地理今釋》卷三，民國十一年（1922 年）南林劉氏求恕齋刻本。

〔註8〕 李德山：《東北古民族與東夷淵源關係考論》，第 117 頁。

〔註9〕 閻忠：《周代燕國史研究》，吉林大學博士學位論文，金景芳指導，1994 年，第 35 頁。

三、穢貊

在我國古文獻中，「穢」、「貊」常常混在一起，不少學者都認爲二者屬同一民族〔註 10〕；但有更多的學者認爲二者各爲一族，不可混淆〔註 11〕。李德山認爲，以上二說以後者爲優，「穢」是其族名的專稱，「貊」則相當於「夷」，爲通稱〔註 12〕。

在《逸周書・王會解》中，就已經有關於「穢」的記載，「穢人前兒」。後世典籍，或作「薉」（《漢書・武帝本紀》、《食貨志》）、「濊」（《史記・匈奴列傳》）、「獩」（《廣韻・廢韻》）、「追」（《詩經・大雅・韓奕》）、「蔿」（《山海經・大荒東經》）等。

「貊」，又作「貉」（《管子・小匡》、《說苑・權謀》）。「貊」往往與「胡」連稱「胡貊」，泛指貊和北方少數民族。《晏子春秋・諫下一》云：「今夫胡貉戎狄之蓄狗也，多者十有餘，寡者五六，然不相害傷。」（貉，張純一校注：「孫云：貉當爲貊。」）《荀子・強國》云：「今秦，……北與胡貉爲鄰。」「貊」或與「蠻」連稱「蠻貊」，泛指南方和北方少數民族。《尚書・武成》云：「華夏蠻貊，罔不率俾。」《詩經・魯頌・閟宮》云：「保有鳧繹，遂荒徐宅，至於海邦。淮夷蠻貊，及彼南夷。」《山海經・海內西經》有「貊國」，「地近於燕」。《周禮・夏官・職方氏》有「九貉」，可見其族類很多。有的研究者指出，「貊」之得名，由其所居地之物產而得，因其所居住的東北地區人煙稀少，狐貉甚多，人獸雜居，因稱其族爲貊族，其地爲貊地〔註 13〕。此可備一說。

穢貊的語言與東胡相同，而異於肅愼〔註 14〕；就族源而言，穢貊系諸族是「蒙古（即東胡系）、通古斯（即肅愼系）混血諸族」〔註 15〕；是蒙古人種

〔註 10〕 呂思勉：《中國民族史》，上海：中國大百科全書出版社，1987 年，第 2 頁；金毓黻：《東北通史》，第 24～25 頁。

〔註 11〕 傅朗雲、楊暘：《東北民族史略》，長春：吉林人民出版社，1983 年，第 31 頁；佟冬等：《中國東北史》第一卷，長春：吉林文史出版社，1987 年，第 170～173 頁；孫進己：《東北民族源流》，哈爾濱：黑龍江人民出版社，1987 年，第 118 頁。

〔註 12〕 李德山：《東北古民族與東夷淵源關係考論》，第 127 頁。

〔註 13〕 李德山：《東北古民族與東夷淵源關係考論》，第 144 頁。

〔註 14〕 干志耿、孫秀仁：《黑龍江古代民族史綱》，哈爾濱：黑龍江人民出版社，1987 年，第 97 頁。

〔註 15〕 李文信：《東北歷史考古學習參考資料提綱》，1973 年。轉引自干志耿、孫秀

北方蒙古亞種〔註 16〕。李德山認為，同狄一樣，其族源都出自東夷，都是東夷分化瓦解後北遷的一部分〔註 17〕。孫進己認為，「穢貊中的貊應和東胡、室韋等族屬同源。因此貊族有可能是從西向東遷徙，但東遷的時間卻相當早。而穢系應為東北地區的土著，他們居住在東北地區的歷史，可上推到舊石器時代。吉林省榆樹人和安圖人等早期遺址的發現說明了這點」〔註 18〕。董學增基本贊同孫進己的看法〔註 19〕。

　　至於穢貊的居住地，《呂氏春秋・恃君覽・恃君》認為就在「非濱之東」，「非濱之東，夷穢之鄉」。畢沅（1730～1797）校注說：「『非』，疑當作『北』，猶言北海之東也。」所謂「北海」，指的就是今天的渤海；而「非濱之東」指的就是今天的遼東半島（以及山東半島）一帶。所以，司馬遷才在《史記・燕召公世家》說：「燕北迫蠻貉。」後來，穢貊因為不斷受到「諸夏」的逼迫，遂逐漸向東北遷徙，沿路經過河北滄縣等地，最終入居東北，成為東北的一個古民族。晉張華（232～300）《博物志・逸文》云：「穢貊國，南與辰韓，北與句麗、沃沮接。」至於遷入東北的時間，大體而言應當不會晚於春秋戰國時期，或許還在這之前〔註 20〕。東北地區發現的西團山文化（西周初期至秦漢之際）和白金寶文化（西周初期至中期），許多學者傾向於認為，它們就是穢貊族的文化遺存〔註 21〕。林澐認為，西周時代貉人的所在地，最有可能是在大小凌河流域；在該地商末周初時代的「魏營子類型」墓葬中，已發現過典型的西周車馬器等，這明顯是由中原傳來的器物〔註 22〕；春秋到戰國前期，則有發達的東北系銅劍為代表的青銅文化，墓葬中常有中原傳來的器物或明顯受中原影響的器物發現〔註 23〕；這種文化後來突然衰落

　　　　仁：《黑龍江古代民族史綱》，第 54 頁。

〔註 16〕于志耿、孫秀仁：《黑龍江古代民族史綱》，第 55 頁。

〔註 17〕李德山：《貊族的族源及其發展演變》，《社會科學戰線》，1998 年第 1 期。

〔註 18〕孫進己：《東北民族源流》，哈爾濱：黑龍江人民出版社，1987 年，第 123 頁。

〔註 19〕董學增：《中國先秦古籍有關穢貊族的記載解析》，《東北史地》，2011 年第 1 期。

〔註 20〕劉義棠：《中國邊疆民族史》，臺北：中華書局，1982 年，第 78～79 頁；許憲範：《穢貊遷徙考》，《民族研究》，1985 年第 4 期；李德山：《東北古民族與東夷淵源關係考論》，第 135 頁。

〔註 21〕孫進己、張志立：《貊族文化的探索》，《遼海文物學刊》，1986 年創刊號。

〔註 22〕遼寧省博物館文物工作隊：《遼寧朝陽魏營子西周墓和古遺址》，《考古》，1977 年第 5 期。

〔註 23〕遼寧省博物館等：《遼寧喀左南洞溝石槨墓》，《考古》，1977 年第 6 期。

而被燕文化取代，很可能正是燕滅貊的結果。「如果允許作大膽些的推測，或許燕的遼西郡就是因襲貊人原先的主要分佈區而置，遼東郡則是取地於原衛氏朝鮮」〔註24〕。

對於西周王朝，穢貊表示了自己的歸順與臣服。「成周之會」時，他們進獻的貢物是「前兒」〔註25〕，「穢人前兒，前兒若獼猴，立行，聲似小兒」（《逸周書・王會解》）。西周晚期，穢貊是周王朝的北國之一，周宣王命韓侯以柔撫之。《詩經・大雅・韓奕》吟詠的就是此事，「以先祖受命，因時百蠻。王錫韓侯，其追其貊，奄受北國，因以其伯」。其中的「追貊」，陳奐（1786～1863）懷疑即「穢貊」，「追、穢，聲相近」〔註26〕；但沈曾植（1850～1922）認爲，「追」是「翟」無疑，而「翟狄二字，經典通用」〔註27〕；可學者們多以爲「追」就是「歲」（或作「穢」）。毛傳說：「追、貊，夷狄國也。奄，撫也。」鄭箋說：「今王以韓侯先祖之事……賜之蠻服追貊之戎狄，令撫柔其所受王畿北面之國。」〔註28〕穢貊後「爲獫所逼，稍稍東遷」〔註29〕，最後退居東北腹地，散居於北起今松花江流域上游、東南抵今朝鮮半島北部的廣大區域之內〔註30〕。但穢貊並不是舉族遷往東北，仍然有一部分留了下來。戰國之時，貊仍有留居趙國之北者。史載，趙襄子曾得三神之令，朱書說他將「奄有河宗，至於休溷之貉」（《史記・趙世家》）；結果，趙襄子「逾句注而破並代以臨胡貉」（《史記・匈奴列傳》）。「句注」，山名，一說在雁門（集解），一說在陰館（索隱引韋昭語）；而此處的「貉」，索隱認爲就是濊。

遷移到東北地區的穢貊，具有相當高的文化水準，社會發展程度也比較高，特別是居住在今天松花江大曲折處以南地區的一部，曾經建立過自己的民族政權——「穢國」（見《三國志・魏書・東夷傳》）。「穢國」大約在秦漢

〔註24〕 林澐：《「燕亳」和「燕亳邦」小議》，《史學集刊》，1994年第2期；後收入《林澐學術文集》，北京：中國大百科全書出版社，1998年。
〔註25〕 郝懿行《爾雅義疏・釋魚》云：「《說文》：鮸，刺魚也……。《王會篇》云：穢人前兒，前兒獼猴，立行，聲似小兒，蓋即此物。兒、鮸古字通也。」
〔註26〕 〔清〕陳奐：《詩毛氏傳疏》，《清經解續編》（第三冊），上海：上海書店，1988年，第1187頁。
〔註27〕 沈曾植：《海日樓箚叢》卷一《追貊》，瀋陽：遼寧教育出版社，1998年，第10頁。
〔註28〕 《毛詩正義》卷十八，《十三經注疏》（上冊），北京：中華書局，1980年，第572頁。
〔註29〕 《毛詩正義》卷十八鄭玄箋，《十三經注疏》（上冊），第572頁。
〔註30〕 李德山：《東北古民族與東夷淵源關係考論》，第136頁。

之際開始衰落。漢武帝平定匈奴後，又向東平定了穢貊和朝鮮，「東拔穢貊、朝鮮以爲郡」（《史記‧匈奴列傳》）。其族民一部分融入漢族，大部分融入了夫餘（扶餘）族，還有一部分繼續向東遷徙到了今朝鮮半島北部的大同江以東至日本海地區。

四、山戎－北戎－無終戎

（一）山戎

山戎也是一個歷史淵源相當久遠的「古族」。《史記‧匈奴列傳》說，「唐虞以上有山戎、獫狁、葷粥，居於北蠻，隨畜牧而轉移」。《大戴禮記‧五帝德》說虞舜時「北山戎、發、息慎」，《史記‧五帝本紀》亦云堯舜時北方有「山戎、發、息慎」。「成周之會」時，山戎獻給周的貢物是「戎菽」（《逸周書‧王會解》）。

山戎也與燕國接壤，「燕北有東胡、山戎」（《史記‧匈奴列傳》）。《國語‧齊語》云：「（齊桓公）遂北伐山戎，刜令支，斬孤竹而南歸，海濱諸侯莫敢不來服。」由此看來，山戎在令支、孤竹以北，當在今大凌河以北，其活動範圍大約以熱河山地、老哈河流域爲中心，北及西拉木倫河流域〔註31〕。

至於山戎的族屬，《史記‧匈奴列傳》索隱引服虔云，「山戎蓋今鮮卑」，並加按語，「胡廣云『鮮卑，東胡別種』」。《國語‧齊語》韋昭注：「山戎，今之鮮卑。」孔晁注《逸周書‧王會解》云：「山戎，亦東北夷。」李德山認爲山戎與邾婁同族，並且其始居地就在今泰山一帶，其一支後來向東北遷移，其居地也就是《史記‧匈奴列傳》所說的「燕北」，即今河北北部至遼寧西北部諸地〔註32〕。

關於山戎的內部社會結構及經濟發展狀況，見於傳世文獻記載的很少。《史記‧匈奴列傳》只說山戎與林胡、樓煩、東胡等一樣，「各分散居溪谷，自有君長，往往而聚者百有餘戎，然莫能相一」，也只是說明山戎與其他「古族」雜處，社會規模小，且在政治上處於離散狀態而未形成統一的、集權的國家；但李德山卻據此認爲，「其社會形態尚處於家長奴隸制階段」。至於經濟狀況，《逸周書‧王會解》提到了「戎菽」，孔晁注說是「巨豆」，何秋濤說

〔註31〕閻忠：《周代燕國史研究》，吉林大學博士學位論文，金景芳指導，1994年，第32頁。

〔註32〕李德山：《東北古民族與東夷淵源關係考論》，第247～249頁。

是「戎菽」；又說山戎還出產「冬蔥」，即現在的大蔥。李德山據此認爲初期
的山戎當是一農業民族，迨其遷出始居地以後，由於地理環境發生了變化，
才放棄了農業，轉而從事畜牧業〔註33〕。

　　隨著建國後考古發掘的進一步進行，這種狀況才有所改觀。

　　從 20 世紀 50 年代至 70 年代，北京延慶縣內十餘處發現東周時期的青銅
遺物，其中直刃匕首式青銅短劍等具有北方少數民族文化特點。在河北北部
和河北西北部也發現過此類遺物，上述地區正是春秋時期山戎活動的燕北地
區。自 1985 年起，考古工作者在延慶盆地北部邊緣地帶軍都山南麓發現大型
的東周山戎氏族部落墓地遺址。考古工作者選擇葫蘆溝、西梁垙和玉皇廟三
處遺址進行發掘〔註34〕，總面積達 2.5 萬平方米，發現並清理春秋時期和春
秋、戰國之際的山戎文化墓葬 500 餘座，出土各類山戎文物近萬件。這三處
山戎文化墓地的發掘，使學術界瞭解到山戎文化遺存的地理分佈及埋葬習
俗，基本上明確了山戎文化的屬性和內涵特徵。

　　(1)墓地布局：墓穴排列比較密集，基本依山勢坡度走向由高而低，自北
向南，按早期到晚期順序埋葬，很少發生彼此打破現象。

　　(2)墓葬形制：絕大多數爲長方形豎穴土坑墓，呈東西向，不論大、中、
小型均無墓道，也沒有腰坑或壁龕（如玉皇廟 M345、M349）；玉皇廟墓地有
個別規格較大的墓，略呈梯形，其各個大小反映墓主人身份有高低差別。

　　(3)葬式：一般爲單人仰身直肢葬，頭東足西，手臂順放軀幹兩側；沒有
男女合葬、同性合葬或多人叢葬於一墓的現象。僅發現少數死者爲仰身屈肢
葬或側身屈肢葬，個別死者爲仰身葬，母嬰合葬的實例也極少見。

　　(4)葬具：大體分爲四種情況，一是以木槨爲葬具，二是以象徵性石槨爲
葬具，三是以木槨再加象徵性石槨爲葬具，四是無任何葬具。

　　(5)殉牲習俗：較爲普遍，以肢解後的狗、羊、牛、馬的頭和腳作象徵性
殉祭祀。

　　(6)覆面習俗：不論性別和輩分（嬰兒除外）均有覆面習俗，死者的臉上
蓋有麻織物縫製的覆面巾，上面有小銅扣，是連綴在面巾的飾物。（筆者按：
有關研究表明，覆面習俗爲東胡族比較顯著的葬俗之一〔註35〕。）

〔註33〕李德山：《東北古民族與東夷淵源關係考論》，第 249～250 頁。
〔註34〕北京市文物研究所：《軍都山墓地——玉皇廟》，北京：文物出版社，2007 年。
〔註35〕安路：《東胡族系的覆面葬俗及相關問題》，《北方文物》，1986 年第 1 期。

(7)三處墓地不少男性墓中隨葬青銅器帶鈎，多出於死者腰際附近，並多有青銅帶飾伴出。死者腰際以下、股骨兩側至膝蓋以上，多遺有銅扣。出土位置清楚，分佈較有規律，正是「胡服」服飾的特徵。

(8)隨葬器物大致包括陶器、青銅器、骨器、石器、玉器、蚌器六類，其中以陶器和青銅器為主。陶器分夾砂陶和泥製陶兩種類型。青銅隨葬物分兵器、工具、裝飾品、車馬器和容器五類。數量以前三類物品為主，且最具有鮮明的山戎文化特色。兵器以直刃匕首式青銅短劍和銅鏃為主，型式作樣，也見少數銅戈。工具主要有削刀、錛、鑿、錐、錐針、礪石等。兵器和生產工具都作為男性死者的隨葬物，而女子則多隨葬錐、針之類縫補用具和裝飾品等，表明山戎有男女兩性的分工。在裝飾品和容器方面，等級差距明顯，說明當時已經出現階級分化〔註36〕。

(9)通過對玉皇廟墓地考古材料的分析比對，可以看出該地區人群的經濟方式主要是畜牧與狩獵，雖有一定的游牧化程度，但不發達，農業可能沒有；社會風氣尚武，絕大多數成年男子有武裝化傾向；有一定的社會分層，各階層的經濟地位與社會地位存在一定的差別，但等級還不是很森嚴〔註37〕。

(10)從文化交流來看，山戎文化的特點是非常鮮明和突出的，但其遺存中也含有燕文化和中原文化因素。靳楓毅、王繼紅綜合考察了14處山戎文化遺存，發現山戎文化在青銅兵器、青銅禮器、青銅車器、貨幣、漆器、絲織品、製陶術、馴養家豬等諸多方面曾接受和吸收了來自燕文化和中原文化的某些因素，這表明山戎與燕文化和中原文化的交往是長期、頻繁的，接觸面是比較廣泛和多渠道的〔註38〕。

春秋時期，山戎曾經強盛一時，兵鋒南向，孤竹、令支都曾一度成為山戎的「與國」〔註39〕，燕國也經常遭受山戎的擄掠和騷擾。周平王東遷雒邑以後六十五年，「山戎越燕而伐齊，齊釐公與戰於齊郊。其後四十四年，而山戎伐燕。燕告急於齊，齊桓公北伐山戎，山戎走」（《史記·匈奴列傳》）。燕莊公二十七年（西元前664年），齊桓公率師救燕，北伐山戎，大敗山戎，解

〔註36〕 北京市文物研究所山戎文化考古隊：《北京延慶軍都山東周山戎部落墓地發掘紀略》，《文物》，1989年第8期。

〔註37〕 雷鶞宇：《從玉皇廟文化看東周時期代戎之社會經濟》，《文物春秋》，2011年第3期。

〔註38〕 靳楓毅、王繼紅：《山戎文化所含燕與中原文化因素之分析》，《考古學報》，2001年第1期。

〔註39〕 《國語·齊語》韋昭注：「二國（令支、孤竹），山戎之與也。」

除了山戎對燕國北部地區的威脅。戰國以後，山戎已經不見於歷史典籍，代之而起的是東胡。

（二）北戎

北戎在春秋時活動於晉之北和晉之東〔註40〕，其後東向發展，活動區域應當還包括河北北部。北戎勢力曾經一度強大，南下襲擊晉、鄭、齊等國，並與許、邢等國發生關係。《左傳》隱公九年：「北戎侵鄭。」桓公六年：「北戎伐齊，齊使乞師於鄭。」桓公十年：「初，北戎病齊，諸侯救之。」1978年3月，河北元氏縣西張村出土過一件西周時期的臣諫簋〔註41〕，銘文說：「隹（唯）戎大出〔于〕軝，井（邢）侯專（搏）戎，延（誕）令臣諫曰（以）□□亞旅處于軝，〔從〕王□□。」（《集成》4237）李學勤和唐雲明指出，此處的「戎」即北戎〔註42〕。

在春秋時曾一度強大的北戎，先是被鄭昭公擊敗（《左傳》桓公十一年），後又遭到齊侯、許男的討伐（僖公十年），邢侯曾大破北戎（《後漢書・西羌傳》引《竹書紀年》），最後同赤狄一起被晉擊滅。《後漢書・西羌傳》云：「晉人敗北戎於汾隰。」春秋後期，其餘部移居晉北代地，又稱代戎，於西元前457年被趙襄子一舉擊滅（《史記・六國年表》），這就是《後漢書・西羌傳》所說的「趙亦滅代戎，即北戎也」。北戎曾經建立過代（詳後文）。

（三）無終戎

無終戎曾與晉國發生過關係。西元前569年，「無終子嘉父使孟樂如晉，因魏莊子納虎豹之皮以請和戎」（《左傳》襄公四年）。西元前541年，「晉中行穆子敗無終及群狄於大原」（《左傳》昭公元年）。所交戰之地，《公羊傳》、《穀梁傳》與《左傳》同，均作「大原」，而《春秋》作「大鹵」，其實所指乃同一地——夷狄名之曰大鹵，中國名之曰大原，在今太原市西南約二十五里〔註43〕。

至於無終戎的地望，楊伯峻做過分辨。他認為，無終乃山戎國名；並懷

〔註40〕金景芳：《中國奴隸社會史》，上海：上海人民出版社，1983年，第413頁。
〔註41〕河北省文物管理處：《河北元氏縣西張村的西周遺址和墓葬》，《考古》，1979年第1期。
〔註42〕李學勤、唐雲明：《元氏銅器與西周的邢國》，《考古》，1979年第1期。後收入李學勤：《新出青銅器研究》，北京：文物出版社，1990年，第60～66頁。
〔註43〕楊伯峻：《春秋左傳注》（修訂本），北京：中華書局，1990年第二版，第1198頁。

疑本在今山西太原市東，後為晉所併，遷至今河北淶源縣一帶，又奔於今薊縣治，最後被逼至張家口市北長城之外。此時則猶在山西〔註44〕。仔細檢點前人著作，楊伯峻此論實來自顧炎武。顧炎武早在《日知錄》卷三十一「無終」條中就已有明言。

若就春秋時代而言，此說誠然不誤；但無終是一個歷史頗為久遠的「古族」，早在商朝時期就已經存在。1965年，陝西綏德縣瑪頭村商墓出土了一件無終戈（裘錫圭首次釋出「無終」二字）；由此觀之，商朝時期的無終似活動於陝晉交界處〔註45〕。西周以降，無終才漸次東移。

至於如何看待山戎、北戎與無終戎的關係，最具代表性的是杜預。《史記·匈奴列傳》云：「唐虞以上有山戎、獫狁、葷粥，居於北蠻，隨畜牧而轉移。」正義：「《左傳》莊三十年『齊人伐山戎』，杜預云『山戎、北戎、無終三名也。』」關於杜預的這則注，在不同的傳世文獻裏有不同的文本。陳平結合上引正義、瀧川資言《史記會注考證》、《太平御覽》、《太平寰宇記》等加以還原，認為當作「山戎、北戎、無終三名，其實一也」〔註46〕。但我認為，除了做文字記載的版本還原外，還應當注意聯繫歷史事實，否則就有點近乎文字遊戲了。誠如上文所言，山戎既不同於北戎，無終戎也當不同於山戎和北戎，所以最好還是將他們區別開來。

五、代

代，《後漢書·西羌傳》謂「代戎」即「北戎」，《逸周書·王會解》稱之為「代翟」。其地域約在今山西代縣、繁峙、大同及河北易縣、宣化一帶〔註47〕，東部與燕國接壤；而這塊地域屬於晉北代地，故又稱之為「代戎」。戰國初期的代國，即北戎所建。戰國之時，曾有代為子姓一說（《史記·趙世家》及正義）。

早在1923年時，在山西省的渾源縣李峪村就曾經發現過東周墓；1964年和1978年，考古工作者對當地墓葬群和出土遺物作了調查和勘察〔註48〕。有

〔註44〕楊伯峻：《春秋左傳注》（修訂本），第935頁。
〔註45〕裘錫圭：《釋「無終」》，《裘錫圭學術文化隨筆》，北京：中國青年出版社，1999年，第64～74頁。
〔註46〕陳平：《燕史紀事編年會按》（上冊），第211～214頁。
〔註47〕金景芳：《中國奴隸社會史》，第413頁。
〔註48〕長甘：《「渾源彝器」拾遺》，《山西文物》，1982年第1期；山西省考古研究所：《山西渾源縣李峪村東周墓》，《考古》，1983年第8期。

人認爲，這就是代國的墓地〔註49〕。從代國所在位置而言，這個看法是站得住腳的。

　　根據《史記・趙世家》記載，代王的夫人是趙襄子（西元前457～425年在位）之姊。趙襄子即位後，在「簡子既葬，未除服」之時，便「北登夏屋，請代王」。席間，趙襄子暗使廚人、宰人用銅枓（勺）「擊殺代王及從官，遂興兵平代地」，「其姊聞之，泣而呼天，摩笄自殺」。趙襄子「遂以代封伯魯子周爲代成君」，完全奪取了北狄的土地（另見《史記・六國年表》）。由於受夏屋山的阻隔，代成君對夏屋山以北的代地無力管轄；兼之趙襄子滅代後，旋即與知伯、韓、魏三卿瓜分公室，也無暇北顧。燕國便趁機向西發展，奪取了夏屋山以北的代地，使之劃入燕國的版圖。

　　秦滅趙以後，趙國所奪取的代國土地（夏屋山以南），便歸秦所有。秦破燕以後，夏屋山以北的代地也就成爲了秦國的領地。

六、林胡－東胡－樓煩〔註50〕

　　「三胡」之名，最早見於《史記・趙世家》，「以備燕、三胡、秦、韓之邊」。按照《史記・趙世家》索隱的說法，「三胡」指的是林胡、東胡與樓煩。

　　關於「胡」字的本義，學術界有不同的說法。有人說，「胡」在蒙語、達斡爾語中是「人」的意思〔註51〕；也有人說，「胡」在突厥語中是「太陽」的意思〔註52〕。有人甚至認爲「胡」即「狐」，胡族原意是以狐狸作圖騰的氏族〔註53〕；或者說「胡」即「鵠鶙」（白頭翁鳥），是以白頭翁鳥爲圖騰的部落，後用爲國號〔註54〕。後面兩種說法雖新奇，但卻令人匪夷所思。

　　「圖騰」（totem）一詞，來源於美洲印第安人的奧吉布瓦語「ototeman」，本義爲「他是我的親族」（he is a relative of mine）〔註55〕。顯然，「圖騰」本

〔註49〕趙化成：《東周燕代青銅容器的初步分析》，《考古與文物》，1993年第2期。

〔註50〕本部分內容，曾以《先秦「三胡」綜考》爲名載於《貴州文史叢刊》，2000年第2期，第19～24頁。收入本書時，有所增補。

〔註51〕〔日〕白鳥庫吉著，方壯猷譯：《東胡民族考》，上海：商務印書館，1934年，第370～376頁；劉義棠：《中國邊疆民族史》，臺北：中華書局，1982年，第69頁。

〔註52〕何星亮：《匈奴語試釋》，《中央民族學院學報》，1982年第1期。

〔註53〕傅朗雲、楊暘：《東北民族史略》，長春：吉林人民出版社，1983年，第25頁。

〔註54〕何光岳：《楚源流史》，長沙：湖南人民出版社，1988年，第225頁。

〔註55〕W. Haviland, *Anthropology*, 7th ed., New York: Holt, Rinehart and Winston, 1994, p.511.

非中國所固有的辭彙。而要從西方引進這一術語，必須先釐清其在西方話語體系（即語境，context）中的本來含義，然後才能對引進工作做可行性研究，並在實踐中予以檢驗〔註 56〕。張光直特意提醒，「在中國考古學上圖騰這個名詞必須小心使用」，「在中國考古學上要證明圖騰的存在是很困難的」〔註 57〕。但是，以上持「圖騰」說的兩人並沒有在自己的論著中做這一層面的工作。所以，本文不取「圖騰」一說。那麼，「胡」的本義究竟是什麼呢？

在中國古代文獻裏，有一點是不可否認的，「胡」曾經被當作一些少數民族的自稱。《漢書・匈奴傳》載，孤鹿姑單于致漢武帝書曰：「南有大漢，北有強胡。胡者，天之驕子也。」正因為匈奴自稱為「胡」，並為漢人所熟知，故而對於活動在匈奴以東的民族稱之為「東胡」，稱匈奴以西、蔥嶺以東的各民族稱為「西胡」，稱匈奴為「北胡」。

（一）林胡

「林胡」之名，最早見於《逸周書・王會解》以及附伊尹朝獻《商書》。

「林胡」，又名「林人」。《史記・趙世家》，「敗林人於荏」，正義曰：「（林人）即林胡也。」

另外，根據如淳的說法，「林胡」又叫作「儋林」。《史記・匈奴列傳》索隱：「如淳說：林胡即儋林，為李牧所滅也。」（正義引《括地志》中也有此語）〔註 58〕「儋」又作「澹」、「襜」（《史記・張釋之馮唐列傳》集解引徐廣語），因而「儋林」又作「澹林」（《史記・張釋之馮唐列傳》），「澹林」即「襜襤」（《資治通鑒》卷十五，漢紀七文帝前十四年胡三省注）。

但我認為，如淳的說法並不可信，也不可靠。《史記・廉頗藺相如列傳》附《李牧列傳》云：「（趙將李牧）破殺匈奴十餘萬騎，滅襜襤，破東胡，降林胡，單于奔走。」此處的「襜襤」與「東胡」、「林胡」並列，肯定不是同一民族，切不可將「襜襤」與「林胡」混為一談。附帶提及的是，此事又見

〔註 56〕彭華：《學術研究與西學援引的規範》，《社會科學報》，1997 年 2 月 6 日第三版。

〔註 57〕張光直：《談「圖騰」》，《考古人類學隨筆》，北京：三聯書店，1999 年，第 117～118 頁。

〔註 58〕《資治通鑒》卷六秦紀三始皇帝三年胡三省注：「襜襤，班《書》作『澹林。……如淳以澹林為東胡，以此觀之，似是兩種。」按：胡三省注中的引文有誤，誤將「林胡」作「東胡」。

於《史記・張釋之馮唐列傳》云：「馮唐者，其大父趙人。父徙代。……（馮）
唐對（漢文帝）曰：『……臣大父言，李牧爲趙將居邊，……是以北逐單于，
破東胡，滅澹林，西抑強秦，南支韓、魏。……』」按：「滅澹林」下恐有缺
文，即缺「降林胡」三字。

　　因此我認爲，「林胡」除又稱作「林人」外，不應當稱之爲「儋林」。
遺憾的是，有些研究者在自己的著作中沿襲的仍然是如淳的這一錯誤說法
〔註59〕。

　　關於「林胡」之得名，胡三省（1230～1302）認爲來源於林胡居住的自
然環境，「余謂此胡種落依阻林薄，因曰林胡。」（《資治通鑒》卷三，周紀三
赧王九年）

　　至於林胡的居住地，可以根據史籍予以確定。

　　《史記・匈奴列傳》說，晉文公、秦穆公時，「晉北有林胡、樓煩之戎」。
說明春秋時期的林胡居住在晉國以北的地區。又據《史記・趙世家》記載，
趙武靈王曾經「北破林胡、樓煩」，說明戰國時期的林胡居住在趙國以北的地
區。因此可以確定，林胡就居住在今山西西北部和陝西東北部一帶；另外，
今內蒙古自治區伊準噶爾旗一帶，也分佈有林胡的族民〔註60〕。

　　林胡因與晉國和後來的趙國接壤，難免發生衝突，並最終亡於趙。趙武
靈王十九年（西元前307年），趙武靈王對樓緩說，「我先王……敗林人荏」（《史
記・趙世家》）。這是歷史典籍中所能見到的林胡所經受的最早的一次軍事打
擊。後來趙武靈王實行「胡服騎射」的改革，「變俗胡服，習騎射，被破林胡、
樓煩。築長城，自代并陰山下，至於高闕爲塞。而置雲中、雁門、代郡」。趙
國既然在當地設置了正式的行政區，便標誌著該地區正式成爲趙國的領土。
所以，可以將林胡的滅亡時間定在趙武靈王時期（西元前325～西元前299年
在位），即西元前四世紀初期。

　　「林胡」雖然滅亡了，但它的名稱卻留了下來，可含義卻已經發生了本
質性的變化。在唐代文獻裏，「林胡」指的是奚、契丹等族。唐張謂（？～777）
《同孫構免官後登薊樓》：「猶希虜塵動，更取林胡帳。」唐高適（700～765）
《信安王幕府詩序》：「開元二十年，國家有事林胡，詔禮部尚書信安王總戎
大舉。」

〔註59〕林劍鳴：《秦漢史》上冊，上海：上海人民出版社，1989年，第78頁。
〔註60〕《風沙威脅不可怕，榆林之遷是謠傳》，《文物》，1976年第2期。

（二）樓煩

「樓煩」之名，最早見於《逸周書・王會解》以及附伊尹朝獻《商書》。

「樓煩」是一個歷史久遠的「古族」。「成周之會」時，樓煩進獻的是「星施」（「星施者珥犛」），並與豹胡、林胡、匈奴等「請令以橐駝、白玉、野馬……爲獻」（《逸周書・王會解》以及附伊尹朝獻《商書》）。

進入東周以後，樓煩分爲東西兩支。西部的一支與趙國相鄰，在今山西西北部和內蒙古地區。《史記・匈奴列傳》說，「晉北有林胡、樓煩之戎」。由此可知，春秋時期的樓煩在晉之北。《史記・趙世家》記趙武靈王說趙「西有林胡、樓煩、秦、韓之邊」。因此可知，戰國時期的樓煩又在趙之西。綜合此二者，知樓煩在趙國的西北方向。《趙世家》正義說：「林胡、樓煩即嵐、勝之北也。嵐、勝以南石州、離石、蘭等，七國時趙邊邑也。」又，《括地志》說：「嵐州、樓煩胡地也。」金老景芳據此斷言，「可以肯定戰國樓煩就在今山西嵐縣及嵐縣迤北」〔註61〕。東部的一支則與燕國接壤，《史記・蘇秦列傳》云：「（燕）東有朝鮮、遼東，北有林胡、樓煩。」這一支分佈在今河北西北部和內蒙古地區。

西元前307年，趙武靈王實行軍事改革，即「胡服騎射」；其後，趙國「北破林胡、樓煩」（《史記・匈奴列傳》）。趙武靈王二十年（西元前306年），趙國「西略胡地，至榆中。林胡王獻馬」，命「代相趙固主胡，致其兵」（《史記・趙世家》）。趙惠文王元年（西元前297年），「主父（即趙武靈王）行新地，遂出代，西遇樓煩王於西河而致其兵」（《史記・趙世家》）。所謂「致其兵」，就是「致其人而用之」（《日知錄》卷二十九「樓煩」條）。

東部的一支，大約在戰國中期已被燕國征服。《戰國策・齊策》說：「昔者齊、燕戰於桓之曲，燕不勝，十萬之眾盡，胡人襲燕樓煩數縣，取其牛馬。」又說：「權之難，齊、燕戰。」根據徐中舒考證，權之戰即桓之戰〔註62〕；而桓之戰發生於燕昭王之。因此可見，燕國最晚在燕昭王時就已經在樓煩原先居住的地域設置了行政區（縣），所以可以肯定：燕國在這之前就已經征服了樓煩。

秦始皇統一中國後，原先屬於趙、燕的林胡、樓煩，隨即歸屬秦王朝。

〔註61〕金景芳：《中國奴隸社會史》，上海：上海人民出版社，1983年，第414頁。

〔註62〕徐中舒：《論〈戰國策〉的編寫及有關蘇秦諸問題》，《歷史研究》，1964年第1期。

秦始皇三十二年（西元前 215 年），「始皇乃遣將軍蒙恬發兵三十萬北擊胡，略取河南地」〔註63〕；次年，「又使蒙恬渡河取高闕、陽山、北假中，築亭障以通戎人」。（《史記·秦始皇本紀》）

西漢初年，樓煩與林胡一道曾經淪落爲匈奴的附庸。西元前 209 年，冒頓單于即位，之後不久，匈奴即「大破滅東胡王」，歸而「西擊走月氏，南並樓煩、白羊河南王」（《史記·匈奴列傳》）。這是樓煩受到的較爲沉重的一次打擊。

漢武帝元朔二年（西元前 127 年），「衛青復出雲中以西至隴西，擊胡之樓煩、白羊王於河南，得胡首虜數千，牛羊百餘萬。於是漢遂取河南地，築朔方，復繕故秦時蒙恬所爲塞，因河爲固」（《史記·匈奴列傳》，另可參看《史記·衛將軍驃騎列傳》）。所謂「築朔方」，指的是「以河南地爲朔方郡」（《史記·衛將軍驃騎列傳》）。

朔方郡屬并州，下有十縣（《漢書·地理志下》）。另外，在樓煩所居住的地區，早在秦朝時就設立了雁門郡，西漢王朝建立以後，一仍其舊。《漢書·地理志下》云：「雁門郡（自注：秦置。）……屬并州。……縣十四：……陰館（自注：樓煩鄉。景帝三年置。）、樓煩（自注：有鹽官。）、……」應劭曰：「（樓煩縣）故樓煩胡地。」隋朝之時，樓煩縣被改名爲崞縣，故地在今山西神池、五寨、寧武縣境。

西漢王朝既然在此設立了正式的行政區，便標誌著該地區正式劃入西漢王朝的版圖。因而，作爲一個政治實體的樓煩，其政治生命就此告終。所以，我將樓煩滅亡的時間定在漢武帝元朔二年。

早在樓煩被滅亡以前，其部分族民就已漸次南移，與中原華夏族融合在一起，此記載見於《史記》。如《項羽本紀》：「漢有善騎射者樓煩，楚挑戰三合，樓煩輒射殺之」，集解：「應劭曰：『樓煩胡也，今樓煩縣。」再如《高祖功臣侯年表》：「陽都敬侯丁復，以趙將從起鄴，至霸上，爲樓煩將。」又如《樊酈滕灌列傳》：「（灌嬰）軍於燕西，所將卒斬樓煩將五人，……樓煩將十人，……樓煩將二人。」〔註64〕因此顧炎武朔：「是以楚漢之際，多用樓煩人

〔註63〕 此事《資治通鑒》卷七秦紀二始皇帝三十二年記作「始皇乃遣將軍蒙恬發兵三十萬，北伐匈奴」，將《史記》的「胡」確切化爲「匈奴」。此說不確切。結合《史記·匈奴列傳》和《衛將軍驃騎列傳》關於衛青「擊胡之樓煩、白羊王」的記載，此處的「胡」應指樓煩、白羊王和匈奴。

〔註64〕 按：對於此處出現的「樓煩」，前人有不同說法。《史記·樊酈滕灌列傳》集

別為一軍。」(《日知錄》卷二十九「樓煩」條)也就是朔,在「楚漢戰爭」時,因為樓煩漸次南移與華夏族融合在一起,兼之其人善於騎射,所以他們被「別為一軍」。因此看來,當時樓煩部民南移的人數不在少數之列。

因為樓煩精於騎射,所以後代便以「樓煩」代指善射的將士。南朝梁劉孝成《行幸甘泉宮歌》:「校尉烏桓幟,待制樓煩弓。」唐李白《宣城送劉副使入秦》:「結交樓煩將,侍從羽林兒。」

(三) 東胡

「東胡」之名,最早見於《逸周書・王會解》和《山海經・海內西經》。

關於東胡的族屬,前人早有論述。孔晁認為,東胡就是「東北夷」(《逸周書・王會解》注)。此說後為王應麟(1223~1296)、何秋濤(1824~1862)等人所接受。服虔認為,東胡為鮮卑族的前身,「東胡,烏丸之先,後為鮮卑」,因在匈奴東,所以叫「東胡」,「在匈奴東,故曰東胡」(《史記・匈奴列傳》索隱、《史記・趙世家》正義引)崔浩(?~450)的看法與此非常接近,「(東胡)烏丸之先。國在匈奴東,故云東胡也」(《史記・張釋之馮唐列傳》索隱引)。顯然,「東胡」之「東」是方位詞,「胡」才表其族屬特徵。白鳥庫吉(1865~1942)、陳槃(1905~1999)、林幹即作如是觀〔註65〕。但李德山認為,「胡」與「壺」通用,「壺」之音出於邾婁之「邾」,而壺之發明始於邾婁,因而東胡一族的族源出於東夷族系中的邾婁一族〔註66〕。金岳甚至認為,從甲骨文

解:「李奇曰:樓煩,縣名。其人善騎射,故以名射士為『樓煩』,取其美稱,未必樓煩人也。」但我認為,李奇之說也未必可信。理由有以下三點:一、就文本而言,如果這裡的「樓煩」指的都是「善射」者,何必一而再、再而三地說什麼「樓煩將五人」、「樓煩將十人」、「樓煩將二人」;更何況,在《項羽本紀》和《高祖功臣侯年表》裏,為什麼「三家注」又不引李奇的說法了呢?反覆引述同一人的同一說法,在《史記》「三家注」又不是沒有例證。這說明,裴駰在作集解時本身就是猶疑未定的,所以他接著又引了張晏的說法,「樓煩,胡國名也」。二、就民族史而言,李奇忽略了這樣一個事實,即樓煩後來漸次南下而與華夏族融合在一起(正文裏有此論述)。三、就歷史而言,李奇也沒有搞清楚這樣一個事實,即樓煩究竟滅亡於什麼時候。按照我正文的論述,樓煩最後亡於漢武帝時;所以,在「楚漢戰爭」時,樓煩活躍於歷史舞臺,完全是合乎歷史事實的。

〔註65〕〔日〕白鳥庫吉:《東胡民族考》,第374頁;陳槃:《不見於春秋大事表之春秋方國稿》,臺灣:中央研究院歷史語言研究所,1982年,第174頁;林幹:《東胡》,《中國大百科全書・民族》,北京:中國大百科全書出版社,1986年,第96頁。

〔註66〕李德山:《東北古民族與東夷淵源關係考論》,長春:東北師範大學出版社,

和古文獻以及考古發現看，東胡族可能源始夏、商時代的土方；周滅殷以後，改名屠何；春秋早期，齊破屠何、山戎以後，又改為東胡〔註67〕。我認為，金岳、李德山之說未免走得太遠了一些，而且中間缺環太多；因此，我覺得還是取服虔、崔浩一說比較恰當。

東胡的居地，可以根據歷史典籍予以確定。《史記·趙世家》記趙武靈王說趙「北有燕，東有胡」，趙「東有燕、東胡之境」，說明東胡在燕國以東；《史記·匈奴列傳》說「燕北有東胡、山戎」，說明東胡在燕國以北。結合這兩條材料，可以確定東胡在燕國的東北方向。《山海經·海內西經》說：「東胡在大澤東，夷人在東胡東，貊國在漢水東北，地近燕，滅之。」而此「大澤」，一說即今達來諾爾湖〔註68〕，一說即今貝加爾湖〔註69〕，一說即今呼倫河，以東地區為東胡原居地〔註70〕。三說都與《史記》所載相差甚遠，顯然不可信。《十六國春秋·前燕錄》說：「昔高辛氏遊於海濱，留少子厭越以居北夷，邑於紫蒙之野，號曰東胡。」說明東胡居住在近於「海濱」的「紫蒙之野」。《晉書·慕容廆載記》的記載與此十分接近，「慕容廆字奕洛瓌，昌黎棘城鮮卑人也。其先有熊氏之苗裔，世居北夷，邑於紫蒙之野，號曰東胡。」《斠注》說：「《十六國春秋·前燕錄》曰：……世居遼東，號曰東胡。《讀史方輿紀要》十八曰：紫蒙城在柳城西北紫蒙州。」根據《清一統志》的記載，柳城縣即熱河朝陽縣，也就是今天遼寧省的朝陽市。由此可知，東胡居住在今遼西的大、小凌河地區，而「大澤」指的就是今遼東灣〔註71〕。楊寬認為東胡主要分佈於今遼河上游一直到遼寧省朝陽、錦西、旅大一帶〔註72〕，與上文的考訂相同。秦始皇統一中國後，東胡的一部分居於匈奴的東面，分佈在蒙古草原東南西喇木倫河和老哈河流域，成為北方草原氏族部落和氏族聯盟的割據地區之一〔註73〕。

1996 年，第 252～253 頁。

〔註67〕金岳：《東胡源於土方考》，《民族研究》，1987 年第 3 期。

〔註68〕孫進己：《鮮卑源流考》，《黑龍江文物叢刊》，1982 年第 3 期。

〔註69〕古聞：《黑龍江古代民族起源和早期鮮卑文化問題討論紀要》，《民族研究》，1982 年第 6 期。

〔註70〕于志耿、孫秀仁：《關於鮮卑早期歷史及其考古遺存的幾個問題》，《民族研究》，1982 年第 1 期。

〔註71〕李德山：《東北古民族與東夷淵源關係考論》，第 253～254 頁。

〔註72〕楊寬：《戰國史》（增訂本），上海：上海人民出版社，1998 年，第 286 頁。

〔註73〕馬長壽：《北狄與匈奴》，北京：三聯書店，1962 年。

　　以上關於東胡居住地的考證，考古發現爲它提供了第二重證據。1958
年，考古工作者在遼寧朝陽縣十二臺營子發現了三座青銅短劍墓〔註74〕，在
錦西烏金塘也發現了三座東周墓〔註75〕。十二臺營子位於遼寧朝陽縣城西南
約12公里，靠近大凌河。墓中出土了大批青銅器，其中包括雙側曲刃青銅短
劍、雙虺糾結形銅飾具、人面形銅飾牌等具有典型特徵的東胡早期遺物及銅
鏃、銅刀、銅斧、銅鑿、銅錐等。烏金塘位於錦西市城西約40公里，墓中發
現銅器九十多件，其中包括雙側曲刃青銅短劍、銅劍柄、銅戈、銅鏃、銅
盔、銅刀、銅斧、銅鑿等。1958年，在內蒙古自治區昭烏達盟（1983年改爲
赤峰市）寧城縣南山根發現了一批銅器，共計71件，其中有銅短劍、銅戈、
銅鏃、銅盔、銅刀、銅斧、銅鑿等〔註76〕。考古研究者認爲，它們都是戰國
時期東胡的遺物〔註77〕。林幹根據以上三地銅器散佈的地區，認爲大體上可
以測定當時東胡活動的範圍，約在今內蒙古東部老哈河上游東南至遼寧大小
凌河流域，即包括今赤峰市（舊昭烏達盟）、朝陽市、錦州市以及周圍的大片
地方〔註78〕。

　　1998年報導的林西井溝子遺址墓葬〔註79〕，2002年發現的林西井溝子遺
址西區墓葬〔註80〕，是在內蒙古赤峰地區繼續探尋東胡遺存的又一個新線
索。研究者認爲，井溝子類型墓葬所反映的經濟形態特點，有別於赤峰地區
年代上早於它的諸種考古學文化，也不同於年代與其基本相當的水泉文化。可
以說，這是赤峰地區目前可確定的年代最早的以畜牧業經濟爲主、以漁獵經
濟爲輔的一種新型經濟形態。將井溝子類型指認爲東胡，從畜牧、射獵這種生
業特點上看，無疑是最爲合適的。同時，人種成分的分析也爲這一論斷提供
了證據。因此，有理由將井溝子的居民視爲眞正的東胡族的一部分〔註81〕。

〔註74〕　朱貴：《遼寧朝陽十二臺營子青銅短劍墓》，《考古學報》，1960年第1期。
〔註75〕　錦州市博物館：《遼寧錦西烏金塘東周墓調查記》，《考古》，1960年第5期。
〔註76〕　李逸友：《內蒙古昭烏達盟出土的銅器調查》，《考古》，1959年第6期。
〔註77〕　內蒙古文物工作隊：《內蒙古文物資料選輯》，呼和浩特：內蒙古人民出版
　　　　　社，1964年，第57頁。
〔註78〕　林幹：《略淪兩漢時期烏桓人的最初駐牧地及其後的遷徙和分佈》，《社會科學
　　　　　戰線》，1988年第4期，第154頁。
〔註79〕　王剛：《林西縣井溝子夏家店上層文化墓葬》，《內蒙古文物考古》，1998年第
　　　　　1期。
〔註80〕　吉林大學邊疆考古研究中心、內蒙古文物考古研究所：《2002年內蒙古林西縣
　　　　　井溝子遺址西區墓葬發掘紀要》，《考古與文物》，2004年第1期。
〔註81〕　王立新：《探尋東胡遺存的一個新線索》，《邊疆考古研究》第三輯，北京：科

　　對於東胡及樓煩的社會經濟及政治發展狀況，我們所知不多；但有一點是可以肯定的，至少在秦代以前，他們尚未發展成爲國家。《史記‧匈奴列傳》說：「燕北有東胡、山戎，各分散居溪谷，自有君長，往往而聚者百有餘戎，然莫能相一。」李德山認爲東胡似在秦代就已建立了一個以奴隸制爲主要社會制度的政權，因爲〈史記‧匈奴列傳〉中出現了「東胡王」，有了「王」，當然也就進入了階級社會；再聯繫夏家店上層文化（多數人主張是東胡族的文化遺存），知道東胡是一個以游牧和狩獵爲主要生計的民族，且在東胡族內部已經有男女兩性分工〔註82〕。東胡有語言，無文字。其語言屬阿爾泰語系，爲後來活躍於大漠南北的少數民族所襲用。

　　西周之時，對於新成立的周王朝中央政權，東胡是予以承認的，並對周王朝表示臣服與歸順。「成周之會」時，東胡進獻的方物是「黃羆」，並與豹胡、樓煩、匈奴等「請令以橐駝、白玉、野馬……爲獻」（《逸周書‧王會解》以及附伊尹朝獻《商書》）。

　　東胡強盛時，有「控弦之士二十餘萬」（《晉書‧慕容廆載記》）。在先秦時期，東胡曾經遭受過兩次重創，一次來自燕國，一次來自趙國。大約在燕昭王時（西元前311年～前279年），燕將秦開「爲質於胡，胡甚信之」，秦開後回國，帶軍「襲破走東胡，東胡卻千餘里」。燕國藉此向東北擴張，勢力一直達到遼東，並建築長城以防禦東胡的騷擾，設置了上谷（治所在今河北懷來縣）、漁陽（治所在今河北密雲縣）、右北平（治所在今河北平泉縣）、遼西（治所在今河北盧龍縣）、遼東（治所在今遼寧遼陽縣）五郡，並從造陽（今河北獨石口附近）至襄平（今遼寧遼陽市）修築長城，以防禦東胡（《史記‧匈奴列傳》）。趙惠文王二十六年（西元前273年），趙「取東胡歐代地」，索隱說，「東胡叛趙，驅略代地人眾以叛，故取之也」。趙悼襄王元年（西元前244年）〔註83〕，趙將李牧「破殺匈奴十餘萬騎兵，滅襜襤，破東胡，降林胡，單于奔走」（《史記‧廉頗藺相如列傳》附《李牧列傳》）。

　　西漢初年，東胡、月氏強而匈奴弱，匈奴滿足了東胡索取千里馬、「單于一閼氏」的要求，「東胡王愈益驕，西侵」，並遣使匈奴，欲得甌脫之地，冒頓單于忍無可忍，乃大舉發兵東襲東胡，大破東胡（《史記‧匈奴列傳》）。東

學出版社，2004年。
〔註82〕李德山：《東北古民族與東夷淵源關係考論》，第254～255頁。
〔註83〕此繫年據《資治通鑒》考訂（卷六秦紀一始皇帝三年）。

胡至此滅亡。

東胡滅亡以後，其族民一分爲三：一入匈奴，二被轉稱爲鮮卑，三被轉稱爲烏桓。入匈奴的應當是東胡族的絕大部分，而「遠竄遼東塞外」的東胡人則又可分爲二支，也就是鮮卑和烏桓〔註84〕。

在後代文獻裏，「東胡」有時也作爲我國東北少數民族的泛稱。杜甫（712～770）《北征》：「東胡反未已，臣甫憤所切。」章炳麟（1869～1936）《駁康有爲論革命書》：「夫滿洲外族，是曰東胡。」

七、其他

在傳世文獻中，燕地還有以下幾個「古國」，因爲都是片言支語，難以詳盡敘述，姑且列舉如下：

《太平寰宇記》卷七十《河北道・平州・盧龍縣》云：「黃洛城，殷諸侯之國。」

《路史・國名紀》云：「容成（國），侯國，漢縣，隸涿。本屬易，今隸雄州，燕之西境徐盧國也。有容氏，《姓纂》容成。」

《路史・國名紀》云：「登北（國），帝舜之三妃。傳多作癸北。《（山海）經》云：『國在鉅燕之南，倭之北，屬燕。』」

《河北古代歷史編年》所列舉的商朝時期河北地區的「古族」與「古國」中，還有以下一些〔註85〕：（「甕」，係筆者新補。）

蘇，在今邢臺市附近。

「亞」氏部落，在今豐寧一帶。

「守」氏部落，與商王室關係密切，可能是商顯族，在今槁城縣境內。

「𡦻」氏部落，爲商末顯赫貴族，在今正定縣。

「啓」氏部落，在今磁縣附近。

「受」氏部落，在今磁縣。

「甕」，在今定州。1991年，定州北莊子發現42座商代墓葬，其年代大致相當於殷墟二、三期，個別墓葬可能晚至四期。發掘者認爲，它們「應當

〔註84〕林幹：《略論兩漢時期烏桓人的最初駐牧地及其後的遷徙和分佈》，《社會科學戰線》，1988年第4期；李德山：《東北古民族與東夷淵源關係考論》，第256頁。

〔註85〕河北社會科學院地方史編寫組：《河北古代歷史編年》，石家莊：河北教育出版社，1988年，第5～6頁。

是一處規模較大的奴隸主貴族墓群，而且是方國貴族墓群」〔註86〕。在所出銅鼎、觥、爵、戈上，普遍鑄有「嬰」銘。

以上部落或部族的族徽或銘文，有的見於殷墟銅器。比如，「守」見於侯家莊西北崗 1001 大墓、武官村大墓所出銅器和陶器，「可見守族與王族關係密切，二者有通婚」〔註87〕。再如，「𡥀」見於帝辛二十五年宰椃角（《集成》9105）、1942 年安陽所出爵（《集成》8875），其地位可謂顯赫〔註88〕。又如，「嬰」見於 1974 年安陽所出嬰爵（《集成》7498）、傳出安陽嬰戈（《集成》10674），「說明嬰國族與商王朝關係緊密」〔註89〕。據此推測，他們或許已經由殷都遷徙至今河北地區；這些銅器，也有可能是由族人帶至今河北地區的。

在小屯南地甲骨卜辭中，有兩處出現過「危方」，其中一片（編號3001）是，「其奠危方，其祝至於大乙，於之若」。陳夢家認為，其地「在今永城、宿縣之間，約當今皖、蘇交界之處」〔註90〕。但在譚其驤主編的《中國歷史地圖集》（第一冊）中，在《商時期全圖》上赫然就有「危方」，並且其位置恰好就在河北境內〔註91〕。所以，筆者仍然將「危方」列入本文研究的範圍。

1986 年，在北京市房山區琉璃河商周遺址黃土坡村西北發掘了 1193 號西周大墓，出土了帶銘文的銅器數件，其中即有克罍、克盉（銘文相同）（《集錄》987、942）。克罍銘文說〔註92〕：

〔註86〕　河北省文物研究所、保定地區文物管理所：《定州北莊子商墓發掘簡報》，《文物春秋》，1992 年增刊。

〔註87〕　孫亞冰、林歡：《商代地理與方國》，北京：中國社會科學出版社，2010 年，第 225 頁。

〔註88〕　劉友恒、樊子林：《河北正定出土商代青銅器》，《文物》，1982 年第 2 期；劉超英、裴淑蘭：《河北商代帶銘文銅器綜述》，《三代文明研究（一）——1998 年河北邢臺中國商周文明國際學術研討會論文集》，北京：科學出版社，1999 年。

〔註89〕　孫亞冰、林歡：《商代地理與方國》，第 226 頁。

〔註90〕　陳夢家：《殷虛卜辭綜述》，北京：中華書局，1988 年，第 301 頁。

〔註91〕　譚其驤主編：《中國歷史地圖集》（第一冊），北京：地圖出版社，1982 年，第 11～12 頁。

〔註92〕　《北京琉璃河出土西周有銘銅器座談紀要》，《考古》，1989 年第 10 期；中國社會科學院考古研究所、北京市文物研究所琉璃河考古工作隊：《北京琉璃河 1193 號大墓發掘簡報》，《考古》，1990 年第 1 期；陳平：《克罍、克盉銘文及其有關問題》，《考古》，1991 年第 9 期。說明：銘文「宅」字從方述鑫釋（《太

王曰：「太保！隹（唯）乃明乃鬯，享

於乃辟。余大對乃享，

令（命）克侯於匽（燕），旃（事）羌、馬、

戲、雩、馭、散（微）。克宦（宅）

匽（燕），入（納）土眾厥又（有）嗣（司）。」

用作寶障彝。

其中的羌、馬、戲、雩、馭、微，就是分給燕侯的六個古族與古國。他們原先並不都在燕地，被分給燕侯後才遷移到了燕地。

「羌」，即羌方，商朝時西北部的方國，爲羌氏族之一，見於武丁、武乙、文丁時期卜辭，活動於今陝西西北部一帶〔註93〕。

銘文中的「馬」，有人釋爲「貍」〔註94〕，有人釋爲「馬」。

若釋爲「馬」，即「馬方」，商朝方國之一。「馬方」，見於第一期師組、賓組卜辭（如《乙》5408；《合集》20407、20614），多見於武丁卜辭。至第三、四卜辭，多單稱「馬」（如《合集》27881，《屯南》243，《京津》454），係「馬方」之省稱。甲骨卜辭顯示，「馬方」曾是商王朝的敵對方國，「甲辰卜，爭貞：我伐馬方，帝受（授）我祐？一月」（《合集》6664）。「馬方」亦嘗歸順於商王朝、祐助商王，「……隹余受馬方祐……」（《合集》20612）。陳夢家認爲，馬方的活動範圍「似在河東」〔註95〕，即今山西境內永和、霍縣以南黃河以東地區〔註96〕。按：《前》4.46.4云，「告曰：馬方……河東來」，此卜辭是馬方河東說的力證。

若釋爲「貍」，《史記·趙世家》作「貍」，而《戰國策·燕策二》作「狸」，「明日，又使燕攻陽城及狸」。根據繆文遠（1930～2012）《戰國策新校注》考證，狸爲齊邑，在今河北任丘縣東北〔註97〕；又據諸祖耿（1899～

保罍、盉銘文考釋》，《考古與文物》，1992 年第 6 期）。關於克罍、克盉之研究詳情，可參看周寶宏：《近出西周金文集釋》，天津：天津古籍出版社，2005 年，第 1～104 頁。

〔註93〕閻忠：《周代燕國史研究》，吉林大學博士學位論文，金景芳指導，1994 年，第 128 頁。

〔註94〕張亞初：《燕國青銅器銘文研究》，《中國考古學論叢》，北京：科學出版社，1993 年，第 326 頁。

〔註95〕陳夢家：《殷虛卜辭綜述》，北京：中華書局，1988 年，第 281 頁。

〔註96〕閻忠：《周代燕國史研究》，吉林大學博士學位論文，金景芳指導，1994 年，第 128 頁。

〔註97〕繆文遠：《戰國策新校注》，成都：巴蜀書社，1987 年，第 1082 頁。

1989）《戰國策集注彙考》，知狸本爲燕地，後爲齊國所得，燕國奪回後又爲趙所取〔註98〕。相對而言，當以後一說爲是。

「戲」，即戲方，商朝方國之一，見於帝丁、帝辛卜辭（如《合集》27994～27996、36528，《屯南》3655）。島邦男（1908～1977）認爲是東夷（《殷虛卜辭研究》），太保簋也證實確爲東夷〔註99〕。

「雩」，即盂方（王國維說），商朝方國之一。卜辭多有征伐盂方的內容（如《甲》2416、《後》上18.6，《合集》36509、36513、36516、36517），故盂方當爲商之敵對方國。盂方在今河南西北沁陽一帶〔註100〕。

「馭」，即御方，商朝方國之一，見於武丁卜辭（如《續》5.25.9）。活動地區當與羌方臨近〔註101〕，其活動範圍當在太行山一帶。

「微」，也是商人征伐的對象（《合集》6986、28029）。但也有學者認爲，此「微」即《尚書·牧誓》所載助周人克商之微。張亞初認爲，微是以地爲氏，作族氏名用，就在遼西喀左北洞村附近〔註102〕。

從商代卜辭來看，羌、馬、馭、微等國在商代晚期曾臣服於商王室，但仍然保持著一定的獨立性，所以叛服無常；從銘文來看，這九個國族與燕國並列，說明它們雖然歸順了周王朝，但仍保持著相對的獨立性，對周王朝也未必馴服。周王室對它們採用懷柔政策，但以武力爲後盾，一旦反叛，即予以鎮壓〔註103〕。

〔註98〕諸祖耿：《戰國策集注彙考》，南京：江蘇古籍出版社，1985年，第1601頁。
〔註99〕轉引自閻忠：《周代燕國史研究》，吉林大學博士學位論文，金景芳指導，1994年，第128頁。
〔註100〕李學勤：《殷代地理簡論》，北京：科學出版社，1959年；閻忠：《周代燕國史研究》，吉林大學博士學位論文，金景芳指導，1994年，第128頁。
〔註101〕閻忠：《周代燕國史研究》，吉林大學博士學位論文，金景芳指導，1994年，第128頁。
〔註102〕張亞初：《燕國青銅器銘文研究》，《中國考古學論叢》，北京：科學出版社，1993年，第327頁。
〔註103〕殷瑋璋、曹淑琴：《周初太保器綜合研究》，《考古學報》，1991年第1期，第18頁。

第十二章　思想文化

　　蘇秉琦曾經將中國的考古學文化劃分爲六大區系：(1)以長城地帶爲中心的北方地區；(2)以晉、陝、豫三省接鄰地區爲中心的中原地區；(3)以洞庭湖及其鄰境地區爲中心的長江中游地區，以及面向太平洋的三大區；(4)以山東及其鄰境爲中心的黃河下游地區；(5)以江、浙（太湖流域）及其鄰境地區爲中心的長江下游地區；(6)以鄱陽湖－珠江三角洲一線爲主軸的南方地區〔註1〕。蘇秉琦所說的這六大區系，實際上就是六大「區域文化」。「區域文化」，文化人類學又稱之爲「文化區」（culture area），即「以該地區內諸社會的文化相似性爲特徵的地理區域，這種相似性源於共同的環境及傳播」〔註2〕。

　　所謂「區域文化」，並不是從一開始就存在的，它是某一地區文化發展到一定程度的結果，「只有當某一區域達到成就上的一致性，出現在此地域上的文化叢和文化結構，眞正的區域文化才算形成」〔註3〕。而以長城地帶、燕山南北爲中心的燕地，無疑就是這樣的一支「區域文化」。

一、語言文字

（一）語言

　　燕地的語言（方言），在總體上呈現出一個特點，即與中原內地方言有別

〔註1〕蘇秉琦：《華人・龍的傳人・中國人——考古尋根記》，瀋陽：遼寧大學出版社，1994年，第239頁。

〔註2〕〔美〕墨菲著，王卓君、杜迺基譯：《文化與社會人類學引論》，北京：商務印書館，1991年，第285頁。

〔註3〕李勤德：《中國地域文化的形成與發展》，《先秦史與巴蜀文化論集》，《歷史教學》雜誌社，1995年。

而自成一統。這一則與其所處地域有關（偏在北地），二則也與其民族構成有關（胡漢雜糅）。

西漢揚雄（前 53～18）所撰的《方言》一書，其材料至少是西漢時代的，有些可能還要更早。該書記載的燕方言共約六十條（燕 19 見，燕之郊鄙 15 見，燕之東北 5 見，北燕 22 見，朝鮮 22 見），由此可以知道這樣幾個事實：「燕東北」與北燕方言最與朝鮮相近，其次爲「燕北」；燕北方言東近於朝鮮而西略近於晉、趙之郊外，當在北長城地帶；北燕方言除最近朝鮮外，其次與山東半島東部的東齊爲近；燕語最與代語近，燕、代方言自成一系，而略近於趙。也就是說，燕國境內的方言在地域上本身又可劃分爲有所不同的兩系——今長城內外的燕地（「北燕」）方言與易水流域的燕地方言（單稱「燕」），「燕、代方言爲一系，而北燕、朝鮮爲一系」〔註 4〕。總之，燕地方言確實與中原內地方言有所不同，而頗與代、朝鮮接近，所以至西漢時燕代一系語音仍有特色。進而言之，古代的朝鮮人「至少是和中國人同語系的民族遷徙向東北的，而自東漢以後，即逐漸沒入穢貉之中了」〔註 5〕。

（二）文字

1975 年 3 月和 6 月，在北京昌平縣白浮村發掘了三座保存基本完好的西周木槨墓，2 號墓和 3 號墓都出土了殘碎的卜甲，卜甲上有刻辭。2 號墓的兩片殘碎卜甲分別刻有「貞」、「不出」刻辭；「甲片均經過修磨，爲方鑿，不同於殷代圓鑿」；3 號墓的卜甲約在百片以上，有一片刻有「其祀」二字，一片刻有「其尚上下韋馭」；「卜甲的背面都經過整治，即鑿成方形平底的淺槽，鑿孔排列十分整齊，並有灼痕，契刻文字字型較小，頗具商代晚期甲骨文風格〔註 6〕。這是繼陝西周原〔註 7〕、西安張家坡〔註 8〕、山西洪趙坊堆〔註 9〕

〔註 4〕陳夢家：《西周銅器斷代（二）》，《考古學報》第十冊，1955 年，第 125～127 頁。

〔註 5〕呂思勉：《從民族拓殖上看東北》，《呂思勉遺文集》上冊，上海：華東師範大學出版社，1997 年，第 177 頁。按：本條材料是張耕華老師於 1999 年 6 月參加筆者的碩士學位論文答辯時提供的，特在此致謝。

〔註 6〕北京市文物管理處：《北京地區的又一重要考古收穫——昌平白浮西周木槨墓的新啓示》，《考古》，1976 年第 4 期。

〔註 7〕陝西周原考古隊：《陝西岐山鳳雛村發現周初甲骨文》，《文物》，1979 年第 10 期。

〔註 8〕陝西省文物管理委員會：《長安張家坡村西周遺址的重要發現》，《文物參考資料》，1956 年第 3 期；中國科學院考古研究所：《灃西發掘報告》，北京：文物

之後，所發現的又一批有字甲骨。昌平白浮的有字卜甲和周原的很相似，都是龜甲，都用方鑿，字體極小而纖細，表現出契刻者高度熟練的技巧〔註10〕。再往前推溯，這幾批甲骨都有一個共同的特點，即接近商代晚期甲骨文的作風。無獨有偶，北京琉璃河遺址又新出土了甲骨卜辭（共八字），其特點更近於殷墟卜辭，研究者認為「其中商文化因素非常突出，由此可見商遺民對燕國文化的影響」〔註11〕。令人驚異的是，在1986～1990年發掘的北京房山區鎮江營遺址的遺物中，赫然就有「數字卦」。在鎮江營所出這片卜骨正面的左下方，刻有小如粟米的兩條筮數，「六六六六七七」、「七六八六五八」〔註12〕。鎮江營卜骨的修治切削接近陝西扶風齊家村卜骨，「七七」的寫法也見於周原岐山鳳雛的卜骨，是「周朝與諸侯國燕在文化上密切相關的明顯證據」〔註13〕。

　　西周之時的燕國文字，大體仍然合乎中原金文的發展規律，「銘文筆劃較繁，但字體工整，圓潤而挺，與同時期的中原內地的金文書法相同」〔註14〕。進入東周以後（尤其是在戰國時期），銅器銘文的字體和書法日漸分殊，各諸侯國的文字差異甚大，其中尤以東方六國為甚。王國維說，戰國之時秦用籀文而六國用古文，即「倉頡三篇未出，大篆未省改以前，所謂秦文即籀文也」，「故古文、籀文者，乃戰國時東、西二土文字之異名，其源皆出於殷周古文。而秦居宗周故地，其文字猶有豐鎬之遺，故籀文與自籀文出之篆文，其去殷周古文反較東方文字為近」〔註15〕。揆諸實物資料，王國維此說至

出版社，1962年，第111頁。

〔註 9〕暢文齋、顧鐵符：《山西洪趙縣坊堆村出土的卜骨》，《文物參考資料》，1956年第7期。

〔註10〕中國社會科學院考古研究所：《新中國的考古發現和研究》，北京：文物出版社，1984年，第250頁。

〔註11〕雷興山、鄭文蘭、王鑫：《北京琉璃河遺址新出卜甲淺識》，《中國文物報》，1997年3月20日。

〔註12〕北京市文物研究所：《鎮江營與塔照——拒馬河流域先秦考古文化的類型與譜系》，北京：中國大百科全書出版社，1999年；後收入《北京考古集成》10，北京：北京出版社，2000年。

〔註13〕李學勤：《新發現西周筮數的研究》，《文物中的古文明》，北京：商務印書館，2008年，第164頁。

〔註14〕閻忠：《周代燕國史研究》，吉林大學博士學位論文，金景芳指導，1994年，第136～137頁。

〔註15〕王國維：《戰國時秦用籀文六國用古文說》，《觀堂集林》卷七，北京：中華書局，1959年。

確。非但銅器銘文如此，陶文、璽文等亦然。就燕國文字而言，銘文已變得比較草率，文字簡化的迹象十分明顯，其與韓、趙、魏、楚、齊文字之不同，研究者業已揭櫫甚多。如裘錫圭曾經舉「市」為例說明燕國的文字頗有自己的特色〔註16〕；之後，吳振武又舉「受」字所從之「又」為例，說明此乃燕國文字的一大特色〔註17〕。何琳儀（1943～2007）對燕系文字的整體判斷是，「從總體看，燕系文字比較穩定，前後期變化不大」，因為「國家局勢相對穩定，使燕系文字呈現出富有地方色彩的北方風格」〔註18〕。

二、思想理論

（一）陰陽家（騶衍）

陰陽家的思想在先秦和秦朝時曾經一度頗為流行，具有相當大的影響力。在《論六家之要指》中，司馬談首先列舉和評說的就是陰陽家，「嘗竊觀陰陽之術，大祥而眾忌諱，使人拘而多所畏；然其序四時之大順，不可失也」（《史記‧太史公自序》）。由此可見，陰陽家的本意在於觀測天象，製定曆書，判定宜忌，有時不免帶有神秘的宗教迷信色彩。《漢書‧藝文志》說：「陰陽家者流，蓋出於羲和之官，敬順昊天，曆象日月星辰，敬授民時，此其所長也。及拘者為之，則牽於禁忌，泥於小數，舍人事而任鬼神。」先秦之時，陰陽家的最大代表是騶衍，並且對後世的影響也最大。

騶衍（前305年～前240年〔註19〕），一作「鄒衍」，陰陽家，齊國人。騶衍早年曾經出入儒學，「鄒子以儒術干世主，不用；即以變化始終之論，率以顯名」（《鹽鐵論‧論儒》），因為他「深觀陰陽消息而作怪迂之變」（《史記‧孟子荀卿列傳》），所以才被列入陰陽家。騶衍在齊居稷下（今山東臨淄），號「談天衍」，與「雕龍奭」（騶奭）齊名（《史記‧孟子荀卿列傳》）；曾經到過魏國和趙國，在平原君處同公孫龍爭辯（《史記‧平原君虞卿列傳》）；最後至燕，為燕昭王師（《史記‧孟子荀卿列傳》）。燕惠王時，鄒衍被誣下獄，傳說

〔註16〕裘錫圭：《戰國文字中的「市」》，《考古學報》，1980年第3期。
〔註17〕吳振武：《釋「受」並論盱眙南窯藏銅壺和重金方壺的國別》，《古文字研究》第十四輯，北京：中華書局，1986年，第51～59頁。
〔註18〕何琳儀：《戰國文字通論訂補》，南京：江蘇教育出版社，2003年，第113、101頁。
〔註19〕關於諸子的生卒年，本書採用的是錢穆的說法（《先秦諸子繫年》，北京：商務印書館，2001年，第693～698頁）。

有「有霜隕之異」(《後漢書·劉瑜傳》)〔註20〕。鄒衍出獄後，飄然而去，不知所終。

　　鄒衍的著述頗為宏富，《史記·孟子荀卿列傳》說有「《終始》、《大聖》之篇十餘萬言」，另外還有《主運》等篇。而根據《漢書·藝文志》記載，鄒衍著有《鄒子》四十九篇、《鄒子終始》五十六篇，但都已亡佚。其遺說見於《史記》、《漢書》、《呂氏春秋》、《論衡》等傳世典籍者，主要為「五德終始」說、「大九州」說、「五勝三至」說等〔註21〕。

　　「五德終始」說是鄒衍在歷史方面的理論。他以「五行相勝」作為推論的基石，用「五德終始」說來解釋歷史上朝代興替的原因，「先序今以上至黃帝，學者所共術，大並世盛衰，因載其機祥度制，推而遠之，至天地未生，窈冥不可考而原也」，「稱引天地剖判以來，五德轉移，治各有宜，而符應若茲」(《史記·孟子荀卿列傳》)。關於鄒衍的「五德終始」說，《呂氏春秋·有始覽·應同》有一段比較完整的記載，而劉歆《七略》的概括則更為精練，「鄒子有《終始》，五德從所不勝，〔土德始之，〕木德繼之，金德次之，火德次之，水德次之」(《文選·魏都賦》注引)〔註22〕。這就是歷史上黃帝、禹、湯、文興替的原因所在，其說在一定程度上適應了建立新的統一王朝的政治需要。秦始皇統一中國後，即採用了這一學說，「自齊威、宣之時，鄒子之徒論著終始五德之運，及秦帝而齊人奏之，故始皇採用之」(《史記·封禪書》)，「自以為獲水德之瑞，更名河曰『德水』，而正以十月，色上黑」(《史記·曆書》)。

　　另外，根據《史記·封禪書》記載，鄒衍的後學末流曾經一度活躍，「而宋毋忌、正伯僑、充尚、羨門高、最後皆燕人，為方仙道，形解銷化、依於鬼神之事。鄒衍以陰陽主運顯於諸侯，而燕齊海上之方士傳其術不能通，然則怪迂阿諛苟合之徒自此興，不可勝數也」。也就是說，鄒衍的後學末流拋棄了鄒衍藉以「顯於諸侯」的「陰陽主運」，而專事於「方仙道」，一味求索所

〔註20〕李賢注：「《淮南子》曰：鄒衍事燕惠王盡忠，左右譖之，王繫之，（衍）仰天而哭，五月為之下霜。」李白《古風》之三七：「燕臣昔慟哭，五月飛秋霜。」所說即鄒衍此事。

〔註21〕「大九州」說詳見本章後文。對陰陽家思想及鄒衍學說的全面考訂與詳細論述，敬請參看彭華：《陰陽五行研究（先秦篇）》，長春：吉林人民出版社，2011年，第402～458頁。該書由同名博士學位論文修訂、增補而成（上海：華東師範大學，2004年。指導教師：謝維揚教授）。

〔註22〕「土德始之」四字，係筆者以意所補。

謂僊人、仙藥、仙方，業已下降爲「方士」（方術之士）。

（二）儒家

儒家也是先秦時期名副其實的一大思想流派，「蓋出於司徒之官，助人君順陰陽、明教化者也。遊文於六經之中，留意於仁義之際。祖述堯舜，憲章文武，宗師仲尼，以重其言」（《漢書·藝文志》）。先秦儒家的最大代表是孔子、思孟、荀子等，其思想主要以「六經」爲依託（「以《六經》爲法」〔註23〕）。但先秦儒家在燕地傳授的材料一直闕如，只有一些零星的側面的材料可資借鑒。下文對此稍做鉤稽，算是管窺一斑。

1. 燕國春秋無儒學

孔子曾經率領眾弟子出遊列國，但他們的足迹沒有印在燕國的土地上，並且從籍貫上來說，孔子的弟子中也沒有燕國人〔註24〕。這不能不說是一大遺憾，但孔子的大名早已傳到燕國。孔子去世之時，燕國曾經有人前往觀看孔子的葬禮，舍於子夏氏。子夏曰：「聖人之葬人，與人之葬聖人也，子何觀焉？若者夫子言之曰：『吾見封之若堂者矣，見若坊者矣，見若覆夏屋者矣，見若斧者矣。從若斧者焉，馬鬣封之謂也。』今一日而三斬板，而已封。尚行夫子之志乎哉！」（《禮記·檀弓上》）〔註25〕孔穎達（574～648）的分析如下：「燕國人聞葬聖人，恐有異禮，故從燕來魯觀之。」（《禮記正義》卷八）閻忠進一步引申此義，此事說明「燕人對中原地區的禮儀、習俗是很熟悉的，所不熟悉的只是一些『異禮』」，「這反映出了中原文化對燕國的影響之深，以及燕國與中原諸國在禮儀、習俗上存在著一定的共性」〔註26〕。這一分析應當說還是有一定道理的，但「燕人熟悉中原禮儀習俗」與「接受儒學的熏染」是兩碼事。基本上可以這麼說，終孔子之世，燕國沒有接受儒學的熏染。

〔註23〕司馬談：《論六家之要指》，見《史記·太史公自序》。

〔註24〕有人認爲，在可考的 77 名孔子弟子中，有燕國顏高 1 人（李啟謙：《孔門弟子研究》，濟南：齊魯書社，1987 年）。但查對《史記·仲尼弟子列傳》、《孔子家語·七十二弟子解》等資料，顏高實爲魯人而非燕人，少孔子五十歲。顏高，字子驕，今本《家語》、《漢書·古今人表》作「顏刻」，《列傳》索隱引《家語》說「名產」，高、刻、產三字形近易誤。

〔註25〕又見《孔子家語·終紀解》，文小異。

〔註26〕閻忠：《周代燕國史研究》，吉林大學博士學位論文，金景芳指導，1994 年，第 134 頁。

2. 孟子與齊燕戰爭

孟子（約前 385 年～前 305 年，一說約前 372 年～前 289 年），名軻，鄒（今山東鄒縣東南）人，字子輿，先秦儒家的重要代表人物。西元前 318 年，燕王噲「禪位」子之，孟子對此極爲不滿，「子噲不得與人燕，子之不得受燕於子噲」（《孟子·公孫丑下》），所以他積極勸導齊宣王趁機出兵伐燕，認爲「此文武之時，不可失也」（《史記·燕召公世家》）。西元前 315 年，齊宣王派匡（田）章伐燕，五旬（一說三十日）攻下燕國。之後，齊宣王曾經詢問過孟子，是「取」還是「不取」。孟子回答說，「取之而燕民悅，則取之」，「取之而燕民不悅，則勿取」。當時孟子爲齊卿，又勸宣王行「仁政」，勿俘殺燕民，爲燕立君（《孟子·梁惠王下》）。但齊宣王沒有聽從〔註27〕。該條材料與本文論旨（「燕地的儒學」）非但相去甚遠，甚至可以說是恰好相反；它進一步說明：至少在燕昭王之前，燕國似乎不屬於儒學的影響範圍。

3. 荀子曾經至燕

荀子（前 340 年～前 245 年），名況，又稱孫卿，趙國人，先秦儒學的集大成者。根據《韓非子·難三》記載，荀子曾經到過燕國，「燕王噲〔註28〕賢子之而非孫卿，故身死爲戮。」西元前 318 年，燕子噲讓國於子之；西元前 315 年，齊宣王乘機干涉，致使燕幾乎亡國。有的研究者指出，荀子到達燕國的時間當在西元前 315 年以前；大概也就在齊國武裝干涉之前，荀子也離開了燕國。當時荀子大約有二十多歲。由《韓非子》記載看，荀子是反對燕子噲讓國的，這與《荀子·君道》中的尊君思想是一致的〔註29〕。

本條材料透露的「歷史信息」與上一條基本相似，即進一步證實：至少在燕昭王之前，燕國似乎不屬於儒學較大規模影響的範圍，儒學在燕國尚未形成規模效應。但我認爲，荀子在燕國停留的時間恐怕未必如此之短（當有數年之久），影響也未必微小，而由「燕王噲賢子之而非孫卿」一語也可以看出，荀子在燕國業已爲燕王噲任用，只是未得重用罷了。因此，由荀子在燕

〔註27〕參看本書第五章《發展時期》第四節《伐燕行動》。

〔註28〕王先慎《韓非子集解》卷十六《難三》云：「顧廣圻曰：藏本同，今本『子』作『王』，誤。」陳奇猷贊同此説（《韓非子新校注》，上海：上海古籍出版社，2000 年，第 909 頁）。按：王、顧、陳之説可參。但《戰國策·燕策一》、《史記·燕召公世家》均作「燕王噲」或「燕王（噲）」，作「子噲」者，蓋涉下文「子之」而誤；因此，《難三》之語作「燕王噲」，亦可通。

〔註29〕沈長雲等：《趙國史稿》，北京：中華書局，2000 年，第 449～450 頁。

國播下儒學的種子，這種可能性非常之大；至燕昭王禮賢下士，儒學在燕國的影響當有所增大。

國外的某些學者甚至認為，早在燕昭王時期，儒學就已經傳入朝鮮〔註30〕。根據《史記·朝鮮列傳》記載，「全燕」〔註31〕時，燕國「嘗略屬眞番、朝鮮，爲置吏，築鄣塞」。所說「全燕」時，只有燕昭王時期可與之相當。燕昭王二十九年（西元前283年），燕將秦開大破東胡，東胡卻千餘里；燕築北長城，置上谷、漁陽、右北平、遼西、遼東五郡〔註32〕。成爲燕之屬國的眞番、朝鮮，接受華夏文化（如儒學）的熏陶，自是情理中事。

4. 燕地的儒學

雖然說上述兩條材料否定了燕國在燕昭王之前存在儒學的可能性，但這並不能成爲最終否定「燕國存在儒學」這種可能性的最終證據。我猜測，在燕昭王卑身厚幣、禮賢下士，廣泛延納各國賢才時，當有儒學之才進入燕國——只是目前尚無直接材料證實我的這一「推測」（或「假說」）而已；我倒眞心希望將來會有這方面的材料「出土」，一如郭店楚簡之出土而塡補儒學傳承歷史上一百餘年的空白。我的另一個「推測」是，燕國應當存在一個相延不絕的儒家「詩學」的傳承系統（或許從燕昭王之時即已開始）。關於這一點，可由後代（漢代）的材料往上「逆推」（或「追溯」）。下面，就依此路數，對西漢初年燕地的儒家「詩學」、「易學」、《論語》之學等略道其詳。

（1）「詩學」

韓嬰，燕地薊城人，西漢文帝時（西元前179年～前157年）爲博士，景帝時（西元前156年～前140年）官至常山王太傅。他所傳授的《詩經》與魯（申培）、齊（轅固）、毛（毛亨，一說毛萇）並稱四家〔註33〕。韓嬰傳

〔註30〕柳承國認爲，據中國史籍《魏略》記載，戰國末燕昭王二十九年（西元前283年）時，朝鮮侯王與燕國已有交往，「據當時漢字的傳來，可推測漢字中所包含的儒教思想亦被傳入、習得」（柳承國著，傅濟功譯：《韓國儒學史》，臺北：商務印書館，1989年）。另據《中國儒學文化大系》（北京大學出版社，2001年），第748頁介紹，在由鄭判龍、李鍾殷主編的《朝鮮——韓國文化與中國文化》中，還有持相同觀點者。

〔註31〕索隱：「始全燕時，謂六國燕方全盛之時。」

〔註32〕以上二事見《史記·匈奴列傳》。

〔註33〕《漢書·儒林傳》說：「漢興，……言《詩》，於魯則申培公，於齊則轅固生，於燕則韓太傅（韓嬰）。」後來才增加了「毛詩」，成爲四家。

授和注釋《詩經》時，特別注重「推《詩》之意」〔註34〕，「而爲《內外傳》數萬言，其語頗與齊魯間殊，然其歸一也。淮南賁生受之」（《史記·儒林列傳》）。韓嬰著有《韓故》三十六卷、《韓內傳》四卷、《韓外傳》六卷、《韓說》四十一卷（見《漢書·藝文志》），並且流傳甚廣，燕、趙一帶研究《詩經》的人多以「韓詩」爲宗。漢武帝時，韓嬰曾經與董仲舒「論於上前」，「其人精悍，處事分明，（董）仲舒不能難也」。韓嬰之孫韓商以通「韓詩」爲漢武帝博士，其後裔「涿郡韓生」因通曉《易經》受到漢宣帝的召見（《漢書·儒林傳》）。

　　《漢書·藝文志》所載《韓外傳》六卷，《隋書·經籍志》載爲十卷。而至南宋後，《韓詩內傳》四卷便不見之於諸家史志，獨存《韓詩外傳》，而今本《韓詩外傳》篇幅竟有十卷之多。近人楊樹達（1885～1956）認爲，《韓詩內傳》四卷並沒有亡佚，實在今本《韓詩外傳》之中，《漢書·藝文志》所載《韓內傳》四卷、《韓外傳》六卷，恰與今本《韓詩外傳》十卷相合（《漢書補注補正》）。金德建（1909～1996）進一步闡發此旨，認爲也許早在韓嬰之時，《韓詩》內外傳的合併便已經產生了；司馬遷（約前145或前135～約87）和班固（32～92）當初所見韓嬰的原本，就已經是這樣的合訂本；《漢書·藝文志》之所以要分列《內傳》《外傳》爲二個書名，大約也只是照劉歆（？～23）、班固的個人意見，勉強如此劃分，當作二部書罷了。金德建最後又推定，認爲韓嬰的《詩經》學來源，必定繼承自荀子；荀子趙人，韓嬰燕人，所以《韓詩》獨異於《魯詩》、《齊詩》而不稱《燕詩》（或《趙詩》），這也是一個旁證，說明《韓詩》的來歷的確並不單單在「燕」一個地域，另外還和「趙」地有淵源關係〔註35〕。楊樹達和金德建之說，其可能性非常之大。

（2）「易學」

　　關於漢代以前「易學」的傳授譜系，《史記·儒林列傳》的記載較爲簡略，「自魯商瞿受《易》孔子，孔子卒，商瞿傳《易》，六世至齊人田何，字子莊，而漢興」。《仲尼弟子列傳》補充了其中的缺環，即先秦、秦漢「易學」傳授

〔註34〕　《漢書·儒林傳》作「推詩人之意」，與此有異，以《史記·儒林列傳》所記爲勝；因爲《漢書》接著說「韓生亦以《易》授人，推《易》意而爲之傳」。
〔註35〕　金德建：《〈韓詩內外傳〉的流傳及其淵源》，《司馬遷所見書考》，上海：上海人民出版社，1963年，第50～56頁。

的「完整」譜系如下：孔子－魯商瞿（字子木）－楚馯臂（子弘）－江東矯疵（字子庸）－燕周豎（字子家）－淳于〔註36〕光羽（字子乘）－齊田何（字子莊）－東武王同（字子中）－菑川楊何（字叔元）〔註37〕。其中赫然就有燕人周豎（《漢書・儒林傳》作「周醜」），並且周豎所傳後來成爲漢代「易學」的一個大宗。按年代推算，周豎當爲六國時人。

　　另據《漢書・儒林傳》記載，西漢時傳《易》的還有燕人韓嬰，「韓生亦以《易》授人，推《易》意而爲之傳」，但因「燕、趙間好《詩》，故其《易》微，唯韓氏自傳之」。所謂「韓氏自傳之」，大概是僅在韓氏家族內傳授（「家傳」），韓嬰後裔「涿郡韓生」（漢宣帝時人）自述其「所受《易》即先太傅所傳也」；並且由「涿郡韓生」的介紹還可獲知，韓嬰更精深於《易》，「嘗受《韓詩》，不如韓氏《易》深，太傅故專傳之」。蓋寬饒本來受《易》於孟喜，「見涿韓生說《易》而好之，即更從學焉」。韓氏《易》學大概失傳於東漢。《漢書・藝文志》著錄有韓嬰的《韓氏》二篇。

　　《（易傳）韓氏》二篇〔註38〕，陸德明《經典釋文序錄》題曰：「《子夏易傳》三卷，《七略》云漢興，韓嬰傳。」司馬貞曰：「案劉向《七略》有《子夏易傳》。」王儉《七志》引劉向《七略》云：《易傳》，子夏韓氏嬰也。」（見《唐會要》卷七十七和《文苑英華》）明言此《易傳》乃韓嬰著作，在知識產權上毫無異議；但《隋書・經籍志》卻直題之曰：「《易》二卷，魏文侯師卜子夏傳。」遂致使此《易傳》張冠李戴於孔子弟子卜子夏（前507～？）名下。這完全是傅會使然，因爲子夏姓卜名商，字子夏，而韓嬰大概也字子夏。前人臧庸（1767～1811）、張惠言（1761～1802），分別在其《拜經日記》（卷五）

〔註36〕《索隱》：「淳于，縣名，在北海。」《正義》引《括地志》云：「淳于國，在密州安丘縣東三十里。」

〔註37〕《漢書・儒林傳》所記漢代以前「易學」傳授的譜系如下：孔子－魯商瞿（字子木）－魯橋庇（字子庸）－江東馯臂子弓－燕周醜子家－東武孫虞子乘－齊田何子裝。與《史記》有所不同，但前人一般均以《史記》爲準。如陳直即明言，「（司馬遷）對易之傳授，極爲詳明，比較漢書儒林傳爲可信」（《史記新證》，天津：天津人民出版社，1979年，第123頁）。按：《史記》和《漢書》所記載的這一傳授譜系仍然有「缺環」，因爲在世系和年代上無法與孔子及其年代相銜接。

〔註38〕《漢書・藝文志・六藝略》《易》類的著錄體例是先述《易經》十二篇，後述《易傳》自《易傳周氏》至《丁氏》七家之書，意即七家書名前均可冠以「易傳」二字。爲明確起見，我在此處稱《韓氏》爲《（易傳）韓氏》。特此說明。

和《易義別錄》中對此特加說明；近人顧實（1878～1956）、張舜徽（1911～
1992），對此辨之甚明〔註39〕。張舜徽進一步認為，「韓嬰之以《易》授人，
自必有所傳，蓋出於子弓」〔註40〕。

　　作為中國民間「小傳統」之一的筮占傳統，在春秋以後呈現為多元化的
發展趨勢。在春秋筮例中，有少數筮例使用了與《易經》有別的筮占文獻。
到戰國之時，還可從一些零星的記載中看到，當時韓國出現過「韓王之爻」，
燕國出現過《三九之數書》和據說是燕昭王作的「五位之卦」（是日《燕易》）
〔註41〕。秦漢以後，筮占仍然在流行，並且日益向著實用化的方向發展。《漢
書・藝文志》著錄有《大筮衍易》（已佚），該書如果不是漢代人的新作，就
很有可能是戰國時期類似《燕易》的那種「雜筮」的文獻〔註42〕。直至今日，
筮占仍然延續不絕，但與古《易》已經相去甚遠。

（3）《論語》

　　根據《漢書・藝文志》的記載，《論語》除有「魯論」、「齊論」、「古論」
之外，還有「燕論」（這是我生造的一個詞語），即《燕傳說》三卷。1973年，
河北定縣（今為定州）八角廊西漢中山懷王劉脩墓出土了一批竹簡，其中屬
於儒家的著作有《論語》、《儒家者言》、《哀公問五義》、《保傅傳》等〔註43〕。
定州漢簡本《論語》是目前發現的最早的《論語》抄本，其年代早於五鳳二
年（西元前56年）；竹簡本《論語》共7576字，不足今本的二分之一，但各
篇分章與今本多有不同，文字差異很多。因為與竹簡本《論語》一起出土的
還有蕭望之的奏議，而蕭望之當時是皇太子的老師，是傳授「魯論」的大師，
所以多數研究者認為竹簡本《論語》與「魯論」關係較近；但李學勤卻認為，
竹簡不會是「魯論」系統的本子，「考慮到《古論》流傳不廣，《齊論》的可

〔註39〕　顧實：《漢書藝文志講疏》，上海：上海古籍出版社，1987年，第14～15頁；
　　　　　張舜徽：《漢書藝文志通釋》，武漢：湖北教育出版社，1990年，第13～14
　　　　　頁；張舜徽：《清人筆記條辨》，瀋陽：遼寧教育出版社，2001年，第165～
　　　　　166、218～219頁。
〔註40〕　張舜徽：《清人筆記條辨》，第218頁。
〔註41〕　〔明〕董說：《七國考》，北京：中華書局，1956年，第409頁。
〔註42〕　謝維揚：《至高的哲理：千古奇書〈周易〉》，北京：三聯書店，1997年，第
　　　　　112頁。
〔註43〕　定州漢墓竹簡整理組：《定縣40號漢墓出土竹簡簡介》，《文物》，1981年第8
　　　　　期；定州漢墓竹簡整理組：《〈儒家者言〉釋文》，《文物》，1981年第8期；河
　　　　　北省文物研究所定州漢墓竹簡整理小組：《論語》，北京：文物出版社，1997
　　　　　年。

能性更大一些」〔註44〕。但我認爲，雖然如此，恐怕也不能完全排除屬於「燕論」的可能性。

至於《儒家者言》，李學勤認爲當是《孔子家語》的原型〔註45〕。《哀公問五義》的文字大致同於《荀子·哀公》的前半，李學勤認爲《荀子·哀公》未必出於荀子手筆，但係荀子一系學者所傳述則是可以肯定的〔註46〕。準此，由燕國「荀子一系學者」來完成也不無可能。

我之所以特意拈出「韓詩」（以及「易學」、《論語》等），並以之作爲「逆推」的證據，主要是基於以下兩點考慮：首先是因爲「華夏學術最重傳授淵源」〔註47〕，「韓詩」在西漢初年蔚爲一時大觀，其傳授淵源恐非「空穴來風」，更非「橫空出世」，在其之前應當有一個比較悠久的傳授歷史；其次，韓嬰所生活的年代上距燕國滅亡僅三四十年。所以我認爲，燕國自燕昭王之世（西元前四世紀末至前三世紀初）應當就已經在開始傳授儒學，並且有一定的系統和規模，這或許可以稱之爲「儒學的北傳史」〔註48〕。

（三）道家

《漢書·藝文志》認爲道家大概出於史官，「歷記成敗、存亡、禍福、古今之道，然後知秉要執本，清虛以自守，卑弱以自持，此君人南面之術也」。學者們基本上都注意到了這樣一個事實，以馬王堆帛書《黃帝四經》〔註49〕爲代表的「黃老之學」是先秦道家發展的一個重要階段，而且《黃帝四經》在戰國中期頗爲流行。甚至在時人以爲最爲偏遠的北方的燕國〔註50〕，也可

〔註44〕李學勤：《八角廊漢簡儒書小議》，《簡帛佚籍與學術史》，南昌：江西教育出版社，2001年，第391頁。

〔註45〕李學勤：《竹簡〈家語〉與漢魏孔氏家學》，《孔子研究》，1987年第2期；此文後收入《簡帛佚籍與學術史》（第380～387頁）。在該書第392～393頁，李學勤又一次申述此旨。

〔註46〕李學勤：《八角廊漢簡儒書小議》，《簡帛佚籍與學術史》，第395～396頁。

〔註47〕陳寅恪：《論韓愈》（1951年），《金明館叢稿初編》，上海：上海古籍出版社，1980年，第285頁。

〔註48〕最近公佈的《郭店楚墓竹簡》（北京：文物出版社，1998年），研究者多認爲其年代當爲西元前四世紀末至前三世紀初，在年代上與此頗爲「巧合」。所以我有一個大膽的「猜測」，既然作爲先秦「顯學」之一的儒學可以「南傳」至楚地，難道就沒有可能「北傳」到燕地嗎？

〔註49〕按：《黃帝四經》，學者或稱之爲《黃帝經》、《黃帝帛書》。

〔註50〕《莊子·天下》篇保存有惠施「歷物之意」的「十事」，其中之一是：「我知天下之中央，燕之北、越之南是也。」因爲在當時人看來，燕在最北，越在

以找到道家的影子。

在《戰國策・燕策一》的「燕昭王收破燕」章中，記錄了郭隗對答燕昭王的話語：

> 帝者與師處，王者與友處，霸者與臣處，亡國與役處。詘指而事之，北面而受學，則百己者至；先趨而後息，先問而後嘿，則什己者至；人趨己趨。則若己者至；憑幾據杖，眄視指使，則廝役之人至；若恣睢奮擊，呴藉叱咄，則徒隸之人至矣。此古服道致士之法也。

這一段話與《鶡冠子・博選》相似。郭隗說他所論是「古服道致士之法」，其說當有所本，這當然不是年代同郭隗接近的《鶡冠子》。李學勤認為，郭隗所引述的「古服道致士之法」，很可能就是《黃帝經・稱》的論點；而燕昭王訪郭隗一事在其即位之初（西元前 314 年或稍晚），所以《黃帝書》的年代還要更早一個時期〔註 51〕。《黃帝經・稱》原文如下：「帝者臣名臣，其實師也；王者臣名臣，其實友也；霸者臣名臣也，其實〔賓也；危者〕臣名臣也，其實庸也；亡者臣名臣也，其實虜也。」兩相對照，李學勤此說有理。其實，就文本的相似性而言，《說苑・君道》遠較《戰國策・燕策一》更接近《黃帝經・稱》。《說苑・君道》原文如下：「郭隗曰：帝者之臣其名臣也，其實師也；王者之臣其名臣也，其實友也；霸者之臣其名臣也，其實賓也；危國之臣其名臣也，其實虜也。」由此可見，《說苑》雖由西漢劉向所輯，但其所本甚古。

上述所引以論證燕國之有道家的話語，如若尚為旁證的話，那麼在其他先秦文獻中是否有直接的證據呢？回答是肯定的。《戰國策・燕策一》載有蘇代（按：當為蘇秦）謂燕昭王語，「足下以為足，則臣不事足下矣。臣且處無為之事，歸耕乎周之上地，耕而食之，織而衣之」。蘇秦此語，又見於馬王堆漢墓帛書《戰國縱橫家書》，「臣進取之臣也，不事無為之主」〔註 52〕。「進取」與「無為」對舉，意為「消極無為」，而這恰好合乎老莊道家的旨意〔註 53〕。

最南，故有此語。

〔註 51〕 李學勤：《范蠡思想與帛書〈黃帝書〉》（原載《浙江學刊》1990 年第 1 期），《簡帛佚籍與學術史》，第 311 頁。此外，他又在《〈鶡冠子〉與兩種帛書》（原載《道家文化研究》第一輯，1992 年）重述此旨，同前引書，第 89 頁。

〔註 52〕 馬王堆漢墓帛書整理小組編：《戰國縱橫家書》，北京：文物出版社，1976 年，第 16 頁。

〔註 53〕 筆者專門撰有《「無為」思想發凡——以先秦漢初的儒家和道家為考察中心》一文（刊於臺北《孔孟學報》第 80 期，2002 年），論「無為」甚詳，此不贅述。

除了「無爲」而外，《戰國策》和《戰國縱橫家書》還出現過「無不爲」。《戰國策・燕策二》：「王（按：即燕昭王）謂臣（按：即蘇秦）曰：『……上可以得用於齊，次可以得信於下。苟無死，女無不爲也。……』」《戰國縱橫家書》：「王（按：燕昭王）謂臣（按：即蘇秦）曰：『……大，可以得用於齊；次，可以得信；下，苟無死。若無不爲也。……』」〔註 54〕燕昭王所理解的「無不爲」，意爲「無所不爲」，與先秦之時以老莊爲代表的道家本義有所偏差〔註 55〕，但它本身源於道家，這是毫無疑問的。

1973 年，河北定縣（今爲定州）八角廊西漢中山懷王劉脩墓出土了一批竹簡，除了儒家著作外，還有屬於道家作品的《文子》〔註 56〕。竹簡本《文子》有簡 277 枚，共 2790 字。其中屬今本《文子・道德篇》的簡有 87 枚，計 1000 餘字，釋文業已發表〔註 57〕；另有少量簡文與《道原》、《精誠》、《微明》、《自然》等篇內容相似，餘者皆爲今本《文子》所不見的佚文。它的出土，證明一向被人們視作「僞作」的《文子》其實不僞。儒家和道家作品在西漢初年的燕地墓葬中同出，這又是一個值得注意的現象。

（四）名家

名家大概出於禮官（《漢書・藝文志》），所以特別注重「正名實」，但又未免過於苛繁而抽象，「使人不得反其意，專決於名而失人情」（《史記・太史公自序》）。先秦名家的代表人物是惠施、公孫龍等，他們所爭辯的是「堅白」、「同異」等問題〔註 58〕，屬於邏輯學的領域。其中與燕國略有關係的是公孫龍。

公孫龍（約前 320 年～前 250 年），字子秉，趙國人，平原君門客，名家代表人物。他曾經以「偃兵」說燕昭王，「公孫龍說燕昭王以偃兵。昭王曰：甚善，寡人願與客計之。公孫龍曰：竊意大王之弗爲也。王曰：何故？公孫

〔註 54〕 馬王堆漢墓帛書整理小組編：《戰國縱橫家書》，第 11 頁。

〔註 55〕 詳見拙文〈「無爲」思想發凡——以先秦漢初的儒家和道家爲考察中心〉，《孔孟學報》第 80 期，2002 年。

〔註 56〕 定州漢墓竹簡整理組：《定縣 40 號漢墓出土竹簡簡介》，《文物》，1981 年第 8 期。

〔註 57〕 河北省文物研究所定州漢簡整理小組：《定州西漢中山懷王墓竹簡〈文子〉釋文》、《定州西漢中山懷王墓竹簡〈文子〉校勘記》、《定州西漢中山懷王墓竹簡〈文子〉的整理和意義》，《文物》，1995 年第 12 期。

〔註 58〕 即《莊子・外篇・秋水》所說的「合同異，離堅白」。

龍曰：日者大王欲破齊，諸天下之士，其欲破齊者，大王盡養之；知齊之險阻要塞君臣之際者，大王盡養之；雖知而弗欲破者，大王猶若弗養。其卒果破齊以爲功。今大王曰我甚取僞兵，諸侯之士在大王之本朝者，盡善用兵者也。臣是以知大王之弗爲也。王無以應」（《呂氏春秋・審應覽・應言》）〔註 59〕。

由上述記載可知，「公孫龍說燕昭王以僞兵」一事發生在燕昭王晚年，即樂毅破齊前後的六年（西元前 284 年～前 279 年），而最大的可能性是西元前 280 年前後的一兩年。由上述對話還可獲知，公孫龍說燕昭王時最爲拿手的仍然是「名實」，即以燕昭王的行動（「實」）來反駁燕昭王的應答（「名」），從而揭示燕昭王的應答與行動是「名不副實」、自相矛盾，最後說得燕昭王啞口無言（「王無以應」）。

雖然說作爲名家代表人物的公孫龍曾經到過燕國，但名家在燕國恐怕沒有什麼市場，也不會在燕國的思想土壤上造成什麼影響。

（五）法家

「法家者流，蓋出於理官」（《漢書・藝文志》）。但燕國是否有法家，這是一個頗費思量而又深具爭議的問題。《韓非子・內儲說上》說：「子之相燕，坐而佯言曰：『走出門者何白馬也？』左右皆言不見。有一人走追之，報曰：『有。』子之以此知左右之不誠信〔註 60〕。」楊寬引此文說：「這故事和《韓非子》等書所載韓昭侯用術的故事很相像（按：即《韓非子・二柄》所載罪典衣、典冠事），足見他（按：即子之）很講究督責臣下之術。」〔註 61〕言下之意，子之當屬於法家。但金景芳不同意此說，「因爲子之沒有法家的事實」〔註 62〕。陳平認爲，「這裡說的即韓非所提倡的馭臣下之『術』，其實與趙高的指鹿爲馬也差不多」〔註 63〕。

〔註 59〕公孫龍說燕昭王以「僞兵」一事，又見《呂氏春秋・有始覽・聽言》，但非常簡略。
〔註 60〕藏本作「誠信不」，此從王先慎改。王先慎：《韓非子集解》（《諸子集成》本），上海：上海書店出版社，1986 年，第 178 頁。
〔註 61〕楊寬：《戰國史》（增訂本），第 174 頁注釋 2。這是該書的第三版，其第一、二版分別發行於 1955 年和 1980 年。前兩版中有「子之大概是近於申不害一派的法家」諸語。
〔註 62〕金景芳：《中國奴隸社會史》，上海：上海人民出版社，1983 年，第 386 頁。
〔註 63〕陳平：《燕史紀事編年會按》上冊，北京：北京大學出版社，1995 年，第 344 頁。

我認為，燕國曾經一度有過法家，只是法家在燕國發揮的作用甚小，且為時甚短（僅局限於燕王噲一世）。從上引《韓非子·內儲說上》數語可以看出，子之督責臣下的方法確實非常接近法家的重「術」一派。法家重「術」派的代表是申不害，他主張君王要「藏於無事」，「示天下無為」（《申子·大體篇》），要「去聽」、「去視」、「去智」（《呂氏春秋·任數篇》）；而所謂「術」，就是君王任用、督責、考覈臣下的一種陰謀手段，「術者，藏之於胸中，以偶眾端，而潛御群臣者也。故法莫如顯，而術欲不見」（《韓非子·難三篇》），「術者，因任而授官，循名而責實，操生殺之柄，課群臣之能者也」（《韓非子·定法篇》）。實踐申不害這一套理論的代表是韓昭侯（前 362～前 333 年在位），時間是西元前 355～前 341 年（申不害相韓十五年），下距子之為相於燕的西元前 320 年（燕王噲元年）僅二三十年；子之相燕時採取法家之「術」以任用、督責、考覈臣下，完全有這種可能；而「慫恿」燕王噲禪位、「玉成」子之登基的蘇代、鹿毛壽〔註 64〕，也不無援用法家之「術」的可能。只是嗣後燕國出現「禪讓」事件，弄得國內大亂、外敵入境、國祚幾亡，即位的燕昭王有鑒於此，在本能上厭惡法家那一套，刻意「撥亂反正」，使法家在燕國再也沒有任何市場，這也是情理之中的事。

《漢書·藝文志》「法家」類著作下著錄有《燕十事》（班固自注：「不知作者。」），這或許可以算是燕國法家著作的孑遺。

（六）縱橫家

在司馬談的《論六家之要指》中，縱橫家榜上無名（《史記·太史公自序》）。司馬談的這一劃分方法頗為合理，堪稱精當，因為縱橫家本身並不足以構成一「家」。但《漢書·藝文志》卻離析司馬談的「六家」（陰陽、儒、墨、名、法、道德）之說，增補了縱橫、雜、農、小說等家，頗為龐雜而有失精當〔註 65〕。本文姑且將縱橫家也列為一「家」。

《漢書·藝文志》認為縱橫家「蓋出於行人之官」，其長處是「當權事制

〔註 64〕鹿毛壽，《史記·燕召公世家》作「鹿毛壽」，《春秋後語》作「厤毛壽」（《燕召公世家》索隱引），徐廣說作「厤毛」（《燕召公世家》集解引），《韓非子·外儲說右下》作「潘壽」。

〔註 65〕李零說：「劉歆《七略》增加縱橫、農、雜、小說四家皆非思想流派（縱橫、農是專門之學，雜、小說非家），講思想流派仍不出於六家。」（《說「黃老」》，原載《道家文化研究》第五輯，後收入《李零自選集》，桂林：廣西師範大學出版社，1998 年，第 289 頁。）此說有理。

宜，受命而不受辭」，「及邪人爲之，則上詐諼而棄其信」，這就成了它的短處。《漢書・藝文志》著錄的縱橫家作品有《蘇子》三十一篇、《張子》十篇、《龐煖》二篇〔註66〕、《鄒陽》七篇、《主父偃》二十八篇等，在「兵權謀」下又提到《管子》、《蘇子》等。

蘇秦和張儀作爲戰國後期縱橫家所推崇的人物，他們的遊說辭常被世人作爲學習和模仿的榜樣，但《戰國策》中關於蘇秦的材料卻是眞僞參半，有不少出於後人的僞託。1973 年，長沙馬王堆漢墓出土了《戰國縱橫家書》，它保存了已被淹沒兩千多年的眞實可信的關於蘇秦的書信和談話十四章〔註67〕，彌足珍貴。

但蘇秦之作爲縱橫家，卻與張儀、鄒陽、主父偃等截然不同。他有著強烈的責任感，有著堅定的原則性，同時又有著策略的靈活性，絕非一介徒逞口舌之能的泛泛之輩，更非如後人所說的「無恥說客」〔註68〕。他不但精通縱橫捭闔之術，而且精通「兵權謀」之道〔註69〕。他投靠燕昭王，與燕昭王一起勾畫了長遠的「強國」藍圖，策劃了嚴密的「雪恥」計劃，並奮不顧身、義無返顧地入齊爲燕死間，展開其遊刃有餘的縱橫捭闔之術，離間齊趙關係、唆使強齊伐宋，最終使弱燕一雪國恥，而自己卻身首異處、車裂而死〔註70〕。陳平曾經用他飽蘸深情的筆觸寫道：「平心而論，蘇秦爲燕昭王所建破齊之策的確十分卓越，其高瞻遠矚已非一般縱橫遊談之士可比，簡直就是一位大政治家的風範，是實堪與諸葛武侯的《隆中對》相比美的。史言燕昭王伐齊之功皆首推樂毅，其實燕昭王亡齊之謀主乃蘇秦而非樂毅，樂毅只不過是個軍

〔註66〕 班固在「《龐煖》二篇」下自注「爲燕將」三字，但該書在「兵權謀家」下又著錄有「《龐煖》三篇」，二者必有一誤，而以「縱橫家」著錄出錯的可能性最大，且龐煖爲趙將而非燕將（詳見本書第七章《衰落時期》第二節《燕趙戰爭》）。

〔註67〕 馬王堆漢墓帛書整理小組：《戰國縱橫家書》，第 1～50 頁。

〔註68〕 陳倉：《無恥說客蘇秦》，《人物雜誌》第 3 卷第 7 期，1948 年。

〔註69〕 《史記・蘇秦列傳》說蘇秦曾經「習之於鬼谷先生」，後又「得周書《陰符》，伏而讀之」；而《戰國策・秦策一》也說他「得《太公陰符》之《謀》，伏而誦之」。按：《漢書・藝文志・諸子略》道家類著錄有《太公》二百三十七篇（《謀》八十一篇、《言》七十一篇、《兵》八十五篇），後又說「右兵權謀十三家，二百五十九篇。省《伊尹》、《太公》、《管子》、《孫卿子》、《鶡冠子》、《蘇子》……」。由此可知，蘇秦當時鑽研的內容屬於「兵權謀」一類，蓋即《太公》之《謀》。鬼谷，地名，一說在今河南登封北。鬼谷子因隱於鬼谷，故自號鬼谷子。

〔註70〕 關於蘇秦的事迹，詳見本書第六章《強盛時期》的二、三、四節。

事上的最高執行者罷了。」〔註71〕

在出土於湖北荊門的郭店楚簡中，有一篇《唐虞之道》，主要講述的是堯舜「禪讓」故事〔註72〕。李學勤認為，《唐虞之道》與《忠信之道》一樣，「雖有近於儒學的語句，但過分強調禪讓，疑與蘇代、厝毛壽之流遊說燕王禪讓其相子之（前三一六年）一事有關，或許應劃歸縱橫家」〔註73〕。李學勤此說證據薄弱，所以他只用了一個「疑」字。李存山隨後就認為，將《唐虞之道》歸入縱橫家的說法根據不足〔註74〕；廖名春也認為，該篇無「子曰」，當是孔子的佚文，簡文是正統的儒家學說無疑〔註75〕。與其將《唐虞之道》列入縱橫家，倒不如將見諸《戰國縱橫家書》的蘇秦的作品列入更合適。

（七）佛教

佛教產生於西元前六世紀的古印度，創始人是喬達摩·悉達多（尊稱「釋迦牟尼」，前 565 年～前 485 年〔註76〕），年代大體上與孔子（前 551～前 479）同時而略早。佛教後來相繼傳播到亞洲、非洲、美洲、大洋洲等地，成為名副其實的世界性的宗教。關於佛教傳入中國的時間，歷史上曾經出現過多種說法。一說三代之前古中國已知佛教，二說西周之時佛教傳入中國，三說春秋之時孔子已知佛祖，四說戰國後期佛教傳入中國，五說秦始皇時沙門已持佛經來華，六說漢武帝時中土已聞浮屠之教，七說漢成帝時劉向校書已見佛經。

以上諸說，與燕國直接相關的是第四說。晉王嘉《拾遺記》卷四載，「（燕昭王）七年（前 305 年），沐胥之國來朝，則申毒國之一名也。有道術人名尸羅。問其年，云百三十歲。荷錫持瓶，云發其國五年乃至燕郊。善炫惑之術。於其指端出浮屠十層，高三尺，及諸天神仙，巧麗特絕。……咒術炫惑，神怪無窮」。俞樾（1821～1907）云：「此乃佛法入中國之始，申毒即身毒也。

〔註71〕陳平：《燕史紀事編年會按》下冊，北京：北京大學出版社，1995 年，第 26 頁。按：該頁「諸葛武侯」之「侯」誤作「候」，恐乃校對者一時疏忽使然。

〔註72〕湖北省荊州市博物館：《郭店楚墓竹簡》，北京：文物出版社，1998 年。

〔註73〕李學勤：《先秦儒家著作的重大發現》，《郭店楚簡研究》（《中國哲學》第二十輯），瀋陽：遼寧教育出版社，2000 年第二版，第 13～17 頁。

〔註74〕李存山：《讀楚簡〈忠信之道〉及其他》，《郭店楚簡研究》，第 263～277 頁。

〔註75〕廖名春：《郭店楚簡儒家著作考》，《孔子研究》，1998 年第 3 期；該文後又收入《郭店楚簡研究》，第 36～74 頁。

〔註76〕此說所依據的文獻是《眾聖點記》，分別見《出三藏記集》卷十一《善見律毗婆沙記》和《歷代三寶記》卷十一《善見毗婆沙律》卷十八。

視《列子》所載周穆王時化人事尤爲明顯矣。」（《茶香室叢鈔》卷十三）其實，《拾遺記》的記載荒誕不經，俞樾的說法也站不住腳。誠如湯用彤（1893～1964）所說，《拾遺記》所記「《晉書》已稱其事多詭怪」，而所記燕昭王事「不悉是晉代原文，抑梁時改竄」；「所謂沐胥之國，印度無此名稱」；燕昭王時，「佛化未出天竺」〔註77〕。一般認爲，佛教傳入中國的可靠年代，是在西漢末年和東漢初年之時〔註78〕，良有以也！

三、文學藝術

（一）文學

據《史記・燕召公世家》記載：「召公之治西方，甚得兆民和。召公巡行鄉邑，有棠樹，決獄政事其下，自侯伯至庶人各得其所，無失職者。召公卒，而民人思召公之政，懷棠樹不敢伐，哥詠之，作《甘棠》之詩。」《甘棠》之詩見於《詩經》。

孔子對於《甘棠》之詩給予了很高的評價。《孔子家語・好生》云：「孔子曰：『吾於《甘棠》，見宗廟之敬甚矣。思其人必愛其樹，尊其人必敬其位，道也。』《孔子家語・廟制》云：「周人之於邵公也，愛其人猶敬其所舍之樹，況祖宗其功德而可以不尊奉其廟焉。」作爲傳世文獻的《孔子家語》，其所載孔子對《甘棠》的評價，與出土文獻的記載是基本一致的。上海博物館藏戰國楚竹書《孔子詩論》云：「孔子曰：……〔《甘棠》之褒，美〕召公也。……及其人，敬愛其樹，其褒厚矣。……吾以《甘棠》得宗廟之敬，民性固然。甚貴其人，必敬其位；悅其人，必好其所爲。惡其人者亦然。」〔註79〕由此可以看出，《孔子詩論》特別重視《甘棠》一詩，表明了孔子對召公的重視和肯定〔註80〕。

作爲召公傳人的燕國王室，也一直在傳誦著《甘棠》之詩。太子丹置酒

〔註77〕 湯用彤：《漢魏兩晉南北朝佛教史》，北京：中華書局，1983年，第4頁。

〔註78〕 持此說者甚眾。如：(1)趙樸初：《中國佛教》，《中國大百科全書・宗教》，北京：中國大百科全書出版社，1988年，第527～528頁；(2)任繼愈主編：《中國佛教史》第一卷，北京：中國社會科學出版社，1985年，第67頁。

〔註79〕 馬承源主編：《孔子詩論》，《上海博物館藏戰國楚竹書》（一），上海：上海古籍出版社，2001年。李零：《上博楚簡三篇校讀記》，北京：中國人民大學出版社，2007年，第11～16、147～148頁。

〔註80〕 晁福林：《上博簡〈甘棠〉之論與召公奭史事探析——附論〈尚書・召誥〉的性質》，《南都學壇》，2003年第5期。

宴請荊軻之時，夏扶問荊軻：「何以教太子？」荊軻曰：「將令燕繼召公之迹，追《甘棠》之化，高欲令四三王，下欲令六五霸。」（《燕丹子》卷下）這是燕國傳誦《甘棠》之詩的明證。

在詩歌方面，《漢書‧藝文志》「詩賦略」下著錄有《燕代謳雁門雲中隴西歌詩》九篇，業已亡佚。而《宋志》載有《雁門太守行》，乃歌詠洛陽令王渙的作品。顧實認為，後者「蓋本舊曲，後漢取其音節，以祠王渙爾」〔註81〕，其說可參。

樂毅的《報燕王書》（見《戰國策‧燕策二》和《史記‧樂毅列傳》等），也堪稱中國文學史上的名篇佳作，許多「中國文學作品選讀」一類的書籍都選有該篇。

而見諸《戰國策‧燕策三》、《史記‧刺客列傳》、《燕丹子》（卷下）等載籍的《易水歌》——「風蕭蕭兮易水寒，壯士一去兮不復還」，更是為後世所廣為流傳。仔細比較《易水歌》與劉邦的《大風歌》，就可發現，後者其實襲自前者，「大風起兮雲飛揚，威加海內兮歸故鄉，安得猛士兮定四方」（《史記‧高祖本紀》），由此亦可見《易水歌》對後世的影響。

另外，見諸《戰國策‧燕策二》的許多寓言（如「鷸蚌相爭，漁翁得利」），也不失其文學價值。

（二）史學

先秦時期，雖然說史學尚未取得獨立的地位〔註82〕，但卻有著較為完備的史料記錄系統和著錄系統，先秦文字的零星記載反映了這一「信息」。

(1)各國均注意史料的積纍與整理。如周有《周志》（《左傳》文公二年），鄭有《鄭志》（《左傳》隱公元年、昭公十二年），燕有《燕記》（《方言》卷二），秦有《秦記》（《史記‧秦始皇本紀》、《六國年表》），等等。這一類作品，許多恐怕還處於「資料積纍」與「初步整理」階段（最多只能算「半成品」）；而下一類作品，則已是成熟的「著作」（可以稱之為「成品」）。

(2)各國基本上都有其各自的成熟的「國史」，並且多以「春秋」為名。《墨子‧明鬼下》提到過「周之《春秋》」、「燕之《春秋》」、「宋之《春秋》」、「齊之《春秋》」，《孟子‧離婁下》說晉有《乘》、楚有《檮杌》、魯有《春秋》，

〔註81〕 顧實：《漢書藝文志講疏》，第186頁。
〔註82〕 本處之所以將「史學」列入「文學藝術」類，這是原因之一；另外，古中國本有「文史不分家」的傳統，而陳寅恪也有「詩文證史」方法之發明。

此可稱之爲「百國《春秋》」〔註83〕。《國語·晉語七》說羊舌肸（叔向）「習於《春秋》」，即熟悉各國史書。另據《國語·楚語上》記載，《春秋》還是楚國教育太子的「教材」之一，「教之《春秋》」。

（3）各國王室基本上都有自己的「家族史」（家譜）。司馬遷曾經讀過《春秋曆譜牒》，但譜牒多過於簡略，「譜牒獨記世諡，其辭略，欲一觀諸要難」（《史記·十二諸侯年表》）。

遺憾的是，各國統治者出於政治上的種種考慮，對這些典籍進行了無情的摧毀。戰國之時，「諸侯惡其害己而皆去其籍」（《孟子·萬章下》）。秦滅六國之後，「燒天下《詩》、《書》，諸侯史記尤甚，爲其有所刺譏也」（《史記·六國年表》）。秦始皇三十四年（西元前213年），由於丞相李斯的主張，秦王朝更是大肆「焚書」，「史官非《秦記》皆燒之，非博士官所職，天下敢有藏《詩》、《書》、百家語者，悉詣守、尉雜燒之。……所不去者，醫藥卜筮種樹之書」（《史記·秦始皇本紀》）。就燕國而言，其損失頗爲慘重，「國史先失」（《史記·燕召公世家》索隱）。

（三）美術

燕國的美術作品，可舉青銅器爲例說明。青銅器以各種禮器最爲重要，它們不僅數量多，而且種類齊全，不少青銅禮器造型優美、鑄工精良，令人拍手叫絕。

太保盉（克盉）通高26.8釐米，紋飾流暢精細，鑄工一絲不苟，雄渾中透著秀巧，素樸中閃著靈光，是一件珍貴的工藝美術品。

燕國的青銅器多以虎、牛等動物形象裝飾，反映的是燕地民族錯居雜處的地域特色，滲透著北方游牧民族的藝術風格，這是與中原地區有所不同的。

如琉璃河253號墓出土的堇鼎，是所有青銅禮器中最大、最重的一件。堇鼎通高62釐米，口徑47釐米，重41.5公斤，鼎腹內壁鑄有銘文4行26字，體態渾厚凝重，紋飾莊嚴古樸，是一件珍貴罕見的藝術珍品。

再如出土於琉璃河西周墓葬遺址（M251）的伯矩鬲（又稱牛首鬲），通高30.4釐米，口徑22.8釐米，重7.53公斤，雙耳，有蓋，而整個器物就是牛的寫實造型。蓋面飾以雕狀牛首紋，紐作牛首相背，頸飾夔紋；足部也飾牛首

〔註83〕《隋書·李德林傳》載李德林《答魏收書》說：「墨子又云：『吾見百國《春秋》。』」按：「吾見百國《春秋》」一語，又見《史通·六家·春秋》。

紋；周身有 3 個牛面浮雕，牛吻內收，面額部前傾，作斗牛狀，鼓著氣喘吁吁的大鼻子，瞪著銅鈴般的大眼睛。伯矩鬲構思新穎別致，造型雄渾奇特，形象逼真傳神，在藝術設計和鑄造工藝上都具有高超的水平，「是一件極其精美的藝術品」〔註 84〕，「無疑是西周早期青銅器中的一件珍品」〔註 85〕，「說明燕國青銅器鑄造業已達到相當高的水平」〔註 86〕。

又如琉璃河出土的伯簋，高 27.5 釐米，口徑 19.7 釐米，是以象為主題的青銅器；蓋面、腹部、垂珥、圈足等處均飾有象紋，足飾目雷紋，兩耳作鳥形，四足為象首，細看鼻從口出，似怪獸吞噬龍蛇；紋飾極為細膩精緻，而其構想可謂出神入化，是西周早期青銅器的傑作。這種以動物形象為主，通體裝飾花紋，還附加奇禽異獸，給人以雄渾凝重、美觀肅穆的印象，表現了北方草原游牧地區的環境特徵。

燕國出土的武器（如刀、劍、頭盔等），也多以鷹首、馬頭作為裝飾。這既是民族間文化交流的反映，也是藝術審美使然。

（四）音樂

1. 忼慨悲歌之聲

古人多謂「燕趙古稱多感慨悲歌之士」（韓愈：《送董邵南序》），這是燕地居民善於歌唱的寫照，並且他們的所歌所唱應當是高亢、激越而又嘹亮的。當時民間的歌詠往往要用音樂來伴奏，相當具有感染力。燕太子丹派荊軻西入秦國行刺秦王，送至易水之上，「高漸離擊築，荊軻和而歌，為變徵之聲〔註 87〕，士皆垂淚涕泣。又前而為歌曰：『風蕭蕭兮易水寒，壯士一去兮不復還！』復為羽聲忼慨，士皆瞋目，髮盡上指冠」（《史記‧刺客列傳》，另見《戰國策‧燕策三》）。徵，古代五聲音階（宮、商、角、徵、羽）的第四音，相當於工尺譜上的「六」，現在簡譜上的「5」。羽，古代五聲音階之一，相當於簡譜「6」。由徵變羽，音樂的感染力大概即由悲壯變而為忼慨。

荊軻所和之歌，後人題名為《易水歌》，並演其事為琴曲。《易水歌》後

〔註 84〕 中國社會科學院考古研究所：《新中國的考古發現和研究》，北京：文物出版社，1984 年，第 260 頁。

〔註 85〕 齊心主編：《圖說北京史》，北京：北京燕山出版社，1999 年，第 49 頁。

〔註 86〕 天戈：《北京出土文物》，北京：北京出版社，1980 年，第 32 頁。

〔註 87〕 鮑彪本《戰國策‧燕策三》作「為變徵之聲」，但姚宏本《戰國策‧燕策三》作「為濮上之聲」。按：聯繫上下文，此處所述均為古代的音階，《燕策三》正文當以鮑本為勝。

來也泛指送別的悲歌，「歎息將如何，遊人意氣多。白雪《梁山曲》，寒風《易水歌》」（駱賓王：《夏日遊德州贈高四》）。

2. 樂器——築、琴

（1）築

築，中國古代的一種擊絃樂器，因以持竹尺擊之而得名。築早在戰國時期就已經流行，但因失傳已久，對其形制、構造及演奏等早已無從詳細獲知；從歷代的記載中，還可約略知其大概。築之形狀起初大體似琴，但又比琴大，頭安弦（《史記·蘇秦列傳》正義、《高祖紀》正義引應劭語）；唐朝時，其形制有所變化，外形似瑟而頸細（《漢書·高祖紀》顏師古注）。唐築長 150 釐米，宋築則長約 140 釐米。宋朝的築設柱同箏，第一弦爲黃鍾正聲，第十二弦爲黃鍾清聲。用竹片擊弦發音，故名築（《舊唐書·音樂志》）。初爲五弦（《說文解字·竹部》），後又有十二弦和十三弦者（《隋書·音樂志》、《廣韻·屋韻》）。演奏時，左手執器或以手指按弦，右手執竹尺擊弦發音〔註88〕。

燕人高漸離（？～前 221 年）最善於擊築。高漸離曾與燕太子丹等送荊軻至易水之上，高漸離擊築，荊軻和而歌。燕亡後，高漸離又爲秦始皇擊築，以鉛置築中，以築擊秦始皇，不中，被殺（《史記·刺客列傳》，另見《戰國策·燕策三》）。高漸離之善擊築在歷史上頗有盛名，陶淵明《詠荊軻》說「漸離擊悲築，宋意唱高聲」。戰國時期，齊都臨淄也有彈琴、擊築者（《史記·蘇秦列傳》、《戰國策·齊策一》）。西漢開國之君漢高祖劉邦也擅長擊築，「酒酣，高祖擊築」（《史記·高祖本紀》，又見《漢書·高祖紀》）。

（2）琴

琴是中國一種頗爲古老的撥絃樂器，在燕國也不乏善鼓琴者。據《燕丹子》卷下記載，太子丹得荊軻後，曾經置酒華陽之臺，「酒中，太子出美人能琴者」（《史記·刺客列傳》索隱「能」下有「鼓」字）。

3. 舞蹈

《史記·貨殖列傳》說中山、趙、代「女子則鼓鳴瑟，跕屣，遊媚貴富，入後宮，遍諸侯」，而燕國的民風民俗「大與趙、代俗相類」。看來，樂舞、妝扮之於該地女子，本屬能事。因爲代和中山早亡，到戰國後期，便以燕、

〔註88〕蕭琴、彭華：《古「築」探源——中國古代樂器探索之一》，《宜賓學院學報》，
　　　　2006 年第 1 期，第 49～52 頁。

趙爲該種風俗的代表。一直到唐朝，大詩人李白還用互文的手法描畫燕、趙女性的擅長樂舞，「趙女長歌入彩雲，燕姬醉舞嬌紅燭」（《幽歌行》）。另據《拾遺記》卷四記載，相傳在燕昭王時，廣延國進獻善舞者二人，一名旋娟，一名提媒，二人不但擅長歌唱，而且精於舞蹈，其舞一名「縈塵」，一名「集舞」，一名「旋懷」（《北堂書鈔》卷一三三引）。

四、科學技術

（一）地理學

1.「大九州說」

在地理方面，騶衍創造了「大九州」說。騶衍之所以要創立這一學說，是因爲他鄙夷儒、墨兩家「不知天地之弘、昭曠（宇宙）之道」，於是創立「大九州」說「以喻王公」（桑弘羊：《鹽鐵論·論鄒篇》）。騶衍「先列中國名山、大川、通谷、禽獸、水土所殖，物類所珍，因而推之，及海外人之所不能睹」（《史記·孟子荀卿列傳》）。按照這一說法，中國叫「赤縣神州」（內有九州），九個像赤縣神州這樣大的州合成一個大州，周圍有裨海環繞著；這樣的大州又有九個，周圍又有大瀛海環繞著，「此所謂八極」。在那裡，才有八個方面的終極之處（「天地之際」）。因此，儒者所說的「中國」只是整個「大九州」中的八十一分之一。

騶衍的這一推論理路，司馬遷歸納爲「必先驗小物，至於無垠」，但因「其語閎大不經」，「王公大人初見其術，懼然顧化」（《史記·孟子荀卿列傳》）。楊寬曾經引《尸子》「朔方之寒，冰厚六尺，木皮三寸；北極左右，有不釋之冰」（孫星衍輯本下卷）說明，《尸子》已經推測到北極有常年結冰的情況，而騶衍「大九州」說的創立，「是和當時交通的發展和人們見聞的增長分不開的，有利於人們打破保守閉塞的成見」〔註89〕。

2. 督亢地圖

《史記》的《燕召公世家》、《刺客列傳》以及《戰國策·燕策三》、《燕丹子》卷下、《資治通鑑》卷六《秦紀一》等書，都提到了荊軻刺殺秦王時所獻的「督亢地圖」。督亢一地在今河北涿縣、易縣、固安一帶，是燕國的富饒良沃之地，是貪婪的秦王急於獲得的地盤，「欲獻秦，故畫其圖而獻焉」（《燕

〔註89〕楊寬：《戰國史》（增訂本），上海：上海人民出版社，1998年，第567頁。

召公世家》索隱）。燕國之所以要獻地圖，是因爲按照當時人的觀念，獻地圖就等於獻江山，「獻圖則地削，效璽則名單；地削則國削，名卑則政亂矣」（《韓非子·五蠹》）。

督亢地圖應當標有地圖的一些基本要素（如方位、比例尺、圖例、地形等）。因爲蘇秦從燕之趙以合縱說趙王時，曾經提到，「臣竊以天下地圖案之，諸侯之地五倍於秦」（《戰國策·趙策二》）；這就意味著戰國時期的地圖已經有了分率（即比例尺），從地圖上便可以測量地域面積大小。1977 年，河北平山三汲村戰國墓出土了中山兆域圖（製作年代約在西元前 323 年～前 315 年），圖的中心部分有以尺爲單位的注記，由此可知享堂的面積和間距，其比例尺爲 1：500〔註90〕。1986 年，甘肅天水放馬灘 1 號秦墓出土了我國最早的七幅木板地圖（墓葬年代爲西元前 299 年）〔註91〕，地圖還保留有一定的實物繪畫性質，繪製水平已經相當高。

遺憾的是，督亢地圖後毀於秦，「秦王殺軻，圖亦絕滅」（《太平御覽》卷一九四引《郡國志》），該地圖的具體內容已不得其詳。

3. 《山海經》

《山海經》一書，在《漢書·藝文志》中歸入「形法家」，主要是因爲該書所記乃山海之形勢。但《山海經》所記卻不僅僅局限於地理，還旁及動物、植物、藥物、礦物和民族、神話等，是一部百科全書式的著作，是「我國最早的類書」〔註92〕。舊說以爲《山海經》出於唐虞之際，作者爲益（見劉秀《上〈山海經〉表》），但此說荒誕不經，大失理據，所以學術界多不從此說。

現代學者一般都認爲，《山海經》大約成書於春秋末年至西漢初年（作於戰國時期的可能性最大〔註93〕），作者非一人，作地非一地（或以爲乃楚／巴

〔註90〕楊鴻勳：《戰國中山王陵及兆域圖研究》，《考古學報》，1980 年第 1 期；孫仲明：《戰國中山王墓「兆域圖」的初步探討》，《地理研究》第 1 卷第 1 期，1982 年。

〔註91〕甘肅省文物考古研究所、天水市北道區文化館：《甘肅天水放馬灘戰國漢墓群的發掘》，《文物》，1989 年第 2 期；何雙全：《天水放馬灘秦墓出土地圖初探》，《文物》，1989 年第 2 期。

〔註92〕呂子方：《讀〈山海經〉雜記》，《中國科學技術史論文集》下冊，成都：四川人民出版社，1984 年，第 1 頁。

〔註93〕袁珂：《〈山海經〉寫作的時地及篇目考》，《中華文史論叢》第七輯，上海：上海古籍出版社，1978 年。

／蜀／齊的作品〔註94〕）。但陳平卻認為，《山海經》的《山經》部分先成書，《海經》部分晚出，而整部《山海經》最後的成書定稿人應是鄒衍的門徒弟子；他又認為鄒衍的「大九州說」正是在《海經》的基礎上加以想像發揮而成的，二者互為表裏〔註95〕。陳說貌似新穎而大膽，但仔細檢點學術史，其實前人早已言及。何觀洲《〈山海經〉在科學上之評判及作者之時代考》、方孝岳《關於〈楚辭‧天問〉》、程耀芳《鄒衍五德說‧九州說之源流》等都說《山海經》是鄒衍的作品，游國恩（1899～1978）《屈賦探源》說《山海經》是秦漢間人雜採（鄒）衍說等推演成書的；而蕭兵則說《山海經》很可能是東方早期方士根據雲集燕齊的各國人士提供的見聞和原始記載編纂整理的一部帶有巫術性、傳說性的綜合地理書〔註96〕。相對而言，蕭兵之說較為平實，但《山海經》是否最終由東方早期方士編纂整理而成，尚難坐實。

我想，關於《山海經》的作者、作地及成書年代，最為平實而可靠的說法應當是：《山海經》的素材來自雲集燕齊的各國人士提供的見聞和原始記載，東方早期方士（包括鄒衍及其弟子）對此做了初步整理，但《山海經》文本在後世（戰國—漢初）代有潤飾加工，所以學術界說《山海經》「作者非一人，作地非一地」，其實並不為過。

（二）數學

數學，是一門歷史非常悠久的科學。它的萌芽，是從數、形概念出現時開始的，目的是為了解決實際問題，「和其他一切科學一樣，數學是從人的需要中產生的；從丈量土地和測量容積，從計算時間的製造器皿中產生的」〔註97〕。

〔註94〕蒙文通認為很可能是接受巴蜀文化以後的戰國作品，袁珂認為乃楚人所作，顧頡剛、譚其驤認為乃河漢間人所作，任乃強認為《東山經》採自戰國燕齊方士之書。（蒙文通：《略論〈山海經〉的寫作時代及其產生地域》，《中華文史論叢》第一輯，1962年；袁珂：《〈山海經〉寫作的時地及篇目考》，《中華文史論叢》第七輯，1978年；顧頡剛：《五藏山經試探》，北京大學《史學論叢》第一冊，1934年；譚其驤：《論〈五藏山經〉的地域範圍》，《中國科技史探索》國際版，上海：上海古籍出版社，1982年；任乃強：《試論〈山海經〉的成書年代與其資料來源》，《〈山海經〉新探》，成都：四川省社會科學院出版社，1986年。）

〔註95〕陳平：《燕史紀事編年會按》下冊，北京：北京大學出版社，1995年，第236～239頁。

〔註96〕以上所述，採自蕭兵《〈山海經〉：四方民俗文化的交彙——兼論〈山海經〉由東方早期方士整理而成》，《〈山海經〉新探》，第133頁。

〔註97〕〔德〕恩格斯：《反杜林論》，北京：人民出版社，1971年，第35頁。

根據《漢書・梅福傳》記載，早在齊桓公時（西元前 685～前 643 年在位），就有「東野」之人向齊桓公進獻「九九」（乘法口訣），「臣聞齊桓公之時，有以九九見者，桓公不逆，欲以致大也」。此事又見於西漢燕人韓嬰所著《韓詩外傳》（卷三）、西漢劉向所著《說苑・尊賢》，「夫九九薄能耳，而君猶禮之，況賢於九九乎」。從「史源學」的角度而言，這條材料當來源於《戰國策》佚文（《三國志・魏書・劉虞傳》裴松之注引），可目爲信史。另外，《荀子・大略》、《管子・地員》也有關於「九九」的記載。它們說明，早在西元前七世紀，在我國北方就已經有了「九九乘法口訣」。當時的九九乘法口訣與現今的略有不同，它起於九九八十一——因此被稱作「九九」，迄於二二得四，共計三十六句，比現今的少九句。

以前爲學者所公認的中國最早的數學著作是《九章算術》，該書雖然成書於漢代，卻有更早的淵源。1983 年 12 月，湖北江陵縣張家山 247 號漢墓出土了大批竹簡〔註 98〕，其中有一種就是《算數書》（釋文已公佈於《文物》2000 年第 9 期），其年代比《九章算術》早了一個半世紀以上。研究者多認爲，《九章算術》今本文字是沿襲《算數書》而來，或者兩書有共同的來源；它的發現填補了中國數學史上的空白，爲追溯《九章算術》的淵源提供了條件〔註 99〕。既然《九章算術》有更早的源頭，而且確實也發現了比它更早的《算數書》；那麼，再反觀《韓詩外傳》卷三的那條材料，目前也確實難以否定其眞實性，齊國早有「九九乘法口訣」也未必全無可能，而由齊傳入與之毗鄰的燕國，也不無可能。

1977 年，河北易縣燕下都辛莊頭的一座大墓出土了 20 件金飾件，背面有記重刻銘〔註 100〕。其中一件金飾謂，「二兩廿三朱四分朱一」。中國計量科學院曾經用精密天平校量了其中具有代表性的 8 件金飾件，發現當時燕國的計量已經相當精確，其 1 斤爲 248.4 克、1 兩爲 15.524 克、1 朱（銖）爲 0.647克〔註 101〕。燕國既然有如此精確的衡制，其數學發展之水平不難想像。

〔註 98〕 荆州地區博物館：《江陵張家山三座漢墓出土大批竹簡》，《文物》，1985 年第 1 期。

〔註 99〕 李學勤：《〈算數書〉介紹》，《簡帛佚籍與學術史》，第 226～229 頁。

〔註 100〕 石永士：《燕國的衡制》，《中國考古學會第二次年會論文集》（1980 年），北京：文物出版社，1982 年。

〔註 101〕 丘光明：《試論戰國衡制》，《考古》，1982 年第 5 期。

第十三章　社會生活

一、衣食住行

（一）衣

因為燕地的經濟屬於「復合經濟」，有著較為發達的農業和畜牧業，因此當地居民製作衣服的原料主要有兩類──布類和毛皮類，如布帛、麻、狐裘、氈子等。戰國時期燕國的牲畜飼養業具有相當可觀的規模，並且劃分了專門的片區，燕之「氈裘〔註1〕狗馬之地」與齊之「海隅魚鹽之地」、楚之「桔柚雲夢之地」、韓魏之「湯沐之地」等齊名（《戰國策·趙策二》）。司馬遷在列舉各地的物產時，也指出「龍門、碣石北多馬、牛、羊、旃裘、筋角」（《史記·貨殖列傳》）。

1980 年，河北正定南楊莊仰韶文化遺址內發現了兩件陶蠶蛹，研究者在觀察之後指出，「當時陶蠶蛹製作的工藝師是對照蠶蛹實物而製作的，或者可以說這位工藝師是非常熟悉蠶蛹的」〔註2〕。1960 年，山西芮城西王村仰韶文化遺址中也曾經發現過一件蛹形陶飾，其形制和南楊莊遺址出土的陶蠶蛹非常相似〔註3〕。基本上可以斷定，早在五千多年前，山西、河北地區就已經開始育蠶了〔註4〕。隨後，蠶桑業仍相沿不絕，並日漸發展，先秦史籍也說「燕、

〔註1〕《史記·蘇秦列傳》作「旃裘」，氈、旃可通，但以作「氈」為勝。

〔註2〕郭郭：《從河北省正定南楊莊出土的陶蠶蛹試論我國家蠶的起源問題》，《農業考古》，1987 年第 1 期。

〔註3〕唐雲明：《淺述河北紡織上的幾項考古發現》，《中國紡織科技史資料》第五集，北京紡織科學研究所，1981 年。

〔註4〕唐雲明：《我國育蠶織綢起源時代初探》（原載《農業考古》1985 年第 2 期），《唐雲明考古論文集》，石家莊：河北教育出版社，1990 年。

代田畜而事蠶」（《戰國策・燕策一》）〔註5〕。既然可以種桑養蠶，與之配套的絲綢紡織業自然也會得到相應的發展；燕國上層貴族和部分富裕階層，所穿著的衣物中自然也當有絲綢。蘇秦北上遊說燕王，燕王「於是齎蘇秦車馬金帛以至趙」（《戰國策・燕策一》）。在河北省懷來縣北辛堡一號墓出土的漆箱的表層中發現了絹的痕迹，在二號墓主棺棺蓋下也發現了絹的痕迹，它們應該是當時的絲織品留下的痕迹〔註6〕。

（二）食

主食

《周禮・夏官・職方氏》說幽州（跨今河北、遼寧）「其穀宜三種」，所謂「三種」指的是黍、稷、稻；又說冀州「其穀宜黍、稷」，并州（今河北北部、山西北部）「其穀宜五種」，所謂「五種」指的是黍、稷、菽、麥、稻〔註7〕。又據《戰國策・燕策一》記載，燕國有著豐富的糧食儲備，「粟支十年」（《史記・蘇秦列傳》作「粟支數年」）。由此可見，燕國的農業還是比較可觀的，而燕地居民的主食有黍、稷、菽、麥、稻。

副食

燕國所處的獨特的地理環境，爲燕民提供了較爲豐富的副食。具體而言，其副食有水陸產品中的馬、牛、羊、豕、魚、蝦等。《周禮・夏官・職方氏》說幽州（跨今河北、遼寧）「其畜宜四擾」，鄭玄說「四擾」即馬、牛、羊、豕四種家畜〔註8〕。《戰國策・燕策一》說燕有「魚鹽棗栗之饒」（另見《史記・貨殖列傳》），這完全合乎事實。燕地又有著發達的畜牧業，牲畜除用於軍事、交通和生產外，供人食用也是情理之中的事。

飲用水

水是生命的源泉，當時燕地居民的飲用水當取自水井。在河北燕下都遺址（F1、F2）、河北石家莊等地，都發現過戰國時期的陶水井〔註9〕。在北京

〔註5〕 另見《史記》的《蘇秦列傳》和《貨殖列傳》。

〔註6〕 河北省文化局文物工作隊：《河北懷來北辛堡戰國墓》，《考古》，1966 年第 5 期。

〔註7〕 《周禮注疏》卷三十三，《十三經注疏》（上冊），北京：中華書局，1980 年，第 863 頁。

〔註8〕 《周禮注疏》卷三十三，《十三經注疏》（上冊），第 863 頁。

〔註9〕 中國歷史博物館考古組：《燕下都城址調查報告》，《考古》，1962 年第 1 期；河北省文化局文物工作隊：《河北易縣燕下都故城勘察和試掘》，《考古學

市廣安門內外、法源寺、白雲觀、陶然亭等處，也發現了汲水用的陶井井圈，並且分佈較爲密集〔註10〕。

　　水井的發明與使用，是人類歷史上一項具有深遠意義的事件。燕地水井的發現說明，水井一方面可以提高燕地居民飲用水的質量（其中有的可能是用於農田灌漑的），另一方面也表明當時的薊城和燕下都已經是人口相當稠密的城市。

食用鹽

　　鹽之於生活的重要性，一如水之於生命。先秦之時，鹽、梅都是重要的調味品，「若作和羹，爾惟鹽梅」（《尚書・說命》）。鹽更是日常生活的必需品，「十口之家，十人食鹽；百口之家，百人食鹽」（《管子・海王》）。齊、燕素以煮鹽業發達而著稱，「齊有渠展之鹽，燕有遼東之煮」（《管子・地數》）。《鹽鐵論・本議》在列舉「養生送終之具」時，特意提到「燕、齊之魚鹽旃裘」。

果品

　　燕國地處暖溫帶的山區，很適宜種植果樹。燕民種植的果樹有棗、栗、杏、梅等（《戰國策・燕策一》），而栗的種植面積甚廣〔註11〕。

　　栗，別名板栗、大栗、魁栗、毛栗等，通稱栗子。栗的原產地就在我國。在西安半坡遺址，就發現了大量的栗和榛等果實，這說明栗遠在6000年前就已經成爲我國古人的食用品了。在古代中國，栗、棗、桃、李、杏並稱爲「五果」，爲人所食用的程度不亞於禾穀類的「五穀」。栗子營養豐富，味美甘糯，既可生食，也可作佐料之用，還可入藥。陸璣《毛詩草木鳥獸蟲魚疏》卷上說，「五方皆有栗，周秦吳揚特饒，吳越被城表裏皆栗，唯漁陽、范陽栗甜美長味，他方者悉不及也」。棗味甘甜，可食，亦可供藥用。《詩經・豳風・七月》云：「八月剝棗，十月穫稻，爲此春酒，以介眉壽。」清潘榮陛《帝京歲時紀勝・時品》云：「都門棗品極多，大而長圓者爲纓絡棗，尖如橄欖者爲馬牙棗，質小而鬆脆者爲山棗，極小而圓者爲酸棗。又有賽梨棗、無核棗、合兒棗、甜瓜棗。」《密雲縣志》在談及本地所產小棗子亦云，「密雲產棗，小

報》，1965年第1期。

〔註10〕　北京市文物管理處：《北京外城東周晚期陶井群》，《文物》，1972年第1期；
　　　　　北京市文物管理處：《北京地區的古瓦井》，《文物》，1972年第2期。

〔註11〕　《史記・貨殖列傳》說「燕、秦千樹栗」。

者佳」。棗仁可入藥。明李時珍（1518～1593）《本草綱目・果一・棗》云：「常服棗仁，百邪不復干也。」

除棗、栗外，北京產杏、梅的歷史也很悠久。1977 年，北京市文物管理處在發掘豐臺區賈家花園戰國墓時，在出土的銅鈁中發現了數十個殘存的杏、梅殼，說明北京地區在戰國之時是盛產杏、梅等果品的〔註 12〕。直至今天，燕山栗子、密雲小棗、滄州金絲小棗、京東板栗等仍然是北京、河北兩地的名特產。

酒

地處北方的燕國，其民有飲酒之風。如荊軻本「嗜酒」豪放，他由衛至燕後，與擅長擊築的高漸離頗為友善，「日與狗屠及高漸離飲於燕市，酒酣以往，高漸離擊築，荊軻和而歌於市中」（《史記・刺客列傳》）。太子丹曾經置酒宴請荊軻，「酒酣，太子起為壽」（《燕丹子》卷下）。

（三）住

在遠古時期，中國先民一度過著「巢居」（南方）和「穴居」（北方）的生活〔註 13〕；但進入文明社會以後，則紛紛搬遷到地面居住，修建房屋隨之興起。春秋戰國之際，房屋建築已有葺屋（草屋）和瓦屋之分（《考工記・匠人》）；進入戰國後，各諸侯宮室已普遍使用瓦覆頂（如燕城易縣、趙城邯鄲、晉城侯馬、齊城臨淄、魯城曲阜等）。生活在城市裏的燕民，則被安排在劃出的特定區域居住。如燕下都的東城，其內部就有一定的區劃，分為宮殿區、居住區和墓葬區三大部分〔註 14〕。

（四）行

燕地三面環山（太行山、燕山及軍都山），一面朝向華北平原，東面是渤海，在地形兼有平原、山區，而平原上湖泊沼澤眾多；所以燕人要出行，至少有三種交通工具可供選擇，一是由發達的畜牧業所提供的馬匹和馬車，二

〔註 12〕 北京市文物管理處：《北京豐臺區出土戰國銅器》，《文物》，1978 年第 3 期。
〔註 13〕 《禮記・禮運》：「昔者先王，未有宮室，冬則居營窟，夏則居橧巢。」《禮記・王制》：「北方曰狄，衣羽毛穴居。」《莊子・盜跖》：「古者禽獸多而人少，於是民皆巢居以避之。晝拾橡栗，暮棲木上，故命之曰有巢氏之民。」《韓非子・五蠹》：「上古之世，人民少而禽獸眾，人民不勝禽獸蟲蛇。有聖人作，構木為巢，以避群害，而民悅之，使王天下，號之曰有巢氏。」
〔註 14〕 詳細參看本書第八章《經濟制度》的「建築」部分。

是與大海湖泊緊密相關的輪船和舟楫，三則在平原地帶可步行。《戰國策・燕策一》說：「吾請拜子爲上卿，奉子車百乘，子以此爲寡人東遊於齊。」《燕策二》又說：「燕王說，奉蘇子車五十乘。」由此看來，作爲實用的交通工具之一的馬車，還可作爲饋贈之物。

二、婚姻喪葬

（一）婚姻

燕、趙之地，自古便盛產美女，且多能歌善舞，故後世遂以「燕趙」、「燕趙人」、「燕趙女」、「燕趙姝」、「燕姬趙女」、「燕趙佳人」等代指美女。如，《古詩十九首・東城高且長》：「燕趙多佳人，美者顏如玉。」唐司馬扎《獵客》詩：「娥娥燕趙人，珠箔閉高堂。清歌雜妙舞，臨歡度曲長。」唐曹鄴《四望樓》詩：「無限燕趙女，吹笙上金梯。」唐於濆《苦辛吟》：「我願燕趙姝，化爲嫫母姿。一笑不值錢，自然家國肥。」唐於濆《古征戰》：「齊魯足兵甲，燕趙多娉婷。」《文選・鮑照〈舞鶴賦〉》：「當是時也，燕姬色沮，巴童心恥。」劉良注：「巴童、燕姬，並善歌舞者。」唐李白《闞歌行上新平長史兄粲》：「趙女長歌入彩雲，燕姬醉舞嬌紅燭。」唐韋應物《冰賦》：「寡人生於深宮，憒於服食，左右唯燕姬趙女，侈服美色。」北周王褒《高句麗》：「蕭蕭易水生波，燕趙佳人自多。」

燕地居民在男女關係上顯得比較開放而隨便（詳下文），年輕男女在婚前的交往似乎並不受到什麼限制，「自由戀愛」之風甚熾。《墨子・明鬼下》說：「燕之有祖，當齊之〔有〕（據孫詒讓校增）社稷，宋之有桑林，楚之有雲夢。此男女之所屬而觀也。」屬，《周禮・州長》鄭玄注說猶合也、猶聚也〔註15〕。由此可知，燕之祖的特色，一如齊之社稷、宋之桑林、楚之雲夢，本乃男女聚合、亂而不分的酒色沈湎場所。郭沫若認爲，此四者皆與祭祀高禖有關〔註16〕。

燕地的婚姻制度，一如中原等地，也當以「一分爲二」的眼光看待；即在上層貴族官僚中流行的是一夫多妻制，而在中下層居民中實行的是一夫一

〔註15〕〔清〕孫詒讓：《墨子間詁》，《諸子集成》第四冊，上海：上海書店出版社，1986 年，第 142～143 頁。

〔註16〕郭沫若：《甲骨文字研究・釋祖妣》，《郭沫若全集》考古編第一卷，北京：科學出版社，1982 年。

妻制。一夫一妻制雖然是其主流，但也不排除其他婚姻制度的存在（如收繼婚）；因為燕地邊胡，自然又不免雜糅了胡風胡俗。如《漢書》卷二十八《地理志下》說燕地「賓客相過，以婦侍宿，嫁取之夕，男女無別，反以爲榮。後稍頗止，然終未改」，就是當地熏染胡風胡俗的一個證據。所謂「賓客相過，以婦侍宿」，其實是古代借妻婚的殘留。

（二）喪葬

就考古發掘而言，春秋時期的燕墓基本上仍然是一片空白，無法在春秋和戰國的比較上做文章。整個戰國時期，燕國地區流行的是豎穴土坑墓。如北京懷柔城北發掘的一座墓地（年代從東周到漢代），其中東周墓均爲豎穴土坑墓〔註17〕。

根據隨葬品的類型組合，可以將燕國大墓分爲銅器墓和陶器墓。屬於銅器墓的，如河北唐縣賈各莊墓地，隨葬品以銅器爲主，組合爲鼎、豆、壺〔註18〕。再如河北三河雙村 1 號墓，也是豎穴土坑墓，隨葬器物都是青銅器，有鼎、豆、簋各一件，還有兵器等；三河大唐回 1 號墓也是豎穴土坑墓，隨葬器物有青銅器，有銅鼎、豆、簋、勺各一件（二墓均爲戰國早期墓）〔註19〕。又如燕下都 31 號墓，隨葬器物與賈各莊 28 號墓略同，均出土附耳有蓋鼎和敦形鼎各一件，又有銅豆、陶尊等〔註20〕。

屬於陶器墓的，如河北易縣的燕下都 16 號墓（時代約爲戰國早期），是燕國高級貴族的墓地（墓主的時分相當於於卿一級〔註21〕），規格較高——這是八十年代之前發現的規模最大的燕墓〔註22〕，但所出的全部是仿銅陶禮器，包括列鼎和組合的簋，特別是樂器中的甬鍾、鈕鍾和編鎛，也是陶器而非銅器〔註23〕；該墓所出的仿銅陶禮樂器，製作得相當精細，既有明顯的時

〔註17〕北京市文物工作隊：《北京懷柔城北東周兩漢墓葬》，《考古》，1962 年第 5 期。

〔註18〕安志敏：《河北省唐山市賈各莊發掘報告》，《考古學報》六冊，1953 年。

〔註19〕廊坊地區文管所等：《河北三河大唐回、雙村戰國墓》，《考古》，1987 年第 4 期。

〔註20〕中國社會科學院考古研究所：《新中國的考古發現和研究》，北京：文物出版社，1984 年，第 290 頁。

〔註21〕李學勤：《東周與秦代文明》，上海：上海人民出版社，2007 年，第 71 頁。

〔註22〕中國社會科學院考古研究所：《新中國的考古發現和研究》，第 289 頁。

〔註23〕河北省文物工作隊：《河北易縣燕下都第 16 號墓發掘》，《考古學報》，1965 年第 2 期。

代特徵，又有一定的地方風格〔註24〕。像這樣只出陶器的燕國大墓，在北京昌平松園村和河北承德灤河鎮也有發現，均為中型墓〔註25〕。這些只出陶器的大墓，其規模大於或相當於出銅器的唐縣賈各莊墓群。只出陶器而沒有銅器的大墓，算得上是燕墓的特點之一，或許有其社會原因或某種思想意識方面的原因〔註26〕。

在燕下都第 21 號遺址（T51），曾經發現過兩座甕棺葬（M1、M2）。M1用兩個夾砂紅陶鍑對在一起為葬具，M2用一個灰陶尊和一個夾砂紅陶鍑為葬具，尊口套在紅陶鍑的口內。兩座甕棺葬的嬰兒骨骸，都是頭向北，無隨葬品〔註27〕。

三、宗教祭祀

燕、齊之地，自古就有濃厚的巫術之風，也出產巫師和方士；直至秦漢之時，燕齊之巫仍然享有盛名。

在 1975 年發掘於北京昌平白浮村的三座西周早期的木槨墓中，發現了卜甲和卜骨〔註28〕，這無疑是燕地也盛行卜筮的明證。在北京琉璃河遺址中，也出現了甲骨卜辭，其特點更接近於殷墟卜辭，研究者認為「由此可見商遺民對燕國文化的影響」〔註29〕。《韓非子‧內儲說下》所載「燕人惑易，故浴狗矢」的故事，也反映燕地巫風之盛（見下文）。

在齊威王、宣王以及燕昭王時，就有一些海上方士為齊、燕君主求神仙。《史記‧封禪書》說：「而宋毋忌、正伯僑、充尚、羨門高、最後皆燕人，為方仙道，形解銷化，依於鬼神之事。騶衍以陰陽主運於諸侯，而燕齊海上之方士傳其術不能通。」燕昭王就是一個虔誠的方術信徒，他曾「使人入海求蓬萊、方丈、瀛州」（《史記‧封禪書》）。秦始皇三十二年（西元前 215 年），

〔註24〕中國社會科學院考古研究所：《新中國的考古發現和研究》，第 289 頁。
〔註25〕蘇天鈞：《北京昌平區松園村戰國墓葬發掘記略》，《文物》，1959 年第 9 期；承德離宮博物館：《承德市灤河鎮的一座戰國墓》，《考古》，1961 年第 5 期。
〔註26〕宋治民編著：《戰國秦漢考古》，成都：四川大學出版社，1993 年，第 19 頁。
〔註27〕河北省文物管理處：《河北易縣燕下都第 21 號遺址第一次發掘報告》，《考古學集刊》（二），北京：中國社會科學出版社，1982 年。
〔註28〕北京市文物管理處：《北京地區的又一重要考古收穫──昌平白浮西周木槨墓的新啟示》，《考古》，1976 年第 4 期。
〔註29〕雷興山、鄭文蘭、王鑫：《北京琉璃河遺址新出卜甲淺識》，《中國文物報》，1997 年 3 月 20 日。

東遊至碣石，「使燕人盧生求羨門、高誓」（《史記‧秦始皇本紀》）。

四、民風民俗

就總體而言，燕地因為偏在北陲，遠離作為周朝統治中心的中原，兼之本地民族成分複雜，各民族雜糅相處，因而使得本地的社會風俗自成一統，有別於中原地區。

1.男女關係開放而隨便

根據《漢書》卷二十八《地理志下》記載，燕地的男女關係較為隨便，似乎沒有什麼禮義大防，「初，太子丹賓養勇士，不愛後宮美女，民化以為俗。至今猶然。賓客相過，以婦侍宿；嫁取之夕，男女無別，反以為榮。後稍頗止，然終未改」。

如果說這主要反映的是燕地婚前的男女關係較為隨便，而下一則故事講述的則是婚後的情形。《韓非子‧內儲說下》云：「燕人惑易，故浴狗矢。燕人其妻有私通於士，其夫早自外而來，士適出。夫曰：『何客也？』其妻曰：『無客。』問左右，左右言無有，如出一口。其妻曰：『公惑易也。』因浴之以狗矢。一曰：燕人李季好遠出，其妻私有通於士。季突至，士在內中，妻患之。其室婦曰：『令公子裸而解髮，直出門，吾屬佯不見也。』於是公子從其計，疾走出門。季曰：『是何人也？』家室皆曰：『無有。』季曰：『吾見鬼乎？』婦人曰然。『為之奈何？』曰：『取五牲之矢浴之。』季曰諾。乃浴以矢，一曰浴以蘭湯。」該則故事反映了兩方面的情形：一是私通之於燕地婦女，似乎不但習以為常，而且膽子很大、內心坦然；二則反映燕地巫風頗盛，這自與燕地盛產巫術和方士不無關係（見上文）。

2.社會價值觀念有別於中原主流

燕地男人農耕意識淡薄，喜歡游手好閒，「丈夫相聚遊戲，悲歌慷慨，起則相隨椎剽，休則掘塚作巧奸冶，多美物，為倡優」；而女人則薄女紅桑織而不為，全然沒有中原那一套貞節觀念，「女子則鼓鳴瑟，跕屣，遊媚貴富，入後宮，遍諸侯」；總之，「人民矜懻忮，好氣，任俠為奸，不事農商」（《史記‧貨殖列傳》）。《爾雅‧釋地》邢昺疏引李巡曰：「燕其氣深要，厥性剽疾，故曰幽。幽，要也。」（《爾雅注疏》卷七）

《漢書‧地理志下》認為，以上兩種民風民俗的形成，與太子丹的所作所為有極其密切的關係，「民化以為俗」。但我認為，這種文化特色的形成，

乃由燕地所處的獨特的地理環境和人文環境使然。燕地因為僻居北方，氣候寒冷乾燥，土地貧瘠，致使農業生產的開展具有一定的困難；兼之燕地有眾多的「古族」與「古國」，難免互相影響，而且其中的許多民族並非華夏民族。當然，太子丹的影響也是不可忽視的一個因素。這諸多因素結合在一起，形成了有別於中原華夏文化的燕地文化。

3. 慷慨悲歌、剛強不屈、任俠使氣的個性

從先秦及漢代的典籍中可以知道，燕地之人具有慷慨任俠、勇猛無懼、樸直率性、刁悍輕薄等特點。如《吳子‧料敵》說：「燕性愨，其民慎，好勇義，寡詐謀，故守而不走。」《史記‧貨殖列傳》又云：「夫燕亦勃、碣之間一都會也。南通齊、趙，東北邊胡。上谷至遼東，地踔遠，人民希，數被寇，大與趙、代俗相類，而民雕捍少慮，有魚鹽棗栗之饒。北臨烏桓、夫餘，東綰穢貉、朝鮮、真番之利。」

在唐朝文人的筆下，對燕趙的這一民風描寫甚多。韓愈（768～824）《送董邵南序》云：「燕趙古稱多感慨悲歌之士。」駱賓王《易水送別》云：「此地別燕丹，壯士髮衝冠。昔時人已沒，今日水猶寒。」錢起《逢俠者》云：「燕趙悲歌士，相逢劇孟家。寸心言不盡，前路日將斜。」韋應物（737～792）《送崔押衙相州》云：「禮樂儒家子，英豪燕趙風。」

而戰國末年荊軻刺秦王的悲壯故事，成為燕趙任俠的鐵證，給後世留下了揮之不去的印象。直到漢代，還有這方面的遺迹，如在山東嘉祥縣武梁祠漢代畫像石上，即有「荊軻刺秦王」的畫面〔註30〕。直到東晉時，陶淵明還說「其人雖已沒，千載有餘情」（《詠荊軻》）。清代俞瀚《詠荊軻》亦云：「不是真知己，如何任俠行。自從君去後，易水有悲聲。」《畿輔通志》云，「衡介燕趙間，士多慷慨」，「性緩尚儒，仗義任俠」〔註31〕。

至於個中原因，《管子‧水地》認為與當地的地理特徵有關，「燕之水，萃下而弱，沈滯而雜，故其民愚戇而好貞，輕疾而易死」。地理環境雖然也是影響文化的一個因素，但並不是決定性的因素。相對而言，《漢書》卷二八《地理志下》的看法則更為全面、更為貼切一些。《地理志下》認為，「凡民函五常之性，而其剛柔緩急，音聲不同，繫水土之風氣，故謂之風。好惡取捨，

〔註30〕 濟寧地區文物組等：《山東嘉祥宋山1980年出土的漢畫像石》，《文物》，1982年第5期。

〔註31〕 《畿輔通志》第九冊，石家莊：河北人民出版社，1989年，第252、245頁。

動靜亡常，隨君上之情欲，故謂之俗。」也就是說，某地風俗的形成，既與其所在的地理環境有關（「水土之風氣」），也與所謂「上行下效」有關（臣民「隨君上之情欲」）〔註32〕。具體而言，燕地民眾之所以會形成這種個性，一則與當年燕太子丹有關，「其俗愚戇少慮，輕薄無威，亦有所長，敢於急人，燕丹遺風也」；另一方面，也與燕地所處的民族環境有關，「上谷至遼東，地廣民稀，數被胡寇，俗與趙、代相類」，這才點中了問題的實質。因為燕地是一個多民族聚居之地，文化上互相影響，可以說是勢所必然。

本章主要論述的是燕地的「大眾文化」（西方人類學稱作「小傳統」或「通俗文化」），而上一章主要論述的是燕地的「上層文化」（西方人類學稱作「大傳統」或「精英文化」）。這兩章可以說是互為表裏，相得益彰。

燕地的這種文化特色，有人歸納為是一種「二重結構」，並且認為，它是平原文化與高原文化、內地文化與邊地文化、農耕文化與游牧文化、華夏文化與胡族文化的綜合體〔註33〕。此話雖然未免籠統抽象，並且語焉不詳，但有幾點卻是值得注意的：

首先，燕地的文化確實呈現出「二重結構」的特點，亦即燕地文化不是單一性的文化，而是復合性的文化。在燕地，既有姬姓周人的文化，也有子姓殷人的文化，還有其他各「古族」與「古國」的文化。當然，在這三系文化之中，商文化與周文化是其大宗，這已為考古報告和分析研究所證實〔註34〕。在先秦時期，這三系文化既互相衝突，又互相融合，最後形成了一種復合型的「二重結構」。

其次，燕地文化特色的形成，與其所處的獨特的地理環境有關。地理環境無疑是文化發展的基礎，制約著文化的發展；而燕地的地形較為複雜，既有平原（華北平原），也有山地（如燕山、太行山），還有草原（長城以北），並且瀕臨渤海。

〔註32〕班固《白虎通‧三教》云：「教者，效也，上為之，下效之。」
〔註33〕孫繼民、郝良真：《試論戰國趙文化構成的二重性》，《河北學刊》，1988 年第2 期。
〔註34〕柴小明對河北地區出土的陶器分析顯示，陶器的組合代表了兩種不同的傳統，一為商人傳統，一為周人傳統。他所得出的陶器編年圖表，與後來出版的琉璃河考古報告大致相符。〔柴小明：《華北地區西周陶器初論》，《燕文化研究論文集》，北京：中國社會科學出版社，1995 年，第 105～116 頁；北京市文物研究所：《琉璃河西周燕國墓地》（1973～1977），北京：文物出版社，1995 年，第 243 頁。〕

　　再次，燕地文化特色的形成，與燕地的復合經濟生活有關。在廣袤的燕地，既有定居民族的農耕文化，也有遊動民族的游牧文化，而燕都（包括董家林古城和薊城）地區正好位於中原農業經濟與北部畜牧經濟兩大自然經濟區的交界處。根據《周禮・夏官・職方氏》記載，幽州「其利魚鹽」，「其畜宜四擾，其穀宜三種」。根據鄭玄的解釋，「四擾」指馬、牛、羊、豕，「三種」指黍、稷、稻〔註35〕。說明燕地既有農業，也有畜牧業，而考古發現也證實了這一點。在琉璃河商周遺址，發現了商周時期的農具；在黃土坡墓地，幾乎每個墓葬都有動物的遺骨，它們是被用於殉葬或祭奠的〔註36〕。史念海甚至認為，作爲燕國都城所在地的薊（今北京市），直到秦漢時期，依然是一個經濟都會，它的發展是仰仗於對外貿易的，因爲它本身就是對烏桓、穢、貊等民族部落貿易的場所〔註37〕。

　　最後，燕地文化特色的形成，與當地的多民族分佈有關。誠如前文所言，燕地是一個多民族聚居之地，他們之間既有無情的衝突與戰爭，也有互惠互利的經濟交往，還有漸進的文化衝突與融合。《史記・貨殖列傳》就說，燕都是「勃、碣之間」的一大都會，它「東北邊胡」，「北鄰烏桓、夫餘，東綰穢貉、朝鮮、眞番之利」，文化的互相影響乃勢所必然。史念海指出，「春秋時，華族與非華族的雜居以燕國最爲特殊。……如果不是東南一隅和齊國還有一點接壤的地方，則幾陷於非華族包圍之中」〔註38〕。

　　具體而言，燕地文化的組成部分至少有以下三支：姬燕文化、殷商文化、土著文化。這三支文化在燕地既互相衝撞，又互相融合，最後形成了既有別於中原華夏文化、又不同於北方土著文化的燕地文化〔註39〕。

　　燕國與境內以及毗鄰的古族與古國，他們在軍事和外交上有時或許是水火不容的，但文化上的融合仍然勢不可擋。因而，燕地文化最大的特點體現

〔註35〕《周禮注疏》卷三十三，《十三經注疏》（上冊），北京：中華書局，1980年，第863頁。

〔註36〕北京市文物研究所：《北京考古四十年》，北京：北京燕山出版社，1990年，第59頁。

〔註37〕史念海：《河山集》（三集），北京：人民出版社，1988年，第120、130頁。

〔註38〕史念海：《西周與春秋時期華族與非華族的雜居及其地理分佈（下篇）》，《中國歷史地理論叢》，1990年第2期。

〔註39〕陳平說：「燕文化以西周初年分封至燕地立國的姬姓周人文化爲主幹，並吸納當地商文化、土著文化和其他外來文化的因素，逐漸混融而成。」（《燕文化》，北京：文物出版社，2006年，第2頁。）

在它的融合性上。這種融合可以分爲三種類型，一種是姬燕文化接受殷商文化和土著文化的影響，一種是殷商文化和土著文化接受姬燕文化的影響，而最爲主要的一種恐怕應當是互相影響；前二種是單向影響，後一種是雙向影響。下面，我就結合考古發掘，對這三種情況分別予以敘述。

（一）姬燕文化接受殷商文化和土著文化的單向影響

1975 年，在北京昌平白浮清理出三座西周木槨墓〔註40〕。2 號和 3 號兩座木槨墓出土了很多青銅兵器，器物豐富多采。所出的青銅劍很有特色，在劍身和莖之間有兩個小刺，有的劍首作馬頭狀或鷹首狀；有的長條形銅刀，柄首也作鷹首狀；此外還有柄端帶鈴的匕首，「這些兵器與同墓所出的其他常見於中原地區的兵器不同，具有明顯的地方特點，顯示出北方草原文化的影響」〔註41〕。但不可否認的是，昌平白浮木槨墓雖然含有中原商周文化、北方青銅文化、南方青銅文化諸因素，但以中原周燕文化爲主要特徵，其爲姬周族遺存的可能性遠大於其他族屬〔註42〕。遼寧喀左大城子眉眼溝曾經發掘過兩座古墓，二墓均爲木槨墓，隨葬鬲、鼎、豆、壺等陶器組合，是典型的戰國前期燕文化墓葬，但墓中殉有羊牲，這是受北方少數民族文化影響使然〔註43〕。有人曾經分析過東周時燕、代等地出土的青銅容器，認爲它們受北方草原地帶青銅文化的影響〔註44〕。

在《海外中國銅器圖錄》的《概述》中（1940 年），陳夢家將東周銅器按地域分爲五系，以燕、趙爲北土系，並說它最易受到長城外的地方文化的影響。但他後來也承認，當時因爲沒有見到實物，且爲了說明東周銅器的地域性，「過分的強調了銘文中若干方言的存在」。等他見到河北、遼寧、山東等地燕國銅器實物以後，見解也就較爲公允客觀，並具有了歷史的眼光，「春秋末、戰國初的燕、趙銅器實上承自西周初的宗周式的燕、趙銅器，雖有少數的由於地域所特別發展的部分和所受塞北的地方文化的影響，但其主要的形

〔註40〕北京市文物管理處：《北京地區的又一重要考古收穫——昌平白浮西周木槨墓的新啓示》，《考古》，1976 年第 4 期。

〔註41〕中國社會科學院考古研究所：《新中國的考古發現和研究》，北京：文物出版社，1984 年，第 261 頁。

〔註42〕李維明：《北京昌平白浮墓地分析》，《北京文博》，2000 年第 3 期。

〔註43〕朝陽地區博物館、喀左縣文化館：《遼寧喀左大城子眉眼溝戰國墓》，《考古》，1986 年第 1 期。

〔註44〕趙化成：《東周燕代青銅容器的初步分析》，《考古與文物》，1993 年第 2 期。

式依然是西周的傳統。我們不可以過分強調地域性，而應從其所經歷的發展
過程中所保存的主要的共同來源，見其大同小異。我們也不可以割裂的舉示
某一時期的銅器特點，而應推源其所從來的發展過程，以見其演變的自漸而
大」〔註 45〕。

（二）殷商文化和土著文化接受姬燕文化的單向影響

如下面將要提到的天津張家園上、下層兩個文化類型以及連接這兩個類
型的圍坊第三期遺存，「這是一支土著系統文化，在當地古文化發展中居主導
地位」，「這支文化大約在春秋時期與姬燕文化融合」〔註 46〕。又如，在燕北
長城遺址以南的古城裏發現了許多燕、秦、漢時代的鐵器生產工具（鑊、鏟、
鋤、鐮等），從中也可以看出，「中原先進的農耕對東北經濟地區是有影響的，
對周邊兄弟民族農業經濟的發展起了推進作用」〔註 47〕。

（三）姬燕文化與殷商文化和土著文化的雙向影響

這方面的例子實在是太多太多。如，在北京的山戎文化墓葬遺存中，出
土了樣式繁多的青銅削刀，其型式演變有序；有數座年代偏晚的隨葬尖首刀
幣，其型式可與年代偏晚一些墓葬中出土的青銅削刀相銜接，遞變軌迹清楚
明確。考古研究者說，我們有理由推測，燕國及其臨近地域最早出現的刀幣
——尖首刀，可能源於北鄰的山戎青銅削刀，雖然目前尚不能斷言是燕人還
是山戎人首先賦予尖首刀以貨幣的職能〔註 48〕。但無論如何，這都可以看作
是當地文化融合的產物。

天津張家園上、下層兩個文化類型以及連接這兩個類型的圍坊第三期遺
存，代表了天津地區青銅時代文化上承龍山、下迄春秋的全部發展過程，「這
是一支土著系統文化，在當地古文化發展中居主導地位」，「這支文化大約在
春秋時期與姬燕文化融合」。從寶坻縣歇馬臺、牛道口、薊縣邦均等地一些墓
葬禮俗的變化中，可以明顯地看到這個融合的過程。邦均遺址發現墓葬 52 座，
年代大約為西周中期，墓葬的主人屬於戎狄部落，40 多座墓無一出土鼎、豆、

〔註 45〕陳夢家：《西周銅器斷代（二）》，《考古學報》第十冊，1955 年，第 103 頁。
〔註 46〕文物編輯委員會編：《文物考古工作十年》（1979～1989），北京：文物出版
　　　社，1991 年，第 17 頁。
〔註 47〕李殿福：《東北亞研究——東北考古研究》（二），鄭州：中州古籍出版社，1994
　　　年，第 56 頁。
〔註 48〕北京市文物研究所山戎文化考古隊：《北京延慶軍都山東周山戎部落墓地發掘
　　　紀略》，《文物》，1989 年第 8 期。

壺等銅禮器，82%以上的墓無隨葬品，「可視爲姬燕文化的禮俗在這裡還未流行」；寶坻縣牛道口發現 9 座春秋戰國時期墓葬，從出土隨葬品「看來墓主也是一支正在接受姬燕文化禮俗的戎狄居民」；歇馬臺發現墓葬 8 座，屬春秋戰國時期，隨葬紅陶三足器和鼎豆壺的墓葬，在北京和燕下都等地常見〔註49〕，「無疑是燕國人的埋葬習俗。但大多數墓隨葬品種類不一致的情況，表露出其中可能有相當一部分墓主人原來並不是姬燕集團成員，而是接受姬燕文化禮俗過程中的土著居民」〔註50〕。

1985 年，在河北省中部、太行山東麓的淶水、易縣發現了古遺址 32 處，試掘 5 處，獲得了西周時期本地土著文化的線索。它們與已知的京津唐地區同期的諸類遺存均有顯著的差別，其中值得注意的特徵有：夾雲母紅褐陶，堆紋口高領鬲，通體遍佈細密繩紋的大尖錐狀鬲足，柱狀鬲足，無隔大孔甑、罐等。這些特點與本地早商和晚商的遺存聯繫密切，與春秋戰國時期以「燕式鬲」爲代表的遺存有共性，因而可確定是本地土著的文化遺存。這種遺存與房山琉璃河燕國都城左近見到的以典型周文化爲主體成分的遺存截然不同，有可能就是西周時期土著燕人的物質文化〔註51〕。

1979 年，在遼寧朝陽縣十二營子鄉袁臺子發掘了一處戰國墓群，有墓葬 100 多座。其中燕國墓葬 20 座，形制及器物組合均具有濃厚的地方特徵，可以作爲戰國燕中晚期墓斷代的依據。另有 50 多座墓葬的形制與燕國墓葬相同，但隨葬陶器沒有鼎、豆、壺一套戰國墓的傳統器物，僅有一二件夾砂紅褐色手製陶罐或單耳杯。此外，出有狗頭骨、羊頭骨，銅泡、十字形節約、環、鑿、曲刃短劍枕狀器、弧背刀、兩翼式鏃，長方形石片或環行石片等。這些墓葬與上述燕墓同處一墓地，無打破關係，但都被西漢墓打破，說明兩類墓埋葬時間相距不會太長。它們應屬於生活在燕國境內的土著民族的墓葬，「兩種不同類型的墓葬共存於一墓地，反映了當時遼西郡內的燕國文化與當地土著文化交融的歷史」〔註52〕。

〔註49〕北京市文物工作隊：《北京懷柔城北東周兩漢墓葬》，《考古》，1962 年第 5 期；中國歷史博物館考古組：《燕下都城址調查報告》，《考古》，1962 年第 1 期。

〔註50〕文物編輯委員會編：《文物考古工作十年》（1979～1989），北京：文物出版社，1991 年，第 17～18 頁。

〔註51〕卜工：《淶水、易縣新石器時代至西周遺址》，《中國考古學年鑒》（1986 年），北京：文物出版社，1988 年，第 86～87 頁。

〔註52〕文物編輯委員會編：《文物考古工作十年》（1979～1989），北京：文物出版社，

　　在北京市房山區琉璃河遺址發現的商代遺迹中，也可以看出「一定的商文化被其他文化相互影響的因素」〔註53〕。發掘者和研究者指出，在琉璃河遺址的西周早期遺存（居址）中，陶鬲主要有三種類型：一種是周文化風格明顯的袋足根聯襠鬲，一種是商文化風格明顯的袋足鬲，一種是具有張家園上層類型風格的高領鬲；它們既有強烈的周文化作風，也有濃厚的商文化氣息，還有一定數量當地土著文化的成分；遺址在文化上所表現出的這種複雜性，可能是由於當時確有三種部落的人在此居住：姬姓周人、殷遺民和土著燕人〔註54〕。而西周晚期遺存中器種大大減少，只有口沿上飾多道弦紋的袋足鬲一種，文化因素單一，「表明燕文化發展至此已趨穩定」〔註55〕。可發掘者同時也指出，這三種文化因素是「大同」而「小異」，「墓葬中陶鬲在類型上變化不大，從早到晚，始終以實足根聯襠鬲爲主，袋足鬲極少見，這表明本處墓地的主人可能並非殷遺，而是屬周系統的燕人」〔註56〕。

　　約略而言，構成燕地文化的這三個支系，其關係大致可以歸納如下：

　　（1）以燕國爲代表的周文化系統，仍然是燕地文化的主體。靳楓毅在綜合分析青銅器後指出，西周的姬燕文化，是以姬周文化爲主體，同時相容了「殷遺」文化因素和北方土著青銅文化因素在內的「三合一」文化〔註57〕。

　　（2）以孤竹國以及其他殷遺民爲代表的殷商文化，仍然保有其勢力。如北京琉璃河遺址新出甲骨卜辭（共八字），其特點更近於殷墟卜辭，研究者認爲「其中商文化因素非常突出，由此可見商遺民對燕國文化的影響」〔註58〕。

　　（3）以山戎、東胡等爲代表的北方非華夏族文化，其影響力仍然是不可忽

　　　　　1991 年，第 64 頁。
〔註53〕北京市文物研究所：《北京房山琉璃河遺址發現的商代遺迹》，《文物》，1997年第 4 期。
〔註54〕北京大學考古學系、北京市文物研究所：《1995 年琉璃河周代遺址發掘簡報》，《文物》，1996 年第 6 期；劉緒、趙福生：《琉璃河遺址西周燕文化的新認識》，《文物》，1997 年第 4 期。
〔註55〕北京大學考古學系、北京市文物研究所：《1995 年琉璃河周代遺址發掘簡報》，《文物》，1996 年第 6 期。
〔註56〕北京市文物研究所、北京大學考古學系：《1995 年琉璃河遺址墓葬區發掘簡報》，《文物》，1996 年第 6 期。
〔註57〕靳楓毅：《燕文化與中國北方青銅文化的關係》，《北京建城 3040 年暨燕文明國際學術研討會會議專輯》，北京：北京燕山出版社，1997 年。
〔註58〕雷興山、鄭文蘭、王鑫：《北京琉璃河遺址新出卜甲淺識》，《中國文物報》，1997 年 3 月 20 日。

視的。這從出土的文物上（如鄂爾多斯青銅短劍），就可以得到充分的反映。再比如，發掘者將琉璃河西周早期燕文化的陶器分爲周文化、商、文化、土著文化和混合文化四組因素，並認爲以前兩組因素爲主體〔註 59〕。其實，將這個分析方案擴大到包括鎮江營遺存在內的整個北京地區西周早期燕文化，也還大致不差，但也有調整的必要〔註 60〕。

〔註 59〕 劉緒、趙福生：《琉璃河遺址西周燕文化的新認識》，《文物》，1997 年第 4 期。
雷興山等：《試論西周燕文化中的殷遺民文化因素》，《北京文博》，1997 年第
4 期。
〔註 60〕 韓建業：《試論北京地區夏商周時期的文化譜系》，《華夏考古》，2009 年第 4
期。

第十四章　燕國人物

一、國君

召公奭

周文王庶子，姬姓，名奭。在西周銅器銘文中，又稱「大保」、「公大保」（旅鼎）、「皇天尹大保」（作冊大方鼎）等。因采邑在召（今陝西岐山西南），又位列「三公」（太師、太保、太傅），故稱「召公」。召公奭佐周武王伐紂，有大功，周封之於燕，為燕始祖。周成王時，召公奭與周公旦分陝而治，「自陝以西，召公主之；自陝以東，周公主之」（《史記‧燕召公世家》）；並奉成王之命營建洛邑，而召公時以長老、監護者的身份對年少的成王諄諄教誨（《尚書‧召誥》）。召公不僅以太保之職執政，還常奉命率軍出征。召公曾經協同周公平定管蔡之亂，協助成王冊命齊太公征伐。成王臨終召見大臣授以遺命以及康王即位行典禮，都由召公和畢公主持，並帶同大臣和東西方諸侯參與（《尚書‧顧命》）。召公長壽，卒於周康王二十四年（《今本竹書紀年》）〔註1〕。

燕莊公

燕桓侯之子，西元前 690 年～前 658 年在位。在位第二十七年（西元前 664 年），山戎侵燕，燕國告急，求救於齊；齊桓公出兵救燕，敗山戎，刺令支，斬孤竹。次年，燕莊公送齊桓公出境而入於齊地，齊桓公割燕君所至之地歸燕，並「命燕君復修召公之政，納貢於周，如成康之時」〔註2〕。

〔註1〕其中詳情，可參看本書第四章第一、二節。
〔註2〕見本書第四章第三節《「春秋事語」》。

燕惠公

燕懿公之子，西元前 544 年～前 536 年在位。燕惠公多寵姬，欲去諸大夫而立寵姬宋，燕大夫比以殺燕惠公之外嬖。燕惠公懼，出奔齊國。齊、晉聯合伐燕，燕惠公歸燕而卒〔註3〕。

燕易王

燕文公之子，西元前 332 年～前 321 年在位。西元前 326 年，趙肅侯卒，燕與秦、楚、齊、魏各出銳師萬人前往參與葬儀。西元前 323 年（燕易王十年）「五國相王」以抗秦時，燕始稱王（《史記》的《燕召公世家》、《趙世家》、《六國年表》）。

燕王噲

燕文公之孫、燕易王之子，西元前 320～前 312 年在位。燕王噲本有勵精圖治之志，「不安子女之樂，不聽鍾石之聲，內不湮污池臺樹，外不畢弋田獵」，甚至「親操耒耨，以修畎畝」（《韓非子·說疑》）。但他後來聽信了蘇代、鹿毛壽等人的「規勸」，竟然開歷史的倒車，效法堯舜「禪讓」，把政權交給了相國子之。燕王噲讓國子之後三年，「燕國大亂，百姓恫怨」（《戰國策·燕策一》）。齊宣王「令章子將五都之兵，以因北地之眾（按：即中山國）伐燕。士卒不戰，城門不閉，燕君噲死，齊大勝」（《史記·燕召公世家》）。

子之

本為燕易王時的老臣，後又短期為燕國君（西元前 318 年～前 315 年）。西元前 320 年燕王噲即位後，相邦子之「貴重主斷」，深得燕王噲的信任。西元前 318 年，蘇代、鹿毛壽等進言規勸燕王噲效法禹行「禪讓」，讓位子之，「王因收印自三百石吏而效子之。子之南面行王事，而噲老不聽政，顧為臣，國事決子之」。燕王噲讓國子之後三年，造成燕國大亂，齊宣王乘機伐燕，燕王噲死難，子之出亡，被齊軍俘獲而醢其身〔註4〕。

燕昭王

名職〔註5〕，燕王噲庶子，西元前 311 年～前 279 年在位。他於破燕之後

〔註3〕 見本書第四章第三節《「春秋事語」》。

〔註4〕 《戰國策·燕策一》、《史記·燕召公世家》集解引《汲塚紀年》。

〔註5〕 《戰國策·燕策一》、《史記·燕召公世家》均誤作「公子平」，實際上所立燕昭王為「公子職」。楊寬：《戰國史》（增訂本），上海：上海人民出版社，1998

即位，卑身厚幣，禮賢下士，勵精圖治。先爲郭隗改築宮室而師事之。於是，士爭至燕，樂毅自魏往，鄒衍自齊往，劇辛自趙往。燕昭王又弔死問孤，與百姓同甘共苦。在經過二十八年的苦心經營後，燕國殷富。西元前284年，他以樂毅爲上將軍，授相國印，使率大軍攻齊，大破之，齊幾亡國。後於西元前279年病逝。燕昭王時期的燕國最爲強盛，疆域也最爲廣袤。燕昭王乃燕國歷史上一代雄主，又是中國歷史上頗富盛名的喜好神仙方術的君王〔註6〕。

燕惠王

燕昭王之子，西元前278年～前272年在位。燕惠王爲太子時，與樂毅有隙；在他即位後，便以騎劫取代樂毅。齊人田單反攻，燕軍退出齊國，齊人復國。西元前272年，燕惠王被成安君公孫操弑殺〔註7〕。

燕王喜

燕國末代君王，西元前254年～前222年在位。在位期間，數次發動對趙戰爭，敗多而勝少。在太子丹派荊軻刺殺秦王失敗後，秦發兵攻克燕國都薊，燕王喜與太子丹徙居遼東；秦將李信追擊甚急，燕王喜聽從代王嘉的勸告，斬殺太子丹以獻秦。西元前222年，秦滅燕〔註8〕。

二、宗族

召穆公

亦稱召公，名虎，召公奭後裔，周厲王、宣王時大臣。西元前841年，「國人暴動」，厲王逃於彘（今山西霍縣），太子靖藏匿於召穆公家，國人聞而圍之。召穆公乃以己子代太子，太子得免。是時，厲王在彘，召公、周公（周公旦後代）行政〔註9〕，號曰「共和」（《史記·周本紀》）。從該年開始，中國歷史有了準確的紀年。周宣王時，淮夷不服，宣王令召虎領兵沿江漢出征，得勝而歸。《詩經·大雅·江漢》說：「江漢之滸，王命召虎。式辟四方，徹我疆土。」又奉命經營謝邑（今河南唐河南），以封申伯。遺物有「召伯虎簋」。

年，第175頁注釋1。

〔註6〕詳細參看本書第六章的有關部分。

〔註7〕見本書第七章第一節。

〔註8〕見本書第七章的二、三、四節。

〔註9〕《古本竹書紀年》作「共伯和干王位」。

太子丹（？～前226年）

燕王喜之子，名丹。曾在趙國爲質，與出生在趙國的嬴政交往甚厚，後又質於秦，嬴政回國繼位，待丹無禮，丹怨而逃歸。歸國之後的太子丹，一直籌劃著如何報仇雪恨。西元前227年，太子丹派勇士荊軻和秦舞陽入秦刺殺秦王嬴政，沒有成功。秦發兵攻燕，在易水之西擊敗燕、代聯軍。燕王喜和太子丹走保遼東，秦軍仍然緊追不捨，太子丹匿於衍水中。燕王喜聽從代王嘉的計策，派人斬殺太子丹以獻秦王〔註10〕。

三、封君

襄安君

應是燕國王族，可能就是燕昭王之弟〔註11〕，燕昭王時封君。燕昭王曾經派他到齊國活動〔註12〕，並且可能就死於齊而齊不歸其喪〔註13〕。

武安君

即蘇秦（？～前284年），字季子，東周洛陽乘軒里（今河南洛陽東）人。戰國縱橫家。蘇秦早年遊說秦昭王，建議「廢文任武」，未被採用。後發憤讀書，得《太公陰符》之《謀》（或云周書《陰符》）〔註14〕，「簡練以爲揣摩」，一年後自以爲「此眞可說當世之君」，便出遊列國。燕昭王時，蘇秦入燕。西元前295年，燕昭王派蘇秦爲間諜入齊，以助齊攻宋爲誘餌，藉以削弱齊國。結果，蘇秦騙取了齊國的信任，被齊愍王任以爲相，蘇秦同時又離間齊、趙的關係，使燕得以與秦、趙結盟。西元前284年，樂毅發動燕、趙、魏、韓、秦五國攻齊，齊幾乎亡國。齊愍王發覺蘇秦爲燕反間，車裂蘇秦於市〔註15〕。

昌國君

即樂毅、樂閒父子。樂毅，中山人，魏國名將樂羊後裔，擅長用兵。樂

〔註10〕見本書第七章的三、四節。

〔註11〕馬王堆漢墓帛書整理小組：《戰國縱橫家書》之四《蘇秦自齊獻書於燕王章》，北京：文物出版社，1976年，第12頁注釋9。

〔註12〕《戰國策·趙策四》、《戰國縱橫家書·蘇秦自齊獻書於燕王章》。

〔註13〕裘錫圭：《讀〈戰國縱橫家書釋文注釋〉箚記》，原載《文史》第36輯，後收入其《古代文史研究新探》，南京：江蘇古籍出版社，1992年，第82頁。

〔註14〕關於此二書的考證，可參看本書第十二章第二節之《縱橫家》。

〔註15〕《戰國策·燕策》、《戰國縱橫家書》、《史記·蘇秦列傳》。

毅由趙經魏入燕，得到燕昭王重用。西元前 284 年，樂毅統軍攻破齊國，下齊七十餘城，名震天下。樂毅也因功封於昌邑，是爲昌國君，位列亞卿（《史記・樂毅列傳》）。燕昭王死後，即位的燕惠王中齊反間計，使騎劫代樂毅爲將。樂毅被迫出奔趙國，趙封以觀津，號望諸君。惠王後悔不已，又以樂毅子樂閒爲昌國君。後卒於趙〔註16〕。其墓在北京房山區良鄉黑古臺村。

成安君

即公孫操，燕惠王時封君。西元前 272 年，公孫操弑殺燕惠王，擁立武成王〔註17〕。

高陽君

即榮蚠，宋國人，燕武成王時封君。西元前 265 年，榮蚠率兵攻趙，趙派田單還擊，攻克燕之中陽（今河北唐縣南）等三城〔註18〕。

四、大臣

蘇代－鹿毛壽

鹿毛壽或作「厝毛」、「厝毛壽」、「潘壽」〔註19〕，蘇代爲蘇秦之弟，均爲燕王噲時期大臣。西元前 318 年，二人曾經居心叵測地「勸說」燕王噲效法禹行「禪讓」，讓位子之。燕王噲果然讓國子之。後三年，燕國大亂，齊和中山乘機伐燕，燕王噲死難，子之出亡，被齊軍俘獲而醢其身〔註20〕。

郭隗

戰國時期燕國大臣。燕昭王於破燕之後即位，立志要奮發圖強，興復燕國。於是他卑身厚幣，禮賢下士，向郭隗請教強國之道。郭隗說：「王必欲致士，先從隗始。況賢於隗者，豈遠千里哉！」於是，燕昭王爲郭隗改築宮而師事之，各地賢才爭相至燕〔註21〕。

〔註16〕《戰國策・燕策二》、《史記・樂毅列傳》。
〔註17〕《史記》的《燕召公世家》、《趙世家》。本書第九章第三節有進一步討論，可參看。
〔註18〕《戰國策・趙策四》、《史記》的《六國年表》、《燕召公世家》、《趙世家》。
〔註19〕《史記・燕召公世家》作「鹿毛壽」，《春秋後語》作「厝毛壽」（《燕召公世家》索隱引），徐廣說作「厝毛」（《燕召公世家》集解引），《韓非子・外儲說右下》作「潘壽」。
〔註20〕《戰國策・燕策一》、《史記・燕召公世家》。
〔註21〕《戰國策・燕策一》、《史記・燕召公世家》。

劇辛（？～前 242 年）

燕國可能前後有過兩個劇辛，一個劇辛於燕昭王時入燕，一個劇辛於燕王喜時才露面。此處所說的劇辛原爲趙人，與龐煖友善，後出奔燕國。西元前 242 年，劇辛請命率軍攻趙，趙派龐煖還擊，擒殺燕將劇辛，取燕師二萬〔註 22〕。

秦開

燕昭王時的燕國賢將。他曾經爲質於東胡，胡甚信之。歸燕後，秦開率軍襲破東胡，東胡卻千餘里，燕國因此得以拓土於遼東。其後，燕國陸續設置了上谷（治所在今河北懷來東南）、漁陽（治所在今北京密雲西南）、遼東（治所在今遼寧遼陽市）、遼西（治所在今河北平泉）五郡；並北築長城，從造陽（今河北懷來東北）至襄平（今遼寧遼陽市）（《史記·匈奴列傳》）。另據《史記·匈奴列傳》記載，後來與荊軻同往咸陽刺殺秦王嬴政的秦舞陽，就是秦開之孫。

鞠武

一作「麴武」〔註 23〕，太子丹傅〔註 24〕。深謀有遠慮，規勸太子要從長遠之計，不要急於報仇（「太子貴匹夫之勇，信一劍之任，而欲望功，臣以爲疏」），太子丹不聽；無奈，他舉薦田光代己，飄然身退（《燕丹子》）。

蔡澤

燕人。曾經遊說於趙、韓、魏等國，皆不得志，後至秦國。西元前 255 年，蔡澤在秦遊說范雎退位讓賢，范雎因稱病辭職，推薦蔡澤接替相位。但蔡澤相秦數月而免，號爲剛成君。後居秦十餘年，事秦昭王、孝文王、莊襄王、秦王嬴政數君，又爲秦使於燕〔註 25〕。

繆蟣

燕人。與齊之田單、楚之莊蹻、秦之衛鞅並稱，「是皆世俗之所謂善用兵者也」（《荀子·議兵》）。繆蟣究竟爲何人，後人已不清楚，爲《荀子》作注

〔註 22〕此從《史記·六國年表》和《資治通鑒》卷六《秦紀一》，《燕召公世家》繫於上年。

〔註 23〕《燕丹子》作「麴武」，《戰國策·燕策三》、《史記·刺客列傳》作「鞠武」。

〔註 24〕《戰國策·燕策三》作「太傅」，《燕丹子》和《史記·刺客列傳》作「傅」。

〔註 25〕《戰國策·秦策三》。《史記·范雎蔡澤列傳》作「綱成君」，《水經·濕水注》作「罡成君」。

的唐人楊倞說「未聞也」。據筆者猜測，繆蟣最有可能是樂毅〔註26〕；當然，也有可能是秦開。

五、義士

田光

燕國隱士〔註27〕。田光「為人智深而勇沈」，後為鞠武所薦，事太子丹，受到丹的禮遇。在舉薦荊軻後，田光隨即自殺，一則明其絕不泄密的立場，二則以此激荊軻〔註28〕。

荊軻（？～前 227 年）

祖籍齊國，後至衛，衛人稱之為慶卿〔註29〕，或說字次非（《博物志・異聞》）。「為人沈深好書，其所遊諸侯，盡與其賢豪長者相結」（《史記・刺客列傳》）。田光推薦他入見太子丹，受到丹無所不至的禮待，被尊為上卿。後與武陽攜督亢地圖、樊於期首級，入秦刺殺秦王，「圖窮而匕首見」，被當場殺死（《戰國策・燕策三》、《燕丹子》）。陶潛《詠荊軻》：「惜哉劍術疏，奇功遂不成。其人雖已沒，千載有餘情。」〔註30〕

高漸離（？～前 221 年）

一作「高漸麗」（《論衡・書虛》），燕人。善擊築，與荊軻友善，嘗與荊軻在燕市唱和相歌。燕太子丹派荊軻西入秦國行刺秦王，送至易水之上，高漸離擊築，荊軻和而歌，慷慨悲壯。秦滅燕國後，大肆驅逐太子丹、荊軻之客，高漸離隱姓埋名藏匿於宋子（縣名，在今河北趙縣北），「為人庸保」，借作苦工謀生。後為人擊築，聞者莫不動容，名聞遐邇。秦始皇聞其名而召高漸離，被人認出，秦始皇惜其善擊築，重赦之；命人弄瞎其雙眼，使擊築，未嘗不稱善。高漸離乃以鉛置築中，以築擊秦始皇，不中，被殺〔註31〕。

〔註26〕 今人張覺校注說：「有人認為（繆蟣）即燕國大將樂毅，『繆』與『樂』、『蟣』與『毅』，古代疊韻相通。」（《荀子校注》，長沙：嶽麓書社，2006 年，第 178 頁注釋 38。）
〔註27〕 《史記・刺客列傳》作「燕之處士田光先生」。
〔註28〕 《燕丹子》說「（田光）向軻吞舌而死」，《戰國策・燕策三》說「遂自剄而死」，《史記・刺客列傳》說「自剄而死」。
〔註29〕 《史記・刺客列傳》索隱：「荊軻齊人，齊有慶氏。則或本姓慶。春秋慶封其後，改姓賀。此亦至衛而改姓慶爾。荊、慶聲相近，故隨在國而異其號。」
〔註30〕 詳細參看本書第七章的第三節。
〔註31〕 《史記・刺客列傳》、《戰國策・燕策三》、《風俗通義》卷六《聲音》。

秦武陽

一作「秦舞陽」〔註32〕，燕國人。太子丹所養勇士，秦開之孫（《史記·匈奴列傳》）。「年十三〔註33〕能殺人，人不敢忤視」（《史記·刺客列傳》）。田光說：「武陽，骨勇之人，怒而面白。」後隨荊軻入秦刺殺秦王，過陽翟（今河南禹縣），「軻買肉爭輕重，屠者辱之，武陽欲擊，軻止之」。咸陽見秦始皇時，武陽手捧地圖，「鐘鼓並發，群臣皆呼萬歲。武陽大恐，兩足不能相過，面如死灰。後被殺（《燕丹子》卷下）。

宋意

一作「宋如意」，一作「宋臆」〔註34〕。太子丹所養勇士。太子丹送荊軻於易水之上，荊軻歌「風蕭蕭兮易水寒，壯士一去兮不復還」，高漸離擊築，宋意和之（《燕丹子》、酈道元《水經·易水注》）。田光說：「宋意，脈勇之人，怒而面青。」（《燕丹子》卷中）

夏扶

太子丹所養勇士。田光說：「夏扶，血勇之人，怒而面赤。」（《燕丹子》卷中）

樊於期

一說樊於期就是桓齮〔註35〕，秦國人。因得罪於秦王，遂投奔燕國，「父母宗族皆爲戮沒」，「秦王購之金千斤，邑萬家」（《史記·荊軻列傳》、《戰國策·燕策三》）。後爲成全荊軻和太子丹的復仇計劃，樊於期毅然自剄，其頭被函封獻於秦王（《燕丹子》卷下）。

六、方士

盧生

燕國方士。秦始皇三十二年（前215年），秦始皇東巡至碣石（今河北昌黎），使盧生等入海求僊人和不死之藥。後盧生以鬼神事，奏錄圖書，說：「亡

〔註32〕 《戰國策·燕策三》作「秦武陽」，《史記·刺客列傳》和《資治通鑒》卷六《秦紀一》作「秦舞陽」。

〔註33〕 《戰國策·燕策三》作「十二」。

〔註34〕 《文選·雜歌序》引作「宋如意」，《永樂大典》本作「宋臆」。

〔註35〕 楊寬認爲，樊於期就是因戰敗而畏罪逃亡的秦將桓齮〔《戰國史》（增訂本），上海：上海人民出版社，1998年，第429頁注釋1〕。

秦者，胡也。」秦始皇於是派遣蒙恬發兵三十萬北伐匈奴，長期戍守。三十五年（前212年），盧生入海求僊人仍無所得，藉口有鬼物為妨，勸秦始皇微行避鬼，惡鬼避，真人乃至。於是，秦始皇自稱「真人」，匿其所在。不久，韓終一去不歸，秦始皇為此痛恨不已，盧生與侯生謀劃，懼怕獲罪，便相繼亡去，不知所終（《史記・秦始皇本紀》）。

盧敖

燕人，秦博士。據《淮南子・道應訓》記載，盧敖曾經「遊乎北海，經乎太陰，入乎玄闕，至於蒙谷之上」，還見過一個談吐不凡、可以舉臂竦身入雲的「若士」〔註36〕。高誘注：「盧敖，燕人。秦始皇召以為博士，使求神仙，亡而不反也。」《新唐書・宰相世系表》云：「秦有博士（盧）敖。」《通志》卷二七也說：「秦有博士盧敖。」後附會為僊人的名字。唐李白《廬山謠寄盧侍御虛舟》：「先期汗漫九垓上，願接盧遨遊太清。」（《全唐詩》卷一七三）按：盧敖應當就是《史記・秦始皇本紀》中的方士盧生。

宋毋忌、正伯僑、充尚、羨門高、最後

均為燕國方士，他們所傳的所謂「形解銷化、依於鬼神之事」的「方仙道」（《史記・封禪書》），屬於「尸解仙」及「致鬼神」一類。

七、諸子

騶衍（前305年～前240年〔註37〕）

一作「鄒衍」，齊國人。先秦時期最有名的陰陽家。因為他「深觀陰陽消息而作怪迂之變化」（《史記・孟子荀卿列傳》），所以被列入陰陽家。騶衍在齊居稷下（今山東臨淄），號「談天衍」，與「雕龍奭」（騶奭）齊名（《史記・孟子荀卿列傳》）；曾經到過魏國和趙國，在平原君處同公孫龍爭辯，「乃絀公孫龍」（《史記・平原君虞卿列傳》）；最後至燕，為燕昭王師（《韓非子・亡徵篇》）。根據《漢書・藝文志》記載，騶衍著有《鄒子》四十九篇、《鄒子終始》五十六篇，均已亡佚。其遺說見於《史記・孟子荀卿列傳》，主要為「大九州」說和「五德終始」說〔註38〕。

〔註36〕此事又見王充《論衡・道虛》篇和葛洪《神仙傳》卷一《若士傳》，且言之更詳。
〔註37〕關於諸子的生卒年，本書採用的是錢穆的說法（《先秦諸子繫年》，北京：商務印書館，2001年，第693～698頁）。
〔註38〕見本書第十二章第二節的相關部分。

荀子（前 340 年～前 245 年）

名況，又稱孫卿，趙國人。戰國末期著名的思想家、教育家、文學家，先秦儒學的集大成者。根據有關記載，荀子曾經到過燕國。《韓非子・難三》：「燕子噲賢子之而非孫卿，故身死為戮。」西元前 316 年，燕子噲讓國於子之；西元前 314 年，齊宣王乘機干涉，致使燕幾乎亡國。荀子到達燕國的時間當在西元前 314 年以前，大概也就在齊國武裝干涉之前，荀子也離開了燕國。當時荀子大約有二十多歲。由《韓非子》記載看，荀子是反對燕子噲讓國的，這與《荀子・君道》中的尊君思想是一致的〔註39〕。著有《荀子》三十二篇。

公孫龍（前 320 年～前 250 年）

字子秉，趙國人。名家代表人物。公孫龍為平原君門客，平原君奉之為上客（《史記・平原君列傳》）。公孫龍曾經出使燕國，以「偃兵」說燕昭王。他又「應（秦趙）空洛〔註40〕之遇」而為趙解秦讓之圍（《呂氏春秋・應言》、《聽言》、《淫辭》）。曾與公子牟（魏牟）論學（《莊子・秋水》），同儒家人物談辯。晚年，齊使「鄒衍過趙，言至道」（《史記・平原君列傳》），公孫龍被絀，後遂不知所終。有《公孫龍子》傳世，《漢書・藝文志》著錄為十四篇，今存六篇。著名的論題有「離堅白」、「白馬非馬」等。

孟子（前 390 年～前 305 年，一說約前 372 年～前 289 年）

名軻，鄒（今山東鄒縣東南）人，或云字子輿。先秦儒家代表人物。先世系魯國公族，受業於子思門人。曾經在宋偃王稱王時，遊歷過宋國、滕國，先後會見過魏惠王、魏襄王，繼而任齊宣王客卿。西元前 318 年，燕王噲禪位子之，致使燕國大亂。西元前 315 年，孟子勸說齊宣王進兵燕國，認為「此文、武之時，不可失也」（《史記・燕召公世家》）；齊宣王派匡章〔註41〕伐燕，五旬（一說三十日）攻下燕國。當時孟子為齊卿，勸宣王行仁政，勿俘殺燕民，為燕立君，但宣王不聽〔註42〕。孟子離開齊國，退居鄒，與弟子萬章、

〔註39〕沈長雲等：《趙國史稿》，北京：中華書局，2000 年，第 449～450 頁。
〔註40〕《呂氏春秋・審應覽・淫辭》作「空雄之遇」，高誘說「空雄」本當作「空洛」。
〔註41〕匡章，即《戰國策》之「田章」、「章子」，陳璋方壺、陳璋圓壺之「陳璋」。
〔註42〕關於孟子勸齊王伐燕及後來的進諫，詳見《孟子》的《公孫丑下》和《梁惠王下》。

公孫丑等著書立說。著有《孟子》，《漢書・藝文志》著錄爲十一篇，今存七篇。後世尊稱爲「亞聖」。

八、其他

韓嬰

燕地薊城人。西漢儒家學者。文帝時爲博士，景帝時官至常山王太傅。韓嬰學業淵博，曾經與董仲舒在漢武帝前辯論經學，不爲所難。其傳授的《詩經》與魯（申培）、齊（轅固）、毛（毛亨，一說毛萇）並稱四家；韓嬰傳授和注釋《詩經》時，特別注重「推《詩》之意」，「其語頗與齊魯間殊，然其歸一也」（《史記・儒林列傳》）。著有《韓故》三十六卷、《詩內傳》四卷、《詩外傳》六卷、《韓說》四十卷（見《漢書・藝文志》），流傳甚廣，燕、趙一帶研究《詩經》的人多以「韓詩」爲宗。南宋以後，僅存《韓詩外傳》。清人趙懷玉曾輯《韓詩內傳》佚文，馬國翰《玉函山房輯佚書》輯有《韓詩故》二卷、《韓詩內傳》一卷、《韓詩說》一卷。韓嬰還精通《易》，「推《易》意而爲之傳」，但因「燕、趙間好《詩》，故其《易》微，唯韓氏自傳之」，韓嬰的《易》學後來失傳了。其孫韓商後以通「韓詩」爲漢武帝博士，其後裔韓生因通曉《易經》受到漢宣帝的召見（《漢書・儒林傳》）。

崔駰（?～92）

字亭伯，涿郡安平（今河北安平）人。崔篆（?～約26）之子。東漢文學家。博學多才，精通《詩》、《易》、《春秋》，熟諳訓詁百家之言，與班固（32～92）、傅毅（?～約90）齊名。曾任竇憲府主簿，後出爲長岑長，不就，歸里。著有《達旨》、《四巡頌》、《酒警》等文，已佚，明人輯有《崔亭伯集》。其子崔瑗、孫崔寔，皆有名於世。范曄（398～445）評價崔氏家族，「論曰：崔氏世有美才，兼以沉淪典籍，遂爲儒家文林」（《後漢書・崔駰列傳》）。

崔瑗（約77～約142）

字子玉，崔駰之子。東漢文學家、書法家。少從賈逵學，精通天文、歷數、京氏《易》等，與馬融（79～166）、張衡（78～139）等爲友。曾爲郡吏、汲令、濟北相等。善文辭，尤長於書、記、箴、銘。書法擅章草，曾拜杜操爲師，並稱「崔杜」。著有《南陽文學官志》、《草書埶（勢）》等文（《後漢書・崔駰列傳》附《崔瑗傳》）。

崔寔（？～170）

字子眞（一名臺，字元始），崔瑗之子。東漢政論家。曾任議郎、五原太守、遼東太守、尙書。對當時「上下怠懈，風俗彫敝，人庶巧僞」的政局甚爲不滿，予以抨擊。著有碑、論、箴、銘、答、七言、詞、文、表、記、書等，代表作爲《政論》，另有《四民月令》（留存部分內容）（《後漢書・崔駰列傳》附《崔寔傳》）。

盧植（？～192）

字子幹，涿郡涿（今屬河北）人。東漢經學家。青年時，與鄭玄（127～200）同從馬融學，專心致志，受到馬融的器重。學成辭歸，闔門教授。建寧年間（168～171）徵爲博士，復徵拜議郎，與馬日磾、蔡邕（133～192）等在東觀，校中書《五經》，補續《漢記》。後轉侍中，遷尙書。熹平四年（175），曾任九江太守。中平元年（184），任北中郎將，征討黃巾軍。因反對董卓淩虐朝廷，險遭殺害。晚年隱居上谷軍都山（今北京昌平縣境），設榻講學。因才兼文武，被曹操（155～220）譽爲「名著海內，學爲儒宗，士之楷模，國之楨幹」（《後漢書・盧植傳》）。著有《尙書章句》、《三禮解詁》等（今佚），並寫有碑、誄、表、記六篇。今存文五篇，嚴可均（1762～1843）輯入《全上古三代秦漢三國六朝文》。

附錄一：燕國世系表（括弧內爲燕侯之名及其在位年數）

召公（奭）——（克〔註1〕）——（旨〔註2〕）……惠侯（38）——釐侯（36）——頃侯（24）——哀侯（2）——鄭侯（36）——繆〔穆〕侯〔註3〕（18）——宣侯（13）——桓侯（7）——莊公（33）——襄公（40）——桓公（16）——宣公（15）——昭公（13）——武公（19）——文公（6）——懿公（4）——惠〔簡〕公／北燕伯（款〔註4〕，9）——悼公（7）——共公（5）——平公（19）——簡公（12）——獻公（28）——孝公（15）——成公（載〔註5〕，16）——愍公（31）——釐公（莊〔註6〕？，30）——桓公（11）——文公（29）——易王（12）——燕王噲（9）——昭王（職〔註7〕，33）——惠王（瞾？，7）——武成王（脁？，14）——孝王（戎人〔註8〕？，3）——燕王喜（喜，33）

〔註1〕 克之名見於銅器銘文（克罍、克盉），研究者多認爲克就是燕國第一世燕侯，詳見本書第四章第二節。

〔註2〕 旨之名見於銅器銘文（如燕侯旨鼎），研究者一般認爲旨是燕國第二世燕侯，詳見本書第四章第二節。

〔註3〕 《史記・燕召公世家》作「繆侯」，《十二諸侯年表》作「穆侯」。「繆」、「穆」二字，古書多通假（高亨纂著，董治安整理：《古字通假會典》，濟南：齊魯書社，1989 年，第 750～751 頁）。

〔註4〕 《春秋》昭公三年作「北燕伯款」，《左傳》昭公三年作「燕簡公」，《燕召公世家》作「（燕）惠公」。陳平又認爲，北燕伯款是雙諡的燕侯，全稱爲「簡惠公」，《左傳》和《史記》各言其一（《燕史紀事編年會按》上冊，北京：北京大學出版社，1995 年，第 245～246 頁），此説頗具參考價值。

〔註5〕 《史記・燕召公世家》索隱引《（古本竹書）紀年》説燕成公名載，傳世銅器有燕侯載簋、戈、矛等（如《周金文存》卷六），與傳世文獻正合，故燕成公名載一説可信。

〔註6〕 《史記・燕召公世家》索隱：「年表作『釐侯莊』。徐廣云『無「莊」字』。按：燕失年紀及其君名，表言『莊』者，衍字也。」筆者按：徐廣及司馬貞所疑所言未必可信，故暫列釐侯名於此。

〔註7〕 舊説燕昭王爲太子平，誤。楊寬：《戰國史》（增訂本），上海：上海人民出版社，1998 年，第 175 頁注釋 1。

〔註8〕 這三處打問號，表示存疑，僅備一説而已。李學勤所擬定的三王之名順序如此（《戰國題銘概述（上）》，《文物》，1959 年第 7 期），而石永士、閻忠則將此三名分別對應於燕武成王、燕易王、燕惠王（石永士：《燕王銅戈研究》，《河北學刊》，1985 年第 6 期；石永士：《郾王銅兵器研究》，《中國考古學會第四次年會論文集》（1983 年），北京：文物出版社，1985 年；閻忠：《周代燕國史研究》，吉林大學博士學位論文，金景芳指導，1994 年，第 129～133 頁）。

附錄二：燕國大事年表 〔註9〕

西元前 11 世紀　燕侯克元年

　　周武王克商，成王封召公奭於燕。

　　召西元子克就封，爲第一世燕侯。

西元前 11 世紀　燕侯旨元年

　　旨爲第二世燕侯〔註10〕。

西元前 864 年　丁酉　燕惠侯元年

　　「自召公已下九世至惠侯」，燕國歷史自燕惠侯起始有紀年可考〔註11〕。

西元前 841 年　庚申　燕惠侯二十四年

　　「國人暴動」，周厲王奔彘，共和行政，中國歷史開始有確切紀年。

西元前 827 年　甲戌　燕惠侯三十八年

　　燕惠侯卒，子釐侯立。

西元前 791 年　庚戌　燕釐侯三十六年

　　燕釐侯卒，子頃侯立。

西元前 771 年　庚午　燕頃侯二十年

　　申侯、繪侯、犬戎聯合攻周，殺幽王於驪山下，西周亡。

西元前 770 年　辛未　燕頃侯二十一年

　　周平王東遷洛邑，春秋開始。當時燕國因受山戎侵擾，國力較弱，不爲中原諸侯重視。

西元前 767 年　甲戌　燕頃侯二十四年

　　燕頃侯卒，子哀侯立。

〔註 9〕 本大事年表的編寫主要依據《春秋》、《左傳》、《戰國策》、《史記》、《資治通鑑》（卷一至卷七）等傳世文獻，同時參考了今人的研究成果（如楊寬、方詩銘、繆文遠、陳平等）。

〔註10〕 此處採用的是學術界的一種說法，暫以克和旨爲第一、二世燕侯，詳見本書第四章第二節。

〔註11〕 據《史記・十二諸侯年表》和《世本・大夫譜・燕譜》，燕惠侯二十四年當共和元年；由此逆推，燕惠侯元年即西元前 864 年。

西元前 765 年　丙子　燕哀侯二年

燕哀侯卒，子鄭州侯立。

西元前 729 年　壬子　燕鄭侯三十六年

燕鄭侯卒，子繆侯立。

西元前 711 年　庚午　燕繆侯十八年

燕繆侯卒，子宣侯立。

西元前 698 年　癸未　燕宣侯十三年

燕宣侯卒，子桓侯立。

西元前 691 年　庚寅　燕桓侯七年。

燕桓侯卒，子莊公立。

桓侯時，燕國因受山戎進逼，「徙臨易」〔註 12〕（今河北雄縣境）。

西元前 664 年　丁巳　燕莊公二十七年

山戎侵燕。冬，齊桓公及魯莊公遇於魯濟，謀伐山戎。齊人伐山戎〔註 13〕。

西元前 663 年　戊午　燕莊公二十八年

齊桓公攻山戎以救燕，至孤竹而還。

燕莊公送齊桓公出境入於齊地，齊桓公割燕君所至之地歸燕〔註 14〕。

西元前 658 年　癸亥　燕莊公三十三年

燕莊公卒，子襄公立。

西元前 618 年　癸卯　燕襄公四十年

燕襄公卒，桓公立。

西元前 602 年　己未　燕桓公十六年

燕桓公卒，宣公立。

〔註 12〕《史記·燕召公世家》集解引《世本》如是說，但年月不詳。
〔註 13〕《春秋》經、傳莊公三十年。《史記》的《齊太公世家》、《六國年表》繫齊伐
　　　　山戎於下一年。按：齊伐山戎當始於本年冬，終於次年春：因爲《春秋》經、
　　　　傳莊公三十一年說：「（夏）六月，齊侯來獻戎捷。」《燕召公世家》誤記爲一
　　　　年，「（燕莊公）二十七年，山戎來侵我，齊桓公救燕，遂北伐山戎而還。燕
　　　　君送齊桓公出境，桓公因割燕所至予燕」。
〔註 14〕以上二事見《春秋》經、傳莊公三十一年，《國語·齊語》，《史記》的《十二
　　　　諸侯年表》、《燕召公世家》、《齊世家》、《封禪書》、《管晏列傳》。

西元前 587 年　甲戌　燕宣公十五年

　　燕宣公卒，昭公立。

西元前 574 年　丁亥　燕昭公十三年

　　燕昭公卒，武公立。

西元前 555 年　丙午　燕武公十九年

　　燕武公卒，文公立。

西元前 552 年　己酉　燕文公六年

　　齊侯使慶佐為大夫，復討公子牙之黨，叔孫還奔燕〔註15〕。

西元前 549 年　壬子　燕武公六年

　　燕武公卒，懿公立。

西元前 545 年　丙辰　燕懿公四年

　　城濮之戰後，晉國稱霸。夏，北燕伯（懿公）與齊侯、陳侯、蔡侯、杞伯、鬍子、沈子、白狄朝於晉〔註16〕。

　　燕懿公卒，子惠公立。

西元前 544 年　丁巳　燕惠公元年

　　齊內訌，齊高止出奔北燕〔註17〕。

西元前 539 年　壬戌　燕惠公六年

　　九月，齊子雅放盧蒲嫳於北燕〔註18〕。

　　燕惠公多寵姬，欲去諸大夫而立寵姬宋。冬，燕大夫比以殺燕惠公之外嬖。惠公懼，出奔齊國〔註19〕。

西元前 536 年　乙丑　燕惠公九年

　　齊、晉聯合伐燕，將納燕惠公〔註20〕。

〔註15〕《左傳》襄公二十一年。
〔註16〕《左傳》襄公二十八年作「北燕伯」，按《史記·燕召公世家》所記當為「燕懿公」。
〔註17〕《春秋》經、傳襄公二十九年，《史記》的《十二諸侯年表》、《燕召公世家》。
〔註18〕《左傳》昭公三年。
〔註19〕事見《史記·十二諸侯年表》、《燕召公世家》，《春秋》經、傳昭公三年，《左傳》昭公三年作「燕簡公」，《燕召公世家》作「惠公」。
〔註20〕《春秋》經、傳昭公六年說「齊侯伐北燕」，《史記·燕召公世家》記為齊、

西元前535年　丙辰　燕悼公元年

齊師入燕境，受重賄、納燕姬而還。

是歲，燕惠公歸燕而卒，悼公立〔註21〕。

西元前530年　辛未　燕悼公六年

齊高偃帥師納北燕伯款於陽（唐，今河北完縣西）〔註22〕。

西元前529年　壬申　燕悼公七年

燕悼公卒，共公立。

西元前524年　丁丑　燕共公五年

燕共公卒，平公立。

西元前505年　丙申　燕平公十九年

燕平公卒，簡公立。

西元前500年　辛丑　燕簡公五年

晉殺涉沱，成何奔燕〔註23〕。

西元前493年　戊申　燕簡公十二年

燕簡公卒，獻公立。

西元前490年　辛亥　燕獻公三年

齊景公夫人燕姬生子，不成而死〔註24〕。

西元前475年　丙寅　燕獻公十八年（燕孝公二十三年〔註25〕）

戰國時期開始，燕國逐漸強盛，成爲「戰國七雄」之一。

西元前465年　丙子　燕獻公二十八年（燕孝公三十三年）

燕獻公卒，孝公立。

　　晉兩國伐燕，長沙馬王堆帛書《春秋事語》亦謂齊、晉伐燕。

〔註21〕二事見《左傳》昭公七年，《史記》的《十二諸侯年表》、《燕召公世家》。

〔註22〕《春秋》昭公十二年說「納北燕伯於陽」，《左傳》昭公十二年說「納北燕伯款於唐」，杜預說陽即唐。

〔註23〕《春秋》定公八年。

〔註24〕《左傳》哀公五年，《史記·齊世家》。

〔註25〕自此以下部分，括弧內附注的世系及紀年據方詩銘《中國歷史紀年表·戰國紀年表》（上海辭書出版社，1980年新1版，第21～33頁），該表依據《古本竹書紀年》編製，同時參考了今人的考證，與《史記》紀年有異。

西元前 450 年　辛卯　燕孝公十五年（燕成公五年）

燕孝公卒，成公立。

西元前 434 年　丁未　燕成公十六年（燕文公五年）

燕成公卒，愍公立。

西元前 403 年　壬子　燕愍公三十一年（燕簡公十二年）

燕愍公卒，釐公立。

西元前 380 年　辛丑　燕釐公二十三年（燕簡公三十五年）

（田）齊康公攻燕，取桑丘（今河北徐水縣西南）。

韓、趙、魏救燕，敗齊於桑丘〔註 26〕。

西元前 373 年　戊申　燕釐公三十年（燕簡公四十二年）

燕敗齊師於林孤（林營）〔註 27〕。

燕釐公卒，桓公立〔註 28〕。

西元前 362 年　己未　燕桓公十一年（燕桓公八年）

燕桓公卒，文公立〔註 29〕。

西元前 356 年　乙丑　燕文公六年

燕文公與趙成侯會於阿〔註 30〕（今河北高陽縣西北）。

西元前 354 年　丙寅　燕文公八年

齊師及燕師戰於泃水，齊師遁〔註 31〕。

西元前 334 年　丁亥　燕文公二十八年

秦惠王以其女爲燕太子婦〔註 32〕。

〔註 26〕二事見《史記》的《六國年表》（齊表）、《田敬仲完世家》、《趙世家》、《韓世家》、《魏世家》。

〔註 27〕《史記・燕召公世家》作「林營」，《史記・六國年表》作「林孤」，《資治通鑒》卷一《周紀一》作「林狐」。

〔註 28〕《史記》的《六國年表》、《燕召公世家》，《資治通鑒》卷一《周紀一》。

〔註 29〕《史記》的《六國年表》、《燕召公世家》，《資治通鑒》卷二《周紀二》。

〔註 30〕《史記》的《六國年表》、《趙世家》。

〔註 31〕《水經・鮑丘水注》引《古本竹書紀年》。

〔註 32〕《史記・燕召公世家》。陳平認爲，事實很可能是秦昭王以其女爲燕昭王之太子惠王婦，可備一說（陳平：《燕史紀事編年會按》下冊，北京：北京大學出版社，第 322 頁）。

西元前 333 年　戊子　燕文公二十九年

燕文公卒，太子立，是爲易王。

燕文公時，又徙易〔註33〕（今河北雄縣境）。

西元前 326 年　乙未　燕易王七年

趙肅侯卒，秦、楚、燕、齊、魏各出銳師萬人前往參與葬儀〔註34〕。

西元前 323 年　戊戌　燕易王十年

魏相公孫衍發起燕、趙、中山、魏、韓「五國相王」以抗秦。燕、趙、中山乃始稱王〔註35〕。

西元前 321 年　庚子　燕易王十二年

燕易王卒，子噲立。

西元前 320 年　辛丑　燕王噲元年

燕伐趙，圍濁鹿（今河北淶源縣北）。趙及代救之，敗燕師於勺梁（今河北唐縣東南）〔註36〕。

西元前 318 年　癸卯　燕王噲三年

魏、趙、韓、楚、燕五國合縱攻秦，秦人出兵逆之，五國之師敗走〔註37〕。

燕王噲禪位子之〔註38〕，「噲老不聽政，顧爲臣，國事皆決於子之」。

西元前 315 年　乙巳　燕王噲六年

燕子之爲王三年，國內大亂，將軍市被、太子平進攻子之。

燕子之反攻，殺將軍市被、太子平。

齊宣王派田（陳）章伐燕（伐燕的還有中山〔註39〕），五旬攻下燕國。燕王噲、子之死。

〔註33〕《水經·易水注》：「易水又東逕易縣故城南，昔燕文公徙易，即此城也。」
〔註34〕《史記》的《六國年表》、《趙世家》。
〔註35〕《戰國策》的《魏策一》、《中山策》，《史記》的《六國年表》、《燕召公世家》、《趙世家》、《楚世家》。
〔註36〕此從朱右曾《汲塚竹書存眞》說。
〔註37〕《戰國策》的《燕策一》、《楚策三》，《史記》的《秦本紀》、《六國年表》、《燕召公世家》、《韓世家》、《趙世家》、《魏世家》和《楚世家》。
〔註38〕《史記·燕召公世家》繫此事於燕王噲三年（西元前 318 年），《六國年表》繫在燕王噲五年（西元前 316 年）。《資治通鑒》卷三《周紀三》從後說。
〔註39〕中山伐燕事，詳見中山王方壺、中山王鼎銘文。

時孟子爲齊卿，勸宣王行仁政，勿俘殺燕民，爲燕立君。宣王不聽。

齊軍殘暴，燕人反齊，趙、魏、秦入燕攻齊，齊軍退兵〔註40〕。

西元前312年　己酉　燕王噲九年

魏與秦攻燕〔註41〕。

趙召燕公子職於韓，趙武靈王派樂池送職歸燕，立爲燕王，即燕昭王〔註42〕。

西元前311年　庚戌　燕昭王元年

燕昭王始稱元年。燕昭王卑身厚幣以招納賢士，爲郭隗改築宮室而師事之。

樂毅、劇辛、蘇秦聞燕昭王好士，先後至燕，昭王以樂毅爲亞卿〔註43〕。

張儀北上燕國遊說燕昭王，燕請獻常山（即恒山，今河北淶源西南）之尾五城以和〔註44〕。

燕昭王時，營建武陽爲燕下都（今河北易縣東南）。

西元前309年　壬子　燕昭王三年

蘇秦爲燕使於齊，說齊宣王復歸燕十城〔註45〕。人有惡蘇秦於燕昭王者，蘇秦自齊歸燕，向燕昭王當面陳情，重新受信用〔註46〕。

西元前307年　甲寅　燕昭王五年

秦武王異母弟稷（一名則）爲質於燕，燕、趙送至秦，立爲昭襄王〔註47〕。

約在本年前後三年（前308～前306年），蘇秦說趙、魏、楚、韓諸國君

〔註40〕以上諸事見《戰國策》的《燕策一》、《齊策三》和《史記》的《秦本紀》、《六國年表》、《燕召公世家》、《齊世家》、《魏世家》以及陳璋壺銘文。

〔註41〕《戰國策·燕策三》、《史記·六國年表》。

〔註42〕舊說燕昭王爲太子平，誤〔楊寬：《戰國史》（增訂本），上海：上海人民出版社，1998年，第175頁注釋1〕。關於此事的具體考證，詳見正文第六章《強盛時期》。

〔註43〕以上二事見《史記》的《燕召公世家》，《戰國策》的《燕策一》。《資治通鑒》卷三《周紀三》繫於上一年，但無蘇秦。

〔註44〕事見《戰國策·燕策一》，繆文遠《戰國策考辨》疑爲「擬托」而不可信；但《資治通鑒》卷三《周紀三》繫年於此，姑且列於此年（備疑）。

〔註45〕事見《戰國策·燕策一》和《史記》的《燕召公世家》、《蘇秦列傳》，但紀年有誤。此從陳平說繫年於此。

〔註46〕陳平：《燕史紀事編年會按》下冊，北京：北京大學出版社，第16頁。

〔註47〕《史記·秦本紀》、《趙世家》。

王〔註48〕。

西元前 300 年　辛酉　燕昭王十二年

蘇秦仍為燕間諜在齊活動，以防止齊攻燕。

西元前 296 年　乙丑　燕昭王十六年

齊燕權（今河北完縣西北）之戰，齊「覆三軍，獲二將」。燕大敗〔註49〕。

蘇秦由齊返燕〔註50〕。

西元前 295 年　丙寅　燕昭王十七年

趙主父（趙武靈王）與齊、燕共滅中山，遷中山王於膚施〔註51〕（今陝西米脂西北）。

西元前 294 年　丁卯　燕昭王十八年

趙歸還燕之鄚、易二邑〔註52〕。

西元前 289 年　壬申　燕昭王二十三年

齊愍王以蘇秦為相〔註53〕。

西元前 288 年　癸酉　燕昭王二十四年

秦、齊稱東、西二帝。蘇秦第二次至齊，勸齊去帝號，合縱反秦，「以其間舉宋」。

齊愍王從之，去帝號，與趙惠文王會於平阿。秦亦去帝號，復稱王〔註54〕。

〔註48〕　陳平：《燕史紀事編年會按》下冊，第 16 頁。
〔註49〕　《戰國策》的《燕策一》、《齊策二》。齊燕權之戰的時間，徐中舒考定在西元前 295 年，馬雍考定在西元前 296 年（徐中舒：《論〈戰國策〉的編寫及有關蘇秦諸問題》，《歷史研究》，1964 年第 1 期；馬雍：《帛書〈戰國縱橫家書〉各篇的年代和歷史背景》，《戰國縱橫家書》（附錄），北京：文物出版社，1976 年，第 178 頁）。
〔註50〕　馬雍：《帛書〈戰國縱橫家書〉各篇的年代和歷史背景》，《戰國縱橫家書》（附錄），第 178 頁。
〔註51〕　從《六國年表》和《資治通鑒》卷四《周紀四》。《秦本紀》繫於秦昭王八年（前 299 年），《趙世家》繫於趙惠文王四年（前 295 年）。
〔註52〕　《史記‧趙世家》。裴駰集解引徐廣曰：「皆屬涿郡。鄚音莫。」顧祖禹《讀史方輿紀要》卷十三：「漢鄚縣在任丘縣北三十里鄚州城。」
〔註53〕　唐蘭：《司馬遷所沒有見過的珍貴史料》，《戰國縱橫家書》（附錄），第 149 頁。
〔註54〕　以上二事見《戰國策》的《齊策四》、《秦策三》和《史記》的《六國年表》、《秦本紀》、《田敬仲完世家》、《穰侯列傳》。

西元前287年　甲戌　燕昭王二十五年

蘇秦與趙李兌發動趙、楚、魏、韓、齊五國攻秦，罷於成皋（今河南滎陽西北），無功而退〔註55〕。

齊又攻宋，燕派兵兩萬並自備糧草助齊攻宋〔註56〕。

西元前286年　乙亥　燕昭王二十六年

齊滅宋，各國震動，秦與燕、趙、韓、魏等國共謀聯合伐齊〔註57〕。

西元前285年　丙子　燕昭王二十七年

秦蒙武率兵攻齊，燕樂毅說趙、楚、魏聯合攻齊〔註58〕。

西元前284年　丁丑　燕昭王二十八年

燕以樂毅爲上將軍，率燕、趙、魏、韓、秦五國攻齊。齊師大敗。

齊湣王發覺蘇秦爲燕反間，車裂蘇秦於市。

樂毅身率燕師，下齊七十餘城，僅即墨、莒未下。燕師攻入齊都臨淄，齊湣王出亡。

燕昭王封樂毅爲昌國君〔註59〕。

西元前283年　戊寅　燕昭王二十九年

秦攻魏至大梁，燕、趙救魏，秦兵退〔註60〕。

燕昭王時，燕將秦開大破東胡，東胡卻千餘里。

燕築北長城，置上谷、漁陽、右北平、遼西、遼東五郡〔註61〕。

〔註55〕馬王堆漢墓帛書整理小組編：《戰國縱橫家書》，北京：文物出版社，1976年。

〔註56〕《戰國縱橫家書》、《戰國策·燕策一》、《史記·蘇秦列傳》。

〔註57〕《史記》的《六國年表》、《田敬仲完世家》和《戰國策》的《燕策二》、《宋衛策》及《戰國縱橫家書》。

〔註58〕《史記》的《六國年表》、《秦本紀》、《趙世家》、《田敬仲完世家》和《戰國策》的《燕策二》、《趙策一》及《戰國縱橫家書》。

〔註59〕以上諸事見《史記》的《六國年表》、《燕召公世家》、《韓世家》、《趙世家》、《田敬仲完世家》、《樂毅列傳》、《孟嘗君列傳》、《田單列傳》，《戰國策》的《燕策二》、《趙策四》、《齊策六》，《戰國縱橫家書》，《資治通鑑》卷四《周紀四》。

〔註60〕《史記》的《六國年表》、《秦本紀》、《魏世家》，《戰國策》的《魏策三》、《趙策一》。

〔註61〕以上二事見《史記·匈奴列傳》。

西元前 279 年　壬午　燕昭王三十三年

樂毅圍即墨、莒，三年不克，有人進讒言於燕昭王。燕昭王斬之，並立樂毅爲齊王，樂毅惶恐不受。

燕昭王卒，子惠王立。

惠王中齊反間計，以騎劫代樂毅。樂毅奔趙。

齊將田單反攻，在即墨（今山東平度東南）破燕軍，殺騎劫，收復失地七十餘城。

燕惠王使人入趙招樂毅，樂毅不從；燕復以其子樂閒爲昌國君〔註62〕。

燕昭王時，秦開襲破東胡，築長城，置五郡（上谷、漁陽、右北平、遼西、遼東）〔註63〕。

西元前 273 年　戊子　燕惠王六年

秦進兵圍魏大梁，燕、趙救魏，魏獻南陽予秦以求和〔註64〕。

西元前 272 年　己丑　燕惠王七年

秦、楚、魏、韓共伐燕〔註65〕。

燕相公孫操（成安君）殺燕惠王，擁立其子武成王〔註66〕。

西元前 265 年　丙申　燕武成王七年

燕人使榮蚠攻趙，齊田單將趙師伐燕，拔中陽〔註67〕（今河北唐縣）。

西元前 259 年　壬寅　燕武成王十三年

秦圍邯鄲。趙武垣令傅豹、王容、蘇射率領原燕國之眾歸燕國〔註68〕。

〔註62〕以上諸事見《史記》的《六國年表》、《燕召公世家》、《田敬仲完世家》、《樂毅列傳》、《田單列傳》，《戰國策》的《燕策二》、《齊策六》，《資治通鑒》卷四《周紀四》。
〔註63〕《史記·匈奴列傳》。
〔註64〕《史記》的《六國年表》、《秦本紀》、《燕召公世家》、《魏世家》。
〔註65〕《史記》的《六國年表》、《秦本紀》、《魏世家》、《趙世家》、《楚世家》。
〔註66〕《燕召公世家》索隱和《趙世家》繫此事於趙惠文王二十八年（前271年），誤。按《六國年表》所記，趙惠文王二十七年當燕惠王七年，而《燕召公世家》說「燕惠王七年卒，……燕武成王立」。
〔註67〕《史記》的《六國年表》、《燕召公世家》、《趙世家》，《戰國策》的《趙策四》，《戰國縱橫家書》。「中陽」一作「中人」，《資治通鑒》卷五《周紀五》作「中陽」。
〔註68〕《史記·趙世家》。

西元前 258 年　癸卯　燕武成王十四年

　　燕武成王卒，子孝王立。

西元前 256 年　乙巳　燕孝王二年

　　燕攻趙之昌城（今河北冀縣西北），五月而拔之〔註69〕。

西元前 255 年　丙午　燕孝王三年

　　燕人蔡澤入秦遊說范雎退位讓賢，范雎因稱病辭職，推薦蔡澤接替相位，數月而免。蔡澤號爲剛成君，後居秦十餘年〔註70〕。

　　燕孝王卒，子喜立。

西元前 251 年　庚戌　燕王喜四年

　　燕乘趙長平慘敗之機，派栗腹、卿秦〔註71〕率軍進攻趙國。趙將廉頗、樂乘大破之，殺栗腹、俘慶秦。趙進軍圍攻燕都，燕請和〔註72〕。

　　樂閒奔趙，燕以將渠爲相而處和，趙師解圍而去。

西元前 250 年　辛亥　燕王喜五年

　　趙將廉頗、樂乘再度進圍燕都，燕饋以重禮求和，趙方解圍而去〔註73〕。

　　燕伐齊，拔聊城（今山東聊城西北）。有人譖燕將於燕王喜，齊人魯仲連又致書燕將勸其歸齊，燕將進退維谷，遂自殺。聊城亂，齊田單克之〔註74〕。

西元前 249 年　壬子　燕王喜六年

　　趙將樂乘又圍攻燕都〔註75〕。

西元前 248 年　癸丑　燕王喜七年

　　趙派廉頗、延陵鈞助魏攻燕〔註76〕。

〔註69〕《史記·趙世家》，原作「昌狀」，誤，此據正義改。
〔註70〕《戰國策·秦策三》。《史記·范雎蔡澤列傳》作「綱成君」。
〔註71〕《燕召公世家》和《資治通鑑》卷六《秦紀一》作「卿秦」，《戰國策·燕策三》作「慶秦」。
〔註72〕《戰國策·燕策三》、《史記》的《燕召公世家》、《趙世家》、《廉頗列傳》和《資治通鑑》卷六《秦紀一》。
〔註73〕《史記·趙世家》、《樂毅列傳》。
〔註74〕《戰國策》的《齊策六》，《史記·魯仲連列傳》。或說此事在西元前 278 年，而《資治通鑑》卷六《秦紀一》繫年於此，姑從《資治通鑑》說。
〔註75〕《史記·趙世家》。
〔註76〕《史記·趙世家》。

西元前 247 年　甲寅　燕王喜八年

　　燕與趙易土。趙以龍兌、汾門、臨樂易燕葛、平舒、武陽等地〔註77〕。

西元前 243 年　戊午　燕王喜十二年

　　趙將李牧攻燕，拔武遂（今河北徐水縣西北）、方城（今河北固安縣西南）〔註78〕。

西元前 242 年　己未　燕王喜十三年

　　燕派劇辛攻趙，趙派龐煖還擊，擒殺燕將劇辛，取燕師二萬〔註79〕。

西元前 241 年　庚申　燕王喜十四年

　　趙將龐煖率趙、楚、魏、燕、韓五國之師最後一次合縱攻秦，取壽陵，至函谷，秦師出，五國之師敗走〔註80〕。

西元前 236 年　乙丑　燕王喜十九年

　　趙派龐煖攻燕，取狸（今河北任丘縣東北）、陽城（今河北唐縣東）〔註81〕。

西元前 233 年　戊辰　燕王喜二十二年

　　秦桓齮攻趙，取宜安、平陽、武城，趙將李牧大破之於宜安、肥下（今河北晉縣西）。桓齮畏罪奔燕〔註82〕。（一說桓齮即樊於期〔註83〕。）

西元前 232 年　己巳　燕王喜二十三年

　　燕太子丹爲質於秦，自秦逃回燕國〔註84〕。

西元前 228 年　癸酉　燕王喜二十七年

　　秦將王翦攻趙邯鄲，虜趙王遷。趙公子嘉出奔代（今河北蔚縣東北），自

〔註77〕《史記·趙世家》。
〔註78〕《史記》的《燕召公世家》、《趙世家》、《廉頗列傳》、《六國年表》，《李牧列傳》繫於上年，誤。
〔註79〕此從《史記·六國年表》和《資治通鑒》卷六《秦紀一》，《燕召公世家》繫於上年。
〔註80〕《史記·趙世家》。
〔註81〕《史記》的《趙世家》、《秦始皇本紀》、《燕召公世家》、《六國年表》。
〔註82〕《史記》的《趙世家》、《秦始皇本紀》、《六國年表》。
〔註83〕楊寬認爲，樊於期就是因戰敗而畏罪逃亡的秦將桓齮〔《戰國史》（增訂本），上海：上海人民出版社，1998 年，第 429 頁注釋 1〕。
〔註84〕《史記》的《燕召公世家》、《六國年表》和《燕丹子》。

立為代王。

　　秦將王翦引兵攻燕，屯中山。燕、代合兵，屯軍上谷〔註85〕。

　　秦兵臨易水，燕太子丹患秦兵逼境，派荊軻、秦舞陽入秦刺殺秦王〔註86〕。

西元前227年　甲戌　燕王喜二十八年

　　荊軻、秦舞陽至咸陽宮，刺秦王不中，荊軻被殺。

　　秦將王翦攻燕、代，敗燕、代聯軍於易水之西〔註87〕。

西元前226年　乙亥　燕王喜二十九年

　　秦將王翦攻取燕都薊，燕王喜與太子丹走保遼東。

　　秦將李信率兵追擊，燕王喜殺太子丹以獻秦王，秦亦罷兵〔註88〕。

　　秦在燕地設廣陽郡〔註89〕。

西元前222年　己卯　燕王喜三十三年

　　秦將王賁攻取遼東，俘虜燕王喜。燕亡。

　　秦以其地置遼東郡〔註90〕。

　　高漸離以築擊秦始皇，不中，被殺〔註91〕。

〔註85〕此二條見《史記》的《六國年表》、《秦始皇本紀》、《燕召公世家》、《趙世家》。

〔註86〕《史記》的《六國年表》、《秦始皇本紀》、《燕召公世家》、《趙世家》和《資治通鑒》卷六《秦紀一》。

〔註87〕此二條見《史記》的《六國年表》、《秦始皇本紀》、《燕召公世家》和《戰國策‧燕策三》及《燕丹子》。

〔註88〕此二條見《史記》的《秦始皇本紀》、《六國年表》、《燕召公世家》、《刺客列傳》及《戰國策‧燕策三》。

〔註89〕秦在燕都薊置廣陽郡一說，首見於酈道元的《水經‧濡水注》，全祖望《漢書‧地理志稽疑》、王國維《秦郡考》（《觀堂集林》卷十二）和譚其驤《秦郡新考》（《長水粹編》，石家莊：河北教育出版社，2000年）都力主此說。

〔註90〕此二條見《史記》的《秦始皇本紀》、《六國年表》、《燕召公世家》、《刺客列傳》及《戰國策‧燕策三》。

〔註91〕《史記‧刺客列傳》。

附錄三：燕文化研究參考論文 〔註92〕

一、考古與文物

（一）北京

1. 《京郊發現戰國時代文化遺址——建築史家推斷可是燕國「上都」》,《光明日報》, 1957 年 6 月 18 日。

2. 《本市出土大量古文物》,《北京日報》, 1957 年 8 月 20 日。

3. 北京市文物組：《海澱區發現春秋時代銅器》,《文物參考資料》, 1958 年第 5 期。

4. 《本市文物調查工作成績顯著——發現一批珍貴的歷史、革命文物》,《北京日報》, 1959 年 5 月 12 日。

5. 北京市文物局文物調查研究組：《近幾年來的北京文物工作》,《文物》, 1959 年第 9 期。

6. 北京市文物工作隊：《北京懷柔城北東周兩漢墓葬》,《考古》, 1962 年第 5 期。

7. 北京市文物工作隊：《北京朝陽門外出土的戰國貨幣》,《考古》, 1962 年第 5 期。

8. 北京市文物工作隊：《北京西郊白雲觀遺址》,《考古》, 1963 年第 3 期。

9. 北京市文物工作隊：《北京房山縣考古調查簡報》,《考古》, 1963 年第 3 期。

10. 北京市文物工作隊：《北京昌平半截塔村東周和兩漢墓》,《考古》, 1963 年第 3 期。

11. 北京市文物管理處：《北京外城東周晚期陶井群》,《文物》, 1972 年第 1 期。

12. 北京市文物管理處：《北京地區的古瓦井》,《文物》, 1972 年第 2 期。

13. 中國科學院考古研究所、北京市文物管理處琉璃河考古工作隊：《北京附近發現的西周奴隸殉葬墓》,《考古》, 1974 年第 5 期。

14. 《北京房山琉璃河西周墓葬發現一批重要青銅器》,《文物特刊》第 5 期, 1975 年 10 月 15 日。

〔註92〕 說明：(1)本附錄所收參考文獻主要採自報刊雜誌以及論文集,研究著作中的相關內容一般不予以收錄；(2)所收錄的文獻上起 1919 年,下迄 2012 年 6 月,基本上按發表時間的先後順序排列；(3)在考古報告的分類體例上,大致分為兩類,即以集體名義發表者入「考古與文物」類,以個人名義發表者入「研究與論述」類（有少數例外者）。

15. 北京市文物管理處等：《北京琉璃河夏家店下層文化墓葬》，《考古》，1976 年第 1 期。

16. 北京市文物管理處：《北京地區的又一重要考古收穫——昌平白浮西周木槨墓的新啓示》，《考古》，1976 年第 4 期。

17. 《北京平谷發現商代墓葬》，《文物特刊》第 5 期，1977 年 10 月 15 日。

18. 北京市文物管理處：《北京市平谷縣發現商代墓葬》，《文物》，1977 年第 11 期。

19. 北京市文物管理處：《北京豐臺區出土戰國銅器》，《文物》，1978 年第 3 期。

20. 《北京地區近年考古新發現》，《北京日報》，1978 年 7 月 11 日。

21. 北京市文物管理處：《北京新徵集的商周青銅器》，《文物資料叢刊》（2），北京：文物出版社，1978 年。

22. 北京市文物管理處：《北京市延慶縣西撥子村窖藏銅器》，《考古》，1979 年第 3 期。

23. 北京市文物管理處：《北京市又發現燕饕餮紋半瓦當》，《考古》，1980 年第 2 期。

24. 《順義首次發現西周早期青銅器爲研究燕國文化提供重要資料》，《北京日報》，1982 年 10 月 2 日。

25. 中國社會科學院考古研究所、北京市文物研究所琉璃河考古隊：《1981～1983 年琉璃河西周燕國墓地發掘簡報》，《考古》，1984 年第 5 期。

26. 北京市文物研究所：《北京市拒馬河流域考古調查》，《考古》，1989 年第 3 期。

27. 北京市文物研究所山戎文化考古隊：《北京延慶軍都山東周山戎部落墓地發掘紀略》，《文物》，1989 年第 8 期。

28. 北京市文物研究所山戎文化考古隊：《北京延慶軍都山山戎部落墓地出土春秋尖首刀幣》，《文物》，1989 年第 8 期。

29. 中國社會科學院考古研究所、北京市文物研究所琉璃河考古工作隊：《北京琉璃河 1193 號大墓發掘簡報》，《考古》，1990 年第 1 期。

30. 北京市文物研究所拒馬河考古隊：《北京市竇店古城調查與試掘報告》，《考古》，1992 年第 8 期。

31. 北京市文物研究所拒馬河考古隊：《燕中都城址調查與試掘》，《北京文物與考古》第三輯，北京：北京燕山出版社，1992 年。

32. 中國社會科學院考古研究所、北京市文物研究所：《琉璃河燕國古城發掘的初步收穫》，《北京文博》，1995 年第 1 期。

33. 北京大學考古系、北京市文物研究所：《1995 年琉璃河周代居址發掘簡報》，《文物》，1996 年第 6 期。

34. 北京市文物研究所、北京大學考古系：《1995 年琉璃河遺址墓葬區發掘簡報》，《文物》，1996 年第 6 期。

35. 琉璃河遺址考古隊：《北京琉璃河遺址發掘又獲重大成果》，《中國文物報》，1997 年 1 月 12 日第一版。

36. 北京市文物研究所：《北京房山琉璃河遺址發現的商代遺迹》，《文物》，1997 年第 4 期。

37. 琉璃河考古隊：《琉璃河遺址 1996 年度發掘簡報》，《文物》，1997 年第 6 期。

38. 北京市文物研究所：《鎮江營與塔照——拒馬河流域先秦考古文化的類型與譜系》，收入《北京考古集成》10，北京：北京出版社，2000 年。

39. 樓朋來：《琉璃河遺址 2001 年度西周墓葬發掘簡報》，《北京文物與考古》第 5 輯，2002 年。

（二）河北

1. 河北省文化局文物發掘組：《河北省幾年來發現的考古資料》，《文物》，1959 年第 7 期。

2. 河北省文化局文物工作隊：《河北省幾年來在廢銅中發現的文物》，《文物》，1960 年第 2 期。

3. 承德離宮博物館：《承德市灤河鎮的一座戰國墓》，《考古》，1961 年第 5 期。

4. 中國歷史博物館考古組：《燕下都城址調查報告》，《考古》，1962 年第 1 期。

5. 河北省文化局文物工作隊：《河北易縣燕下都故城勘察和試掘》，《考古學報》，1965 年第 1 期。

6. 河北省文化局文物工作隊：《河北易縣燕下都第十六號墓發掘》，《考古學報》，1965 年第 2 期。

7. 河北省文化局文物工作隊：《燕下都遺址內發現一件戰國時代的銅人像》，《文物》，1965 年第 2 期。

8. 河北省文化局文物工作隊：《燕下都遺址周邊發現戰國墓葬群》，《文物》，1965 年第 9 期。

9. 河北省文化局文物工作隊：《河北徐水解村發現古遺址和古城垣》，《文物》，1965 年第 10 期。

10. 河北省文化局文物工作隊：《1964～1965 年燕下都墓葬發掘報告》，《考古》，1965 年第 11 期。

11. 河北省文化局文物工作隊：《燕下都第 22 號遺址發掘報告》，《考古》，1965 年第 11 期。

12. 天津市文化局考古發掘隊：《河北大廠回族自治縣大坨頭遺址試掘簡報》，《考古》，1966 年第 1 期。

13. 河北省文化局文物工作隊：《河北懷來北辛堡戰國墓》，《考古》，1966 年第 5 期。

14. 天津市文物管理處：《河北滄縣肖家樓出土的刀幣》，《考古》，1973 年第 1 期。

15. 北京鋼鐵學院壓力加工專業：《易縣燕下都 44 號墓鐵器金相學考察初步報告》，《考古》，1975 年第 4 期。

16. 河北省文物管理處：《河北易縣燕下都第 44 號墓發掘報告》，《考古》，1975 年第 4 期。

17. 河北省文物管理處：《燕下都遺址出土奴隸鐵頸鎖和腳鐐》，《文物》，1975 年第 6 期。

18. 河北灤平縣文物管理所：《河北省灤平縣發現一批窖藏戰國貨幣》，《文物》，1981 年第 9 期。

19. 張家口考古隊：《蔚縣考古記略》，《考古與文物》，1982 年第 4 期。

20. 河北省文物管理處：《燕下都第 23 號遺址出土一批銅戈》，《文物》，1982 年第 8 期。

21. 河北省文物管理處：《河北易縣燕下都第 21 號遺址第一次發掘報告》，《考古學集刊》（二），北京：中國社會科學出版社，1982 年。

22. 石家莊地區文物管理處：《河北靈壽縣出土戰國錢幣》，《考古學集刊》（二），北京：中國社會科學出版社，1982 年。

23. 錦州市文物管理委員會：《遼寧錦西縣邵集屯發現戰國刀幣》，《考古學集刊》（二），北京：中國社會科學出版社，1982 年。

24. 豐寧縣文化館：《豐寧縣鳳山鎮發現戰國早期墓葬》，《文物資料叢刊》（7），北京：文物出版社，1983 年。

25. 張家口考古隊：《蔚縣夏商時期考古的主要收穫》，《考古與文物》，1984 年第 1 期。

26. 河北省文物研究所：《唐山市古冶商代遺址》，《考古》，1984 年第 9 期。

27. 興隆文化館文物組：《河北興隆發現窖藏明刀幣》，《文物》，1985 年第 6 期。

28. 張家口市文物事業管理所：《張家口市白廟遺址清理簡報》，《文物》，1985 年第 10 期。

29. 河北省文物研究所：《河北易縣燕下都第 16 號墓車馬坑》，《考古》，1985 年第 11 期。

30. 河北省文物研究所：《河北盧龍縣東闞各莊遺址》，《考古》，1985 年第 11 期。

31. 廊坊地區文管所等：《河北三河大唐迴、雙村戰國墓》，《考古》，1987 年第 4 期。

32. 河北省文物研究所：《河北易縣燕下都第 13 號遺址第一次發掘》，《考古》，1987 年第 5 期。

33. 圍場縣文物管理委員會：《河北圍場東臺子戰國晚期至秦代墓地出土文物》，《文物資料叢刊》（10），北京：文物出版社，1987 年。

34. 灤南縣文物管理所：《河北灤南縣出土一批戰國貨幣》，《考古》，1988 年第 2 期。

35. 拒馬河考古隊：《河北易縣淶水古遺址試掘報告》，《考古學報》，1988 年第 4 期。

36. 張家口考古隊：《河北懷來官廳水庫沿岸考古調查簡報》，《考古》，1988 年第 7 期。

37. 張家口市文管所等：《張家口市下花園區發現的戰國墓》，《考古》，1988 年第 12 期。

38. 秦皇島市文化局：《河北省青龍縣出土窖藏戰國貨幣》，《文物春秋》，1989 年第 4 期。

39. 河北省文物研究所等：《河北徐水大馬各莊春秋墓》，《文物》，1990 年第 3 期。

40. 唐山市文物保管所：《河北遷西縣大黑汀戰國墓出土銅器》，《文物》，1992 年第 5 期。

41. 遵化縣文物保管所：《河北遵化出土一批燕國刀幣》，《文物》，1992 年第 11 期。

42. 河北省文物研究所：《河北滿城要莊發掘簡報》，《文物春秋》，1992 年增刊。

43. 河北省文物研究所：《河北淶水漸村遺址發掘報告》，《文物春秋》，1992 年增刊。

44. 河北省文物研究所：《燕下都出土的建築材料》，《文物》，1993 年第 3 期。

45. 承德縣文物保管所：《承德縣出土的戰國貨幣》，《文物春秋》，1993 年第 4 期。

46. 容城縣文物保管所：《河北容城縣發現三批燕國貨幣》，《考古》，1994 年第 5 期。

47. 廊坊市文物管理處：《廊坊市戰國燕南長城調查報告》，《文物春秋》，2001 年第 2 期。

48. 唐山市文物管理處：《豐潤東歡坨遺址試掘簡報》，《文物春秋》，2005 年第 5 期。

49. 段宏振、任濤：《河北易縣七里莊遺址發現大量夏商周時期文化遺存》，《中國文物報》，2006 年 12 月 8 日第二版。

50. 河北易縣燕下都遺址文物保管所：《燕下都遺址出土鐵胄》，《文物》，2011 年第 4 期。

51. 朱永剛、段天璟：《河北唐縣南放水遺址 2006 年發掘簡報》，《考古》，2011 年第 4 期。

（三）遼寧

1. 熱河省博物館籌備組：《熱河淩源縣海島營子村發現的古代青銅器》，《文物參考資料》，1955 年第 8 期。

2. 旅順博物館：《旅順口區後牧城驛戰國墓清理》，《考古》，1960 年第 8 期。

3. 王增新：《遼寧撫順市蓮花堡遺址發掘簡報》，《考古》，1964 年第 6 期。

4. 遼寧省博物館、朝陽地區博物館：《遼寧喀左縣北洞村發現殷代青銅器》，《考古》，1973 年第 4 期。

5. 喀左縣文化館等：《遼寧喀左縣北洞村出土的殷周青銅器》，《考古》，1974 年第 6 期。

6. 遼寧省文物幹部培訓班：《遼寧北票縣豐下遺址 1972 年春發掘簡報》，《考古》，1976 年第 3 期。

7. 遼寧省博物館文物工作隊：《遼寧朝陽魏營子西周墓和古遺址》，《考古》，1977 年第 5 期。

8. 喀左縣文化館等：《遼寧喀左縣山灣子出土商周青銅器》，《文物》，1977 年第 12 期。

9. 瀋陽市文物管理辦公室：《瀋陽新樂遺址試掘報告》，《考古學報》，1978 年第 4 期。

10. （無報導者）：《遼寧喀左縣山灣子西周窖藏青銅器》，《社會科學輯刊》，1981 年第 2 期。

11. 喀左縣文化館：《記遼寧喀左縣後墳村發現的一組陶器》，《考古》，1982 年第 1 期。

12. 遼寧義縣文物保管所：《遼寧義縣發現商周銅器窖藏》，《文物》，1982 年第 2 期。

13. 錦州市文物管理所：《遼寧錦西縣邵集屯發現戰國刀幣》，《考古學集刊》（二），北京：中國社會科學出版社，1982 年。

14. 遼寧省博物館文物工作隊：《遼寧建平縣喀喇沁河東遺址試掘簡報》，《考古》，1983 年第 11 期。

15. 錦州市博物館：《遼寧錦西縣臺集屯徐家溝戰國墓》，《考古》，1983 年第

11 期。

16. 瀋陽市文物管理辦公室等：《瀋陽新樂遺址第二次發掘報告》，《考古學報》，1985 年第 2 期。

17. 撫順市博物館：《遼寧撫順縣巴溝出土燕國刀幣》，《考古》，1985 年第 6 期。

18. 朝陽地區博物館等：《遼寧喀左大城子眉眼溝戰國墓》，《考古》，1986 年第 1 期。

19. 遼河油田人民銀行渤海辦事處：《遼河下游出土刀幣》，《中國錢幣》，1986 年第 4 期。

20. 遼寧省文物考古研究所等：《喀左和尚溝墓地》，《遼海文物學刊》，1989 年第 2 期。

21. 遼寧省文物考古研究所等：《遼寧彰武縣考古覆查記略》，《考古》，1991 年第 8 期。

22. 鐵嶺市博物館：《遼寧鐵嶺邱家臺發現窖藏錢幣》，《考古》，1992 年第 4 期。

23. 遼寧省文物考古研究所：《遼寧喀左縣高家洞商周墓》，《考古》，1998 年第 4 期。

（四）吉林

1. 集安縣文物管理所：《集安高句麗國內城的調查與試掘》，《文物》，1984 年第 1 期。

2. 四平地區博物館、吉林大學歷史系考古專業：《吉林省梨樹縣二龍湖古城址調查簡報》，《考古》，1988 年第 6 期。

（五）天津

1. 天津市歷史博物館等：《天津東郊發現戰國墓簡報》，《文物參考資料》，1957 年第 3 期。

2. 天津市文化局考古發掘隊：《文化局考古發掘隊發現許多重要文物》，《天津日報》，1961 年 3 月 28 日。

3. 天津市文化局文物組：《天津市新收集的商周青銅器》，《文物》，1964 年第 9 期。

4. 天津市文化局考古發掘隊：《天津南郊巨葛莊戰國遺址和墓葬》，《考古》，1965 年第 1 期。

5. 天津市文化局考古發掘隊：《渤海灣西岸古文化遺址調查》，《考古》，1965 年第 2 期。

6. 天津市文化局考古發掘隊：《天津東郊張貴莊戰國墓第二次發掘》，《考古》，1965 年第 2 期。

7. 天津市文物管理處：《天津薊縣張家園遺址試掘簡報》，《文物資料叢刊》（1），北京：文物出版社，1977 年。

8. 天津市文物管理處考古隊：《天津薊縣圍坊遺址發掘報告》，《考古》，1983 年第 10 期。

9. 天津市歷史博物館考古隊：《天津薊縣張家園遺址第二次發掘》，《考古》，1984 年第 8 期。

10. 天津市歷史博物館考古部、寶坻縣文化館：《天津寶坻縣牛道口遺址調查發掘簡報》，《考古學報》，1991 年第 7 期。

11. 天津市歷史博物館考古部：《天津薊縣張家園遺址第三次發掘》，《考古》，1993 年第 4 期。

12. 天津市歷史博物館考古部、寶坻縣文化館：《寶坻秦城遺址發掘報告》，《考古學報》，2001 年第 1 期。

（六）內蒙古

1. 呂遵諤：《內蒙赤峰紅山考古調查》，《考古學報》，1958 年第 3 期。

2. 中國科學院考古研究所內蒙古發掘隊：《內蒙赤峰藥王廟、夏家店遺址試掘簡報》，《考古學報》，1961 年第 2 期。

3. 中國科學院考古研究所內蒙古工作隊：《赤峰藥王廟、夏家店遺址試掘報告》，《考古學報》，1974 年第 1 期。

4. 敖漢旗文化館：《敖漢旗老虎山遺址出土秦代鐵權和戰國鐵器》，《考古》，1976 年第 5 期。

5. 中國社會科學院考古研究所內蒙古工作隊：《赤峰蜘蛛山遺址的發掘》，《考古學報》，1979 年第 2 期。

6. 王大方：《敖漢旗發現先秦時期古文化遺址》，《中國文物報》，1997 年 4 月 20 日。

7. 王大方：《內蒙古大山前遺址考古又有新發現》，《中國文物報》，1997 年 8 月 21 日。

（七）江蘇

1. 南京博物館　姚遷：《江蘇盱眙南窰莊楚漢文物窖藏》，《文物》，1982 年第 11 期。

二、研究與論述

1. 王國維：《北伯鼎跋》（1919 年），《觀堂集林》卷十八，北京：中華書局，1959 年。

2. 羅根澤：《〈燕丹子〉眞偽年代考》，《國立中山大學語言歷史學研究所週刊》第 7 集第 78 期，1929 年；後易名爲《〈燕丹子〉眞偽年代之舊說與

新考》，收入《古史辨》第三冊，上海：上海古籍出版社，1982 年。

3. 傅振倫：《燕下都武陽城故址考》，《新晨報》副刊，1929 年 12 月 12 日～1930 年 1 月 26 日。

4. 傅振倫：《燕下都考古記》，《新晨報》副刊，1930 年 3 月 19～26 日；《地學雜誌》第 18 卷第 4 期，1930 年。

5. 傅振倫：《燕下都第一期發掘工作報告書》，《北京大學日刊》，1930 年 7月 5～12 日。

6. 傅振倫：《燕下都故址內外土臺之研究》，《新晨報》副刊，1930 年 7 月24～29 日。

7. 常惠：《易縣燕下都故址調查報告》，《國立北平研究院院務彙報》第 1 卷第 1 期，1930 年 5 月。

8. 常惠：《易縣燕下都考古團發掘報告》，《國立北平研究院院務彙報》第 1卷第 3 期，1930 年 9 月。

9. 王慶昌：《易縣燕墟初步研究》，《國立北平研究院院務彙報》第 1 卷第 3期，1930 年 9 月。

10. 傅斯年：《大東小東説——兼論魯燕齊初封在成周東南後乃東遷》，《中央研究院歷史語言研究所集刊》第 2 本第 1 分，1930 年。

11. 丁山：《召穆公傳》，《中央研究院歷史語言研究所集刊》第 2 本第 1 分，1930 年。

12. 高梅：《戰國時代秦齊燕韓趙魏的宗教》，《齊大月刊》，1931 年。

13. 傅振倫：《燕下都發掘報告》，《國學季刊》（北京大學）第 3 卷第 1 期，1932 年 3 月。

14. 傅振倫：《燕下都遺迹考》，《地學雜誌》第 21 卷第 1、2 期（合期），1932年。

15. 傅振倫：《從燕下都發掘品考察瓦當製作方法》，《新聞報·副刊》（北平），1932 年 3 月 24～29 日。

16. 傅振倫：《燕國黃金臺小考》，《河北省縣自治畫報》第 1 卷第 2 期，1932年 5 月 3 日。

17. 傅增湘、周肇祥：《淶易遊記》，《藝林月刊》第 5 卷，1934 年 2 月。

18. 謝扶雅：《田駢和鄒衍》，《嶺南學報》第 3 卷第 2 期，1934 年；《古史辨》第五冊，上海：上海古籍出版社，1982 年。

19. 王振洲：《燕下都考古團發掘工作之始末》，《古物保管委員會工作彙報》，1935 年 5 月。

20. 滕固：《燕下都半規瓦當上的獸形紋飾》，《金陵學報》第 6 卷第 2 期，1936 年 11 月。

21. 傅增湘、周肇祥：《易水重遊》，《藝林月刊》第 8 卷，1936 年 12 月。

22. 王伊同：《燕秦西漢與東北》，《禹貢半月刊》第 7 卷第 5 期，1937 年。

23. 化若：《齊燕即墨之戰》，《八路軍軍政雜誌》第 5 期，1939 年。

24. 顧頡剛：《燕國曾遷汾水流域考》，《責善半月刊》第 1 卷第 5 期，1940 年 5 月。

25. 鄭家相：《明刀之研究》，《泉幣》第 1 期，1940 年。

26. 齊思和：《燕、吳非周封國說》，《燕京學報》第 28 期，1940 年 12 月。

27. 丁山：《陳騂壺銘跋》，《責善半月刊》第 2 卷第 6 期，1941 年。

28. 陳夢家：《陳騂壺考釋》，《責善半月刊》第 2 卷第 23 期，1942 年。

29. 唐蘭：《蘇秦考》，《文史雜誌》第 1 卷第 12 期，1941 年。

30. 鄭家相：《燕布之新發現》，《泉幣》第 23 期，1944 年 3 月。

31. 佟柱臣：《赤峰附近新發見之漢前土城與古長城》，《歷史與考古》第一號，1946 年 10 月。

32. 金德建：《鄒衍所說「五勝三至」釋義》，《新中華雜誌》第 5 卷第 3 期，1947 年。

33. 楊寬：《陳騂壺考釋》，《文物周刊》第 34 期，1947 年。

34. 張政烺：《奭字解》，《六同別錄》上冊（中央研究院歷史語言研究所集刊外編第三種），1945 年 1 月；《中央研究院歷史語言研究所集刊》第 13 本，1948 年 9 月。

35. 張政烺：《說文燕召公史篇名醜解》，《六同別錄》上冊（中央研究院歷史語言研究所集刊外編第三種），1945 年 1 月；《中央研究院歷史語言研究所集刊》第 13 本，1948 年 9 月。

36. 陳槃：《論早期讖緯及其與鄒衍書說之關係》，《中央研究院歷史語言研究所集刊》第 20 本上冊，1948 年 6 月。

37. 陳倉：《無恥說客蘇秦》，《人物雜誌》第 3 卷第 7 期，1948 年。

38. 安志敏：《北京西八里店發現戰國甕棺》，《燕京學報》第 37 期，1949 年。

39. 安志敏、伊秉樞：《北京西郊發現的甕棺》，《燕京學報》第 39 期，1950 年 12 月。

40. 柏生：《北京陶然亭發現戰國時代古墓》，《人民日報》，1952 年 7 月 22 日。

41. 安志敏：《唐山市賈各莊發掘記略》，《科學通訊》，1953 年第 4 期。

42. 安志敏：《河北省唐山市賈各莊發掘報告》，《考古學報》第六冊，1953 年 12 月。

43. 黃寶實：《孟軻論伐燕》，《大陸雜誌》（臺灣）第 9 卷第 1 期，1954 年 7 月。

44. 安志敏：《河北寧河縣先秦遺址調查記》，《文物參考資料》，1954 年第 4 期。

45. 周耿：《介紹北京出土文物展覽》，《文物參考資料》，1954 年第 8 期。

46. 尤文遠、孟浩：《河北懷來縣大古城遺址調查情況》，《文物參考資料》，1954 年第 9 期。

47. 安志敏：《河北懷來大古城村古城址調查記》，《考古通訊》，1955 年第 3 期。

48. 傅振倫：《燕下都發掘品的初步整理與研究》，《考古通訊》，1955 年第 4 期。

49. 王克林：《北京西郊中關園內發現甕棺葬》，《文物參考資料》，1955 年第 11 期。

50. 董增凱：《河北省文化局調查涿縣北高官莊發現的古代遺址》，《文物參考資料》，1955 年第 11 期。

51. 孟昭林：《河北省淶水縣永樂村發現一批戰國銅、陶器》，《文物參考資料》，1955 年第 12 期。

52. 陳夢家：《西周銅器斷代（二）》，《考古學報》第十冊，1955 年。

53. 陳夢家：《西周銅器斷代（三）》，《考古學報》，1956 年第 1 期。

54. 佟柱臣：《考古學上漢代及漢代以前的東北疆域》，《考古學報》，1956 年第 1 期。

55. 鄭紹宗：《熱河興隆發現的戰國生產工具鑄範》，《考古通訊》，1956 年第 1 期。

56. 陳鐵卿：《談「安陽布」的鑄地》，《文物參考資料》，1956 年第 2 期。

57. 孟昭林：《河北昌黎縣發現古代石器和墓葬》，《文物參考資料》，1956 年第 2 期。

58. 樹德：《北京出土的歷史文物》，《北京日報》，1956 年 12 月 24 日。

59. 傅振倫：《燕下都瓦》，《光明日報》，1957 年 3 月 25 日。

60. 馮秉其：《灤縣發現了古文化遺址》，《文物參考資料》，1957 年第 3 期。

61. 黃盛璋：《保卣銘的年代、地理與歷史問題》，《考古學報》，1957 年第 3 期。後收入氏著《歷史地理與考古論叢》，濟南：齊魯書社，1982 年。

62. 楊宗榮：《燕下都半瓦當》，《考古通訊》，1957 年第 6 期。

63. 趙正之、舒文思：《北京廣安門外發現戰國和戰國以前的遺迹》，《文物參考資料》，1957 年第 7 期。

64. 馮秉其：《唐縣發現古城址古遺址各一處》，《文物參考資料》，1957 年第 8 期。

65. 李蓮：《集安發現古錢》，《文物參考資料》，1957 年第 8 期。

66. 謝錫益：《燕下都遺址瑣記》，《文物參考資料》，1957 年第 9 期。

67. 陳健偉：《鄒衍的「終始五德」說的政治意義》，《光明日報》，1957 年 10 月 31 日。

68. 郭沫若：《〈保卣〉銘釋文》，《考古學報》，1958 年第 1 期。

69. 馮秉其、唐雲明：《房山縣古城址調查》，《文物》，1959 年第 1 期。

70. 鄭家相：《燕刀面文「明」字的問題》，《文物》，1959 年第 1 期。

71. 陳鐵卿：《一種常見的古代貨幣——明刀》，《文物》，1959 年第 1 期。

72. 雲希正：《天津市古遺址、古墓葬的調查與發掘記略》，《北國春秋》，1959 年第 1 期。

73. 奠耳：《承德縣八家子南臺發現的戰國時期刀幣》，《文物》，1959 年第 2 期。

74. 雲希正：《天津市郊戰國遺址的新發現》，《天津日報》，1959 年 5 月 22 日。

75. 蘇天鈞：《十年來北京市所發現的重要古代墓葬和遺址》，《文物》，1959 年第 3 期。

76. 金殿士：《瀋陽市南市區發現戰國墓》，《文物》，1959 年第 4 期。

77. 王漢彥：《周口店區蔡莊古城遺址》，《文物》，1959 年第 5 期。

78. 容摘：《北京市的文物調查工作》，《文物》，1959 年第 6 期。

79. 李學勤：《戰國題銘概述（上）》，《文物》，1959 年第 7 期。後收入《李學勤早期文集》，石家莊：河北教育出版社，2008 年。

80. 蘇天鈞：《北京昌平區松園村戰國墓葬發掘記略》，《文物》，1959 年第 9 期。

81. 蘇天鈞：《略談北京出土的遼代以前的文物》，《文物》，1959 年第 9 期。

82. 劉之光、周桓：《北京市周口店區竇店古城調查》，《文物》，1959 年第 9 期。

83. 侯仁之：《關於古代北京的幾個問題》，《文物》，1959 年第 9 期。後收入：(1)侯仁之：《歷史地理學的理論與實踐》，上海：上海人民出版社，1979 年；(2)侯仁之：《北京城的生命印記》，北京：三聯書店，2009 年。

84. 范汝生：《太保鼎》，《文物》，1959 年第 11 期。

85. 楊根：《興隆鐵範的科學考查》，《考古》，1960 年第 2 期。

86. 土潭：《（河北滄縣）出土大批古刀幣》，《天津日報》，1960 年 5 月 22 日。

87. 譚戒甫：《周召二簋銘文綜合研究》，《江漢考古》，1961 年第 2 期。

88. 陳國福：《談蘇秦》，《天津日報》，1961 年 7 月 26 日。

89. 張其昀：《泱泱大國的海邦——齊及衛燕》，《中國一周》（臺灣）第 596 卷，1961 年 9 月。

90. 侯仁之：《歷史上的北京城》，《光明日報》，1962 年 1 月 17 日。

91. 侯仁之：《說薊》，《北京日報》，1962 年 2 月 8 日。後收入氏著《北京城的生命印記》，北京：三聯書店，2009 年。

92. 劉啓益：《燕下都遺址》，《人民日報》，1962 年 3 月 18 日。

93. 侯仁之：《說燕》，《北京日報》，1962 年 4 月 12 日。後收入氏著《北京城的生命印記》，北京：三聯書店，2009 年。

94. 金德宣：《朝陽縣七道嶺發現戰國貨幣》，《文物》，1962 年第 3 期。

95. 于柯：《北京朝陽門外出土的戰國貨幣》，《考古》，1962 年第 5 期。

96. 曾庸：《安陽布的鑄地》，《文物》，1962 年第 9 期。

97. 《壯士荊軻當年與太子丹訣別之地——古城燕下都遺址初步查明》，《解放日報》，1962 年 11 月 27 日。

98. 童書業：《古燕國辨》，《中國古代地理考證論文集》，北京：中華書局，1962 年。

99. 侯仁之：《歷史上的北京城》，《光明日報》，1962 年 1 月 17 日。後改題爲《北京城的沿革》，收入以下二書：(1)侯仁之：《步芳集》，北京：北京出版社，1962 年；(2)侯仁之：《北京城的生命印記》，北京：三聯書店，2009 年。

100. 郭仁：《關於漁陽城的位置及其附河道的復原》，《考古》，1963 年第 1 期。

101. 成龍：《燕下都遺址勘察記》，《河北日報》，1963 年 1 月 31 日。

102. 平心：《奭字略釋》，《中華文史論叢》第一輯，上海：上海古籍出版社，1962 年。

103. 平心：《〈保卣〉銘略釋》，《中華文史論叢》第四輯，上海：上海古籍出版社，1963 年。

104. 徐中舒：《論〈戰國策〉的編寫及有關蘇秦諸問題》，《歷史研究》，1964 年第 1 期。

105. 王兆軍：《內蒙古昭盟赤峰市發現戰國墓》，《考古》，1964 年第 1 期。

106. 古兵：《吉林集安歷年出土的古代錢幣》，《考古》，1964 年第 2 期。

107. 衛挺生：《論鄒衍之年代》，《思想與時代》第 114 期，1964 年 2 月。

108. 王夢鷗：《鄒衍生平年世商榷》，《政治大學學報》，1964 年第 5 期。

109. 陳夢家：《戰國度量衡略說》，《考古》，1964 年第 6 期。

110. 王海航：《石家莊東郊發現古刀幣》，《文物》，1964 年第 6 期。

111. 敫承隆、李曉東：《河北省懷來縣北辛堡出土的燕國銅器》，《文物》，1964 年第 7 期。

112. 蔣大沂：《保卣銘考釋》，《中華文史論叢》第五輯，上海：上海古籍出版

社，1964 年。

113. 陳槃：《春秋北燕、崇、萊、杜四國別論》，《孔孟學報》第 11 期，1966 年 4 月。

114. 衛挺生：《燕昭王之（大帝國）巨燕考》，《華岡學報》，1966 年第 3 期。

115. 蒙傳銘：《鄒衍之生平與學術》，《新亞書院學術年刊》第 9 卷，1967 年 9 月。

116. 施之勉：《范陽燕地非齊地》，《大陸雜誌》第 43 卷第 4 期，1971 年 10 月。

117. 旌文冰：《北京的古陶井及古代薊城遺址》，《光明日報》，1971 年 12 月 24 日。

118. 張震澤：《燕王職戈考釋》，《考古》，1973 年第 4 期。

119. 張子高、楊根：《從侯馬陶範和興隆鐵範看戰國時代的冶鑄技術》，《考古》，1973 年第 6 期。

120. 唐蘭：《從河南鄭州出土的商代前期青銅器談起》，《文物》，1973 年第 7 期。

121. 楊升南、陳紹棣、王宇信：《揭穿東漢石刻畫象「荊軻刺秦王」的反動實質》，《考古》，1974 年第 3 期。

122. 駒井和愛：《燕國的雙龍紋瓦當》，《中國考古學論叢》，1974 年。

123. 谷景芳：《北京發現西周初期奴隸制遺址》，《光明日報》，1975 年 1 月 6 日。

124. 田蒿：《奴隸社會階級壓迫的見證——記房山琉璃河發掘的西周奴隸殉葬墓》，《光明日報》，1975 年 1 月 6 日。

125. 晏琬（李學勤）：《北京、遼寧出土銅器與周初的燕》，《考古》，1975 年第 5 期。

126. 陳應祺：《燕下都遺址出土奴隸鐵頸鎖和腳鐐》，《文物》，1975 年第 6 期。

127. 曾鳴：《關於帛書〈戰國策〉中蘇秦書信若干年代問題的商榷》，《文物》，1975 年第 8 期。

128. 唐蘭：《司馬遷所沒有見過的珍貴史料》，《戰國縱橫家書》（附錄），北京：文物出版社，1976 年。

129. 楊寬：《馬王堆〈戰國縱橫家書〉的史料價值》，《戰國縱橫家書》（附錄），北京：文物出版社，1976 年。

130. 馬雍：《帛書〈戰國縱橫家書〉各篇的年代和歷史背景》，《戰國縱橫家書》（附錄），北京：文物出版社，1976 年。

131. 陳槃：《春秋列國風俗考論》，《中央研究院歷史語言研究所集刊》第 47

本第 4 分，1976 年。

132. 馬王堆漢墓帛書整理小組：《馬王堆漢墓出土帛書〈春秋事語〉釋文》，
《文物》，1977 年第 1 期。

133. 張政烺：《〈春秋事語〉解題》，《文物》，1977 年第 1 期。

134. 馮蒸（唐蘭）：《關於西周初期太保氏的一件青銅兵器》，《文物》，1977
年第 6 期。

135. 裘錫圭：《戰國貨幣考》，《北京大學學報》，1978 年第 2 期。

136. 張先得：《北京豐臺區出土戰國銅器》，《文物》，1978 年第 3 期。

137. 李殿福：《吉林省西南部的燕秦漢文化》，《社會科學戰線》，1978 年第 3
期。

138. 魯琪、葛英會：《北京市出土文物展覽巡禮》，《文物》，1978 年第 4 期。

139. 邢捷：《天津寶坻縣出土的燕國貨幣──明刀》，《經濟導報》（香港），
1978 年第 7 期。

140. 蔣才俊：《發現東周西漢時期的陶井圈》，《光明日報》，1978 年 11 月 1
日。

141. 馬雍：《再論〈戰國縱橫家書〉第四章及其有關年代的問題──答曾鳴同
志》，《文物》，1978 年第 12 期。

142. 朱德熙、裘錫圭：《平山中山王墓銅器銘文的初步研究》，《文物》，1979
年第 1 期。

143. 張震澤：《喀左北洞村出土銅器銘文考釋》，《社會科學戰線》，1979 年第
2 期。

144. 李學勤、李零：《平山三器與中山國史的若干問題》，《考古學報》，1979
年第 2 期。

145. 于豪亮：《中山三器銘文考釋》，《考古學報》，1979 年第 2 期。

146. 齊心：《北京延慶縣西撥子村窖藏銅器》，《考古》，1979 年第 3 期。

147. 魯琪、葛英會：《北京市出土文物展覽巡禮》，《文物》，1979 年第 4 期。

148. 平心：《保卣銘新釋》，《中華文史論叢》第一輯，上海：上海古籍出版
社，1979 年。後收入《李平心史論集》，北京：人民出版社，1983 年。

149. 公孫燕：《燕侯盂出土喀左說明什麼》，《理論與實踐》，1979 年第 11 期。

150. 石志廉：《館藏戰國七璽考》，《中國歷史博物館館刊》總第 1 期，1979
年。

151. 齊俊：《本溪大濃湖發現戰國布幣》，《遼寧文物》，1980 年第 1 期。

152. 馮永謙、鄧寶學：《建昌縣文物普查的重要發現》，《遼寧文物》，1980 年
第 1 期。

153. 司馬小萌：《本市發現一批珍貴文物》，《北京晚報》，1980 年 3 月 30 日。

154. 程長新等：《本市從廢品中搶救一批珍貴文物》，《北京日報》，1980 年 4 月 19 日。

155. 張秀峰等：《北京城的歷史變遷》，《內蒙古社會科學》，1980 年第 3 期。

156. 范品清：《遼寧凌源縣出土一批尖首刀化》，《考古與文物》，1980 年第 3 期。

157. 趙新來：《一件有歷史價值的青銅器——「保尊」》，《河南文博通訊》，1980 年第 3 期。

158. 朱森溥：《試論陰陽五行家鄒衍及其學說》，《貴州社會科學》，1980 年第 3 期。

159. 鄒寶庫：《遼陽出土的戰國貨幣》，《文物》，1980 年第 4 期。

160. 陳壽（陳公柔、張長壽）：《大保簋的復出和大保諸器》，《考古與文物》，1980 年第 4 期。後收入張長壽：《商周考古論集》，北京：文物出版社，2007 年。

161. 徐兆奎：《北京——歷史上名稱最多的城市》，《地名知識》，1980 年第 4 期。

162. 程長新、張先得：《伯矩鬲之再發現》，《文物》，1980 年第 5 期。

163. 冉明：《從燕昭王求賢想到的》，《北京日報》，1980 年 6 月 13 日。

164. 北京史學會：《漁陽古城何處尋》，《北京晚報》，1980 年 12 月 6 日。

165. 王燦熾：《哈雷彗星與薊城建立》，《北京晚報》，1980 年 12 月 10 日。

166. 陳寅恪：《「薊丘之植植於汶湟」之最簡易解釋》，《金明館叢稿二編》，上海：上海古籍出版社，1980 年。

167. 許玉林：《遼寧寬甸發現戰國時期燕國的明刀錢和鐵農具》，《文物資料叢刊》第三輯，北京：文物出版社，1980 年。

168. 常微：《召公封燕及燕都考——兼辨燕山、燕易王、燕昭王》，《北京史論文集》第一輯，北京史研究會編印，1980 年。

169. 郭仁、田敬東：《琉璃河商周遺址爲周初燕都說》，《北京史論文集》第一輯，1980 年。

170. 徐自強：《關於北京先秦史的幾個問題》，《北京史論文集》第一輯，1980 年。

171. 張寧：《從馬王堆帛書看縱橫家蘇秦》，《北京史論文集》第一輯，1980 年。

172. 石志廉：《戰國古璽考釋十種》，《中國歷史博物館館刊》總第 2 期，1980 年。

173. 劉觀民、徐光冀：《內蒙古東部地區青銅時代的兩種文化》，《內蒙古文物考古》，1981 年創刊號。

174. 羅仲輝：《魯仲連說燕將下聊城考》，《中國史研究》，1981 年第 2 期。

175. 李振石：《遼寧喀左縣北洞村出土的殷周青銅器》，《社會科學戰線》，1981 年第 3 期。

176. 葉其峰：《戰國官璽的國別及有關問題》，《故宮博物院院刊》，1981 年第 3 期。

177. 賀樹德：《北京建都年代考》，《北京史研究通訊》，1981 年第 3 期（總 6 期）。

178. 周繼中：《北京建都從西周燕國開始》，《北京史研究通訊》，1981 年第 3 期（總 6 期）。

179. 蘇天鈞：《略談古代北京建都的問題》，《北京史研究通訊》，1981 年第 4 期（總 7 期）。

180. 趙葆寓：《研究北京經濟史的珍貴資料——通縣金各莊出土一批古錢幣》，《北京史研究通訊》，1981 年第 5 期（總 8 期）。

181. 金毅：《既非「一人」亦非「一國」》，《北京史研究通訊》，1981 年第 7～8 期（總 10 期）。

182. 程長新：《北京發現商龜魚紋盤及春秋宋公戈》，《文物》，1981 年第 8 期。

183. 李曉東：《燕秦漢古長城的新發現》，《河北日報》，1981 年 10 月 5 日。

184. 劉煒：《燕下都訪古散記》，《文物天地》，1981 年第 6 期。

185. 陳壽儒：《北京古城三千年》，《北京日報》，1981 年 12 月 31 日。

186. 孫稚雛：《保卣銘文彙釋》，《古文字研究》第五輯，北京：中華書局，1981 年。

187. 鄭紹宗：《河北省戰國、秦、漢時期古長城和城障遺址》，《中國長城遺址調查報告集》，北京：文物出版社，1981 年。

188. 布尼阿林：《河北省圍場縣燕秦長城調查報告》，《中國長城遺址調查報告集》，北京：文物出版社，1981 年。

189. 項春松：《昭烏達盟燕秦長城遺址調查報告》，《中國長城遺址調查報告集》，北京：文物出版社，1981 年。

190. 蔡運章：《太保菁戈跋》，《考古與文物》，1982 年第 1 期。

191. 李曉東：《介紹燕下都遺址》，《河北學刊》，1982 年第 1 期。

192. 呂志毅：《河北境內的長城要險》，《河北學刊》，1982 年第 1 期。

193. 趙光賢：《「明保」與「保」考辨》，《中華文史論叢》，1982 年第 1 輯。

194. 張天麟：《北京歷史地理》，《歷史教學問題》，1982 年第 1 期。

195. 王燦熾：《北京的建置沿革》，《北京史苑》，1982 年第 1、2 期。

196. 馮永謙、姜念思：《寧城縣黑城古城址調查》，《考古》，1982 年第 2 期。

197. 錢林書：《戰國時期的七國都城》，《歷史教學問題》，1982 年第 2 期。

198. 侯仁之：《北京城：歷史發展的特點及其改造》，《歷史地理》，1982 年第 2 期。

199. 史習芳：《河北歷代政區（文化）沿革》，《天津社會科學》，1982 年第 2 期。

200. 李殿福：《東北境內燕秦長城考》，《黑龍江文物叢刊》，1982 年第 2 期。

201. 龔維英：《「桓齮奔燕」出處問題》，《人文雜誌》，1982 年第 2 期。

202. 孫思賢、邵福玉：《遼寧義縣發現商周青銅器窖藏》，《文物》，1982 年第 2 期。

203. 孫繼安、徐明甫：《河北省容城縣出土戰國銅器》，《文物》，1982 年第 3 期。

204. 霍松林：《〈燕丹子〉成書的時代及其在我國小說發展史上的地位》，《文學遺產》，1982 年第 4 期。

205. 邸富生：《戰國秦漢時期遼寧地區的政治和經濟》，《遼寧師範大學學報》，1982 年第 6 期。

206. 張光遠：《春秋晚期齊莊公時庚壺考》，《故宮季刊》第 16 卷第 3 期，1982 年。

207. 侯仁之撰文、李淼攝影：《歷史上的北京城》，《人民畫報》，1982 年第 5 期。

208. 丘光明：《試論戰國衡制》，《考古》，1982 年第 5 期。

209. 王素芳、石永士：《燕下都遺址》，《文物》，1982 年第 8 期。

210. 程長新：《北京市揀選的燕國銅器》，《文物》，1982 年第 9 期。

211. 程長新等：《歷盡滄桑　重放光華——北京市揀選古代青銅器展覽簡記》，《文物》，1982 年第 9 期。

212. 李學勤：《北京揀選青銅器的幾件珍品》，《文物》，1982 年第 9 期。

213. 吳蒙：《盱眙南窖銅壺小議》，《文物》，1982 年第 11 期。

214. 王燦熾：《北京建都始於西元前 1057 年》，《中國地方志》，1982 年第 6 期。

215. 石永士：《燕國的衡制》，《中國考古學會第二次年會論文集》（1980 年），北京：文物出版社，1982 年。

216. 王采枚：《古燕國考》，《北京史論文集》第二輯，1982 年。

217. 徐自強：《關於北京先秦史的幾個問題（續）》，《北京史論文集》第二輯，1982 年。

218. 李江浙：《燕「桓侯徙臨易」辨》，《北京史論文集》第二輯，1982 年。

219. 雷大受：《北京歷史發展形成的特點》，《北京史論文集》第二輯，1982 年。

220. 王燦熾：《北京歷代建置表》，《燕京春秋》，北京：北京出版社，1982年。

221. 石永士：《戰國時期燕國社會發展的考古學觀察》，《河北歷史學會第二屆年會論文選》，石家莊，1982年。

222. 李學勤、鄭紹宗：《論河北近年出土的戰國有銘青銅器》，《古文字研究》第七輯，北京：中華書局，1982年；後收入李學勤《新出青銅器研究》，北京：文物出版社，1990年。

223. 張博泉：《肅慎、燕亳考》，《東北考古與歷史》第一輯，北京：文物出版社，1982年。

224. 佟柱臣：《東北歷史和考古中的幾個問題》，《東北考古與歷史》第一輯，北京：文物出版社，1982年。

225. 鄭良樹：《〈春秋事語〉校釋》，《竹簡帛書論文集》，北京：中華書局，1982年。

226. 左正：《燕王職青銅劍在洛川出土》，《陝西日報》，1983年2月4日。

227. 王翰章：《燕王職劍考釋》，《考古與文物》，1983年第2期。

228. 李學勤：《試論孤竹》，《社會科學戰線》，1983年第2期。

229. 聶本立：《樂毅》，《河北學刊》，1983年第2期。

230. 楊志玖：《關於漁陽、范陽、薊縣的方位問題——並論〈重修薊縣志〉的錯誤》，《天津社會科學》，1983年第2期。

231. 劉幼錚：《春秋戰國時期天津地區沿革考》，《天津社會科學》，1983年第2期。

232. 王德愼：《北京市燕山區命名的歷史淵源》，《地名知識》，1983年第2期。

233. 汪溶：《讀〈荊軻傳〉隨筆》，《青海民族學院學報》，1983年第2期。

234. 黃盛璋：《戰國燕國銅器銘刻新考》，《內蒙古師大學報》，1983年第3期。

235. 孫思賢：《義縣大荒地出土一批戰國布幣》，《遼寧文物》，1983年第4期。

236. 馬洪路：《河北玉田縣發現新石器和青銅時代遺址》，《考古》，1983年第5期。

237. 石永士、王素芳：《試論「刀」字刀化的幾個問題》，《考古與文物》，1983年第6期。

238. 蘇天鈞：《略談北京古城的變遷》，《學習與研究》，1983年第6期。

239. 閻崇年：《北京城的歷史演變》，《城市建設》，1983年第10期。

240. 程長新：《北京市順義縣牛欄山出土一組周初帶銘青銅器》，《文物》，

1983 年第 11 期。

241. 〔日〕町田章：《殷周與孤竹國》，譯文見《考古學參考資料》（6），北京：
文物出版社，1983 年。

242. 葛英會：《燕國的部族及部族聯合》，《北京文物與考古》第一輯，1983
年。

243. 徐自強：《論唐以前薊城地區的發展》，《北京史苑》第一輯，北京：北京
出版社，1983 年。

244. 金毅：《戰國時期的縱橫家蘇秦》，《史苑》第二輯，北京：文化藝術出版
社，1983 年。

245. 常徵：《說孤竹──幽燕古居民研究之一》，《史苑》第二輯，北京：文化
藝術出版社，1983 年。

246. 張光遠：《召公之卣》，《故宮文物月刊》，1984 年第 2 期。

247. 項春松：《內蒙古赤峰地區發現的戰國錢幣》，《考古》，1984 年第 2 期。

248. 王一新：《「右明新貨」小布之再現》，《中國錢幣》，1984 年第 3 期。

249. 殷瑋璋：《記北京琉璃河遺址出土的西周漆器》，《考古》，1984 年第 5
期。

250. 胡振祺：《山西文水縣上賢村發現青銅器》，《文物》，1984 年第 6 期。

251. 黃盛璋：《盱眙新出土銅器、金器及相關問題考辨》，《考古》，1984 年第
10 期。

252. 何新：《鄒衍考》，《學習與思考》，1984 年第 5 期。

253. 石永士：《燕王銅戈研究》，《河北學刊》，1984 年第 6 期。

254. 蔡德貴：《簡說鄒衍》，《文史哲》，1984 年第 6 期。

255. 程長新：《北京市揀選古代青銅器續志》，《文物》，1984 年第 12 期。

256. 蔡運章：《召公奭世系初探》，《西周史研究》（《人文雜誌》叢刊第二輯），
西安，1984 年。

257. 朱活：《匽幣管窺──略談匽國貨幣的幾個問題》、《匽幣續窺》，《古錢新
探》，濟南：齊魯書社，1984 年。

258. 韓嘉穀：《京津地區商周時期文化發展的一點線索》，《中國考古學會第三
次年會論文集》（1981 年），北京：文物出版社，1984 年。

259. 殷志強：《南窯莊銅壺》，《東南文化》，1985 年第 1 期。

260. 石永士：《戰國時期燕國農業生產的發展》，《農業考古》，1985 年第 1
期。

261. 趙玉瑾：《鄒衍及其學說簡論》，《齊魯學刊》，1985 年第 1 期。

262. 趙紀彬：《陰陽五行學派的代表──鄒衍》，《中國哲學史研究》，1985 年
第 2 期。

263. 〔朝〕姜仁淑著，李雲鐸譯：《燕遼東郡的位置》，《東北亞歷史與考古信息》，1986 年第 3 期。

264. 尹湘豪、趙樹貴：《燕昭王到底是誰？——與楊寬先生商榷》，《晉陽學刊》，1985 年第 5 期。

265. 張雙峰：《河北興隆發現窯藏明刀幣》，《文物》，1985 年第 6 期。

266. 姜啓龍：《山東昌邑發現「OD」字刀幣》，《文物》，1985 年第 6 期。

267. 馬勇：《鄒衍與陰陽五行學説》，《社會科學研究》，1985 年第 6 期。

268. 程長新：《北京市通縣中趙甫出土一組戰國青銅器》，《考古》，1985 年第 8 期。

269. 程長新：《北京市順義縣龍灣屯出土一組戰國青銅器》，《考古》，1985 年第 8 期。

270. 劉俊琪：《介紹首都博物館藏的六件商代青銅器》，《文物》，1985 年第 8 期。

271. 尹湘豪等：《燕昭王到底是誰？——與楊寬先生商榷》，《晉陽學刊》，1985 年第 5 期。

272. 李學勤：《西周時期的諸侯國青銅器》，《中國社會科學院研究生院學報》，1985 年第 6 期。

273. 周鵬飛：《蘇秦張儀年輩問題考辨》，《人文雜誌》，1985 年第 6 期。

274. 何大章：《我國古代地理學家——鄒衍》，《地理知識》，1985 年第 10 期。

275. 李江浙：《燕國破齊的背景及準備》，《北京史苑》第二輯，北京：北京出版社，1985 年。

276. 常徵：《辨薊丘》，《中國古都研究》，杭州：浙江人民出版社，1985 年。

277. 高桂芝、張先得：《北京市出土戰國燕幣簡述》，《中國錢幣論文集》第一輯，北京：中國金融出版社，1985 年。

278. 張政烺：《庚壺釋文》，《出土文獻研究》，北京：文物出版社，1985 年。

279. 劉啓益：《西周武成時期銅器的初步清理》，《古文字研究》第十二輯，北京：中華書局，1985 年。

280. 李家浩：《盱眙銅壺芻議》，《古文字研究》第十二輯，北京：中華書局，1985 年。

281. 班開明：《河北蔚縣出土一批古刀、布幣》，《文物資料叢刊》（9），北京：文物出版社，1985 年。

282. 石永士：《郾王銅兵器研究》，《中國考古學會第四次年會論文集》（1983 年），北京：文物出版社，1985 年。

283. 傅振倫：《燕國下都營建考》，《河北學刊》，1986 年第 1 期。

284. 龐懷靖：《跋太保玉戈——兼論召公奭的有關問題》，《考古與文物》，

1986 年第 1 期；《周文化論集》，西安：三秦出版社，1993 年。

285. 國華：《北京地區建置沿革略述》，《北京檔案史料》，1986 年第 1 期。

286. 衛廣來：《荊軻刺秦芻議》，《運城師專學報》，1986 年第 1 期。

287. 金岳：《燕山方國考》（上），《遼海文物學刊》，1986 年第 2 期。

288. 張廷爵：《論合縱連橫與蘇秦、張儀的出現》，《歷史教學》，1986 年第 2 期。

289. 白鷺：《張儀──中國古代的智囊人物》，《智慧與物元分析》，1986 年第 2 期。

290. 張烈：《戰國縱橫家辨──兼與徐中舒先生商榷蘇秦等問題》，《社會科學戰線》，1986 年第 3 期。

291. 國華：《北京市市界的形成》，《北京檔案史料》，1986 年第 31 期。

292. 劉岩：《河北古代地名的演變及其特徵初探》，《地名知識》，1986 年第 3 期。

293. 夏春濤：《「風蕭蕭兮易水寒」──荊軻其人小議》，《揚州師院學報》，1986 年第 4 期。

294. 楊善群：《燕王噲「禪讓」事件剖析》，《歷史教學問題》，1986 年第 5 期。

295. 羅覃：《一件伯矩器的再探》，《故宮文物月刊》，1986 年第 7 期。

296. 楊釗：《燕國的軍事家、政治家樂毅》，《文史知識》，1986 年第 12 期。

297. 曹淑琴、殷瑋璋：《亞𢀎銅器及其相關問題》，《中國考古學研究──夏鼐先生考古五十年紀念論文集》，北京：文物出版社，1986 年。

298. 葛英會：《關於燕國歷史上的幾個問題》，《北京史苑》第三輯，北京：北京出版社，1986 年。

299. 王北辰：《黃帝史迹考──涿鹿城、釜山、橋山考》，《北京史苑》第三輯，1986 年。

300. 趙其昌：《薊城的探索》，《北京史研究》（一），北京：北京燕山出版社，1986 年。

301. 常徵：《北京史地叢考》，《北京史研究》（一），北京：北京燕山出版社，1986 年。

302. 王彩梅：《幽州建置淵源述略》，《北京史研究》（一），北京：北京燕山出版社，1986 年。

303. 吳振武：《釋「受」並論盱眙南窯藏銅器壺和重金方壺的國別》，《古文字研究》第十四輯，北京：中華書局，1986 年。

304. 金岳：《燕山方國考》（下），《遼海文物學刊》，1987 年第 1 期。

305. 石永士、王素芳：《尖首刀幣的初步分析》，《考古與文物》，1987 年第 1 期。

306. 劉素俠：《赤峰發現的「一刀」錢範瑣議》，《內蒙古金融》，1987 年第 1 期。

307. 王梅：《周初封燕薊資料》，《北京史研究通訊》，1987 年第 2 期（總 20 期）。

308. 侯仁之：《關於京東考古和北京建城的年代問題——侯仁之教授致北京市領導同志的一封信（摘錄）》，《北京史研究通訊》，1987 年第 2 期（總 20 期）。

309. 李瑞蘭：《戰國七雄改革成敗得失散論》，《天津師大學報》，1987 年第 2 期。

310. 李霖：《河北承德發現燕國刀幣範》，《考古》，1987 年第 3 期。

311. 呂樹芝：《戰國時期燕國記重刻銘金飾件》，《歷史教學》，1987 年第 3 期。

312. 金岳：《東胡源於土方考》，《民族研究》，1987 年第 3 期。

313. 湯余惠：《九年將軍張戈銘文補正》，《史學集刊》，1987 年第 4 期。

314. 鄭瑞峰：《喀喇沁旗發現戰國鉛母範》，《中國錢幣》，1987 年第 4 期。

315. 尹鈞科：《論北京歷代建置沿革的特點》，《北京社會科學》，1987 年第 4 期。

316. 游喚民：《論召公在我國思想史上的地位》，《社會科學輯刊》，1987 年第 5 期。

317. 董寶瑞：《「碣石宮」質疑——兼與蘇秉琦先生商榷》，《河北學刊》，1987 年第 6 期。

318. 天戈：《北京地區的第一古國——燕》，《燕都》，1987 年第 8 期。

319. 王彩枚：《燕國歷史溯源與夏家店下、上層文化》，《華夏文明》（第一集），北京：北京大學出版社，1987 年。

320. 蘇天鈞：《試論北京古代都邑的形成和發展》，《中國古都研究》第三輯，杭州：浙江人民出版社，1987 年。

321. 詹子慶：《有關燕國歷史的兩個問題》，《先秦史研究》，唐嘉弘主編，昆明：雲南民族出版社，1987 年。

322. 夏自正：《燕國史簡說》，《河北學刊》，1988 年第 1 期。

323. 何幼琦：《評〈保卣銘新釋〉的人物考釋——兼論金文的有關語詞》，《殷都學刊》，1988 年第 2 期。

324. 周曉陸：《盱眙所出重金絡鐳‧陳章圓壺讀考》，《考古》，1988 年第 3 期。

325. 劉龍啓、李振奇：《河北臨城柏暢城發現戰國兵器》，《文物》，1988 年第 3 期。

326. 何堂坤：《幾件琉璃河西周早期青銅器的科學分析》，《文物》，1988 年第 3 期。

327. 馮軍：《北京新發現的燕國銅器》，《中國文物報》，1988 年 4 月 29 日。

328. 津古：《薊縣發現西周貴族墓地》，《中國文物報》，1988 年 4 月 29 日。

329. 曹定云：《殷代的「竹」和「孤竹」——從殷墟「婦好」墓石磬銘文論及遼寧喀左北洞銅器》，《華夏考古》，1988 年第 3 期。

330. 辛旗：《鄒衍思想的轉變及其陰陽五行說的意義發微》，《中國哲學史研究》，1988 年第 3 期。

331. 何幼琦：《評〈保卣銘新釋〉的人物考釋：兼論金文的有關語詞》，《殷都學刊》，1988 年第 4 期。

332. 王嗣洲：《遼寧瓦房店市鳳鳴島出土戰國貨幣》，《北方文物》，1988 年第 4 期。

333. 路洪昌等：《河北若干歷史地理問題考釋》，《河北師範學院學報》，1988 年第 4 期。

334. 聶潔彬等：《蘇秦新論》，《安徽教育學院學報》，1988 年第 4 期。

335. 甌燕：《試論燕下都城址的年代》，《考古》，1988 年第 7 期。

336. 孟昭勇：《遷安發現西周青銅器》，《中國文物報》，1988 年 9 月 23 日。

337. 蘇天鈞：《對遼、金以前北京城址變遷問題的探討》，《中國考古學會第五次年會論文集》（1985），北京：文物出版社，1988 年。

338. 石永士：《燕下都、邯鄲和靈壽故城的比較研究》，《中國考古學會第五次年會論文集》（1985），北京：文物出版社，1988 年。

339. 郭若愚：《燕國早期安陽布》，《中州錢幣》，1988 年。

340. 周昆叔：《北京環境考古》，《第四紀研究》，1989 年第 1 期（創刊號）。

341. 李學勤、祝敏申：《盱眙壺銘與齊破燕年代》，《文物春秋》，1989 年創刊號。

342. 鄭紹宗：《河北省文物考古工作十年的主要收穫》，《文物春秋》，1989 年 1～4 期。

343. 石永士：《就燕下都出土的布幣範試談「圖𦂅」布的幾個問題》，《中國錢幣》，1989 年第 1 期。

344. 史念海：《歷史城市地理與歷史區域地理的可喜收穫——讀〈北京歷史地圖集〉》，《中國歷史地理論叢》，1989 年第 1 期。

345. 卜工：《燕山地區夏商時期的陶鬲譜系》，《北方文物》，1989 年第 2 期。

346. 黃盛璋：《新發現之戰國銅器與國別》，《文博》，1989 年第 2 期。

347. 施謝捷：《郾王職劍跋》，《文博》，1989 年第 2 期。

348. 寧克：《河北青龍出土燕國圓錢》，《考古》，1989 年第 3 期。

349. 常力軍：《河北遵化縣出土周、漢遺物》，《考古》，1989 年第 3 期。

350. 孫開泰：《鄒衍事迹考辨》，《管子學刊》，1989 年第 3 期。

351. 石志廉：《周初太保玉戈》，《中國文物報》，1989 年 6 月 16 日。

352. 邵國田：《內蒙古敖漢旗四道灣子燕國「狗澤都」遺址調查》，《考古》，1989 年第 4 期。

353. 劉樸、李林：《河北承德縣發現窖藏刀幣》，《文物春秋》，1989 年第 4 期。

354. 王采枚：《論周初封燕及相關問題》，《北京社會科學》，1989 年第 4 期。

355. 李學勤：《論帛書白虹及〈燕丹子〉》，《河北學刊》，1989 年第 5 期。

356. 劉震、劉大文：《河北遵化縣張家坎出土一對玉佩》，《考古與文物》，1989 年第 5 期。

357. 史建群：《燕趙雄風淺析》，《鄭州大學學報》，1989 年第 6 期。

358. 賀勇：《試論燕國墓葬陶器分期》，《考古》，1989 年第 7 期。

359. 《考古》編輯部：《北京琉璃河出土西周有銘銅器座談紀要》，《考古》，1989 年第 10 期。

360. 孫玲：《古城文物放異彩——建國四十年北京市文物工作成績顯著》，《中國文物報》，1989 年 10 月 6 日。

361. 陳槃：《史記燕召公世家補注》，《中央研究院歷史語言研究所集刊》第 60 本第 3 分，1989 年。

362. 曹淑琴：《伯矩銅器群及其相關問題》，《慶祝蘇秉琦考古五十五週年論文集》，北京：文物出版社，1989 年。

363. 斯維至：《由亞箕天銘文推論燕殷文化》，《先秦史論集——徐中舒教授九十誕辰紀念論文集》，鄭州：中州古籍出版社，1989 年。

364. 裘錫圭：《釋「建」》，《古文字研究》第十七輯，北京：中華書局，1989 年。

365. 王彩梅：《燕地古代特產小記》，《北京歷史與現實研究》，北京：北京燕山出版社，1989 年。

366. Edward L. Shaughnessy ed.: *The Role of Grand Protector Shi in the Consolidation of the Zhou Conquest*, Ars Orientalis 19, 1989.

367. 侯仁之：《北京的地形與地理關係》，《燕京社會科學》，1990 年第 1 期。

368. 殷瑋璋：《新出土的太保銅器及其相關問題》，《考古》，1990 年第 1 期。

369. 顧銘學、南昌龍：《戰國時期燕朝關係的再探討》，《社會科學戰線》，1990 年第 1 期。

370. 金岳：《金文所見周代燕國——論北燕非南燕餘支》，《文物春秋》，1990 年第 1 期。

371. 王海航：《非爲明刀應爲燕刀》，《文物春秋》，1990 年第 1 期。

372. 張震澤：《匽侯盂考説》，《遼海文物學刊》，1990 年第 1 期。

373. 李零：《齊、燕、邾、滕陶文的分類與題銘格式——新編全本〈季木藏陶〉介紹》，《管子學刊》，1990 年第 1 期。

374. 嵩山：《以鉛鑄錢始於燕》，《中國錢幣》，1990 年第 1 期。

375. 於德源：《北京古代農業的考古發現》，《農業考古》，1990 年第 1 期。

376. 曹錦炎：《盱眙南窰銅壺新出銘文考釋》，《東南文化》，1990 年第 Z1 期。

377. 王嗣洲：《大連市三處戰國貨幣窖藏》，《考古》，1990 年第 2 期。

378. 石永士、王素芳：《燕國貨幣概述》，《文物春秋》，1990 年第 2 期。

379. 王貽梁：《燕戈「七萃」及〈穆天子傳〉的成書年代》，《考古與文物》，1990 年第 2 期。

380. 孫開泰：《鄒衍年譜》，《管子學刊》，1990 年第 2 期。

381. 侯仁之：《論北京建城之始》，《北京社會科學》，1990 年第 3 期。後收入《侯仁之文集》（北京：北京大學出版社，1998 年），文字略有刪節。

382. 車新亭：《〈戰國縱橫家書〉與蘇秦史料辨正》，《北京師範大學學報》，1990 年第 3 期。

383. 傅振倫：《燕下都考古繫年要錄（1921～1987）》，《文物春秋》，1990 年第 3 期。

384. 李林、劉樸：《承德縣西三家村、旗杆溝發現戰國墓葬》，《文物春秋》，1990 年第 3 期。

385. 高桂云：《建國以來北京出土先秦貨幣綜述》，《中國錢幣》，1990 年第 3 期。

386. 雷少雨：《琉璃河 1193 號西周墓葬發掘記》，《中國文物報》，1990 年 6 月 14 日。

387. 蔡德貴：《鄒衍的思想和徐福東渡扶桑》，《管子學刊》，1990 年第 3 期。

388. 王成俊：《包頭出土「明刀」》，《内蒙古金融研究》，1990 年第 4 期。

389. 張先得、張先祿：《北京平谷劉家河商代銅鉞鐵刃的分析鑒定》，《文物》，1990 年第 7 期。

390. 李全華：《鄒衍學説考察》，《湖南大學學報》，1990 年第 5 期。

391. 殷瑋璋撰文、薛玉堯攝影：《北京建都史的重大突破》，《人民畫報》，1990 年第 8 期。

392. 〔美〕夏含夷：《簡論「保卣」的作者問題》，《上海博物館集刊》（五），1990 年。

393. 孫開泰：《鄒衍的思想與齊文化的特點》，載《管子與齊文化》，北京：北京經濟學院出版社，1990 年。

394. 張秀榮：《燕都變遷與山戎族考略》，《中國古都研究》第八輯（中國古都學會第八屆年會論文集），1990 年。

395. 常徵：《〈史記〉燕事抉誤》，《北京社會科學》，1991 年第 1 期。

396. 殷瑋璋、曹淑琴：《周初太保器綜合研究》，《考古學報》，1991 年第 1 期。

397. 鄭紹宗：《唐縣南伏城及北城子出土周代青銅器》，《文物春秋》，1991 年第 1 期。

398. 朱學武：《河北淶水西武泉村出土燕國貨幣》，《文物春秋》，1991 年第 1 期。

399. 康煜：《河北古錢幣的揀選與研究》，《文物春秋》，1991 年第 2 期。

400. 郭義孚：《北京琉璃河西周燕國墓地出土漆器復原研究》，《華夏考古》，1991 年第 2 期。

401. 劉淑娟：《山灣子商周青銅器斷代及銘文簡釋》，《遼海文物學刊》，1991 年第 2 期。

402. 李慶發、張克舉：《遼西地區燕秦長城調查報告》，《遼海文物學刊》，1991 年第 2 期。

403. 何光岳：《孤竹的來源和遷移》，《黑龍江民族叢刊》，1991 年第 2 期。

404. 張懋鎔：《召公埰地考補證》，《西北第二民族學院學報》，1991 年第 2 期。

405. 王貴民：《甲骨文「奭」字新解》，《殷都學刊》，1991 年第 3 期。

406. 周汝昌：《幽燕之思》，《燕都》，1991 年第 3 期。

407. 常學：《遼寧發現燕秦漢長城東段遺迹》，《中國科技史料》第 12 卷第 3 期，1991 年。

408. 王德柱：《鴨綠江畔發現燕秦漢長城東段遺迹》，《中國文物報》，1991 年 5 月 19 日。

409. 何幼琦：《召伯其人及其家世》，《江漢考古》，1991 年第 4 期。

410. 侯仁之：《北京城的興起——再論與北京建城有關的歷史地理問題》，《燕都》，1991 年第 4 期。後收入《侯仁之文集》（北京：北京大學出版社，1998 年），文字略加刪改，並加附圖。又收入侯仁之：《北京城的生命印記》，北京：三聯書店，2009 年。

411. 傅振倫：《北京考古工作散記》，《燕都》，1991 年第 4 期。

412. 雷少雨：《北京地區最早的古城址》，《燕都》，1991 年第 4 期。

413. 田敬東：《琉璃河商周遺址》，《燕都》，1991 年第 4 期。

414. 史禮心：《讀〈史記·樂毅列傳〉，析〈報燕惠王書〉及其他》，《北方工業大學學報》，1991 年第 4 期。

415. 劉子敏：《燕·遼東·古朝鮮》，《東疆學刊》，1991 年第 4 期。

416. 王玉哲：《商代「北土」方國與氏族初探》，《河北學刊》，1991 年第 6 期。

417. 張光裕：《新見保銘鼎簋試釋》，《考古》，1991 年第 7 期。

418. 陳平：《克罍克盉銘文及其有關問題》，《考古》，1991 年第 9 期。

419. 柴曉明、龔國強：《北京房山區出土燕國刀幣》，《考古》，1991 年第 11 期。

420. 李學勤：《太保玉戈與江漢的開發》，《楚文化研究論集》第二集，武漢：湖北人民出版社，1991 年。

421. 韓嘉穀：《燕史源流的考古學考察》，《北京文物與考古》第二輯，北京：北京燕山出版社，1991 年。

422. 王枚：《重評蘇秦》，《史學月刊》，1992 年第 1 期。

423. 孫繼安：《河北容城縣發現四批燕國貨幣》，《文物春秋》，1992 年第 1 期。

424. 金岳：《孤竹族探源》，《遼海文物學刊》，1992 年第 1 期。

425. 張亞初：《從古文字談胡、胡國與東胡》，《文博》，1992 年第 1 期。

426. 何琳儀：《燕國布幣考》，《中國錢幣》，1992 年第 2 期。

427. 唐嘉弘：《西周燕國墓「折兵」之解——考古箚記之一》，《中國文物報》，1992 年 5 月 17 日第三版。

428. 傅振倫：《燕下都考古始末》，《中國文物報》，1992 年 6 月 28 日第四版；又見《七十年所見所聞》，上海：華東師範大學出版社，1997 年，第 137～138 頁。

429. 劉桓：《關於琉璃河新出太保二器的考釋》，《學習與探索》，1992 年第 3 期。

430. 孫華：《匽侯克器銘文淺見——兼談召公建燕及其相關問題》，《文物春秋》，1992 年第 3 期。

431. 張榮秀：《從歷史地理和民族環境看幽燕地區在中華民族大融合中的重要地位》，《北京社會科學》，1992 年第 3 期。

432. 郭仁：《房山琉璃河遺址發現記》，《文物天地》，1992 年第 4 期。

433. 瑜：《北京琉璃河遺址發現戰國墓群》，《北方文物》，1992 年第 4 期。

434. 張忠勳：《河北玉田發現戰國布幣》，《文物》，1992 年第 6 期。

435. 孫玲：《琉璃河遺址發現戰國墓群》，《中國文物報》，1992 年 7 月 19 日。

436. 石永士、王素芳：《燕文化簡論》，《中國古代北方民族古文化國際學術研討會論文集》，1992 年 8 月；《內蒙古文物考古》，1993 年第 1、2 期。

437. 程紀中：《燕布四珍》，《中國錢幣》，1992 年第 4 期。

438. 魏建震：《邶國考》，《河北學刊》，1992 年第 4 期。

439. 劉子敏：《戰國時期燕國在遼東地區的貨幣經濟》，《松遼學刊》，1992 年

第 4 期。

440. 楊凱夫：《河北圍場出土戰國明刀幣》，《文物》，1992 年第 10 期。

441. 方述鑫：《太保罍盉銘文考釋》，《考古與文物》，1992 年第 6 期。

442. 李學勤：《燕齊陶文叢論》，《上海博物館集刊》第六集，1992 年。

443. 黃盛璋：《燕、齊兵器研究》，《古文字研究》第十九輯，北京：中華書局，1992 年。

444. 石永士、王素芳：《燕國貨幣的發現與研究》，《中國錢幣論文集》第一輯，北京：中國金融出版社，1992 年。

445. 石永士：《關於燕下都故城宮殿建築幾個問題的探討與研究》，《文物春秋》（增刊），1992 年。

446. 唐石父、高桂云：《燕國明刀面文釋「明」之新證》，《首都博物館文集》，北京：北京燕山出版社，1992 年。

447. 孫貫文：《陳璋壺補考》，《考古學研究》（二），北京：文物出版社，1992 年。

448. 田敬東：《琉璃河商周遺址與北京的建都》，《北京文物與考古》第三輯，1992 年。

449. 李江浙：《北京建城始年考》，《北京與中外古都對比研究》，北京：北京燕山出版社，1992 年。

450. 李曉東：《戰國時期燕國鐵器略述》，《京華舊事存真》（一），北京：北京古籍出版社，1992 年。

451. 王彩梅：《燕君「禪讓」辯》，《京華舊事存真》（一），北京：北京古籍出版社，1992 年。

452. 徐浩生：《燕國南長城的調查及其建築年代考》，《京華舊事存真》（一），北京：北京古籍出版社，1992 年。

453. 李恭篤、高美璿：《試論遼河流域青銅文化與燕文化的關係》，《京華舊事存真》（一），北京：北京古籍出版社，1992 年。

454. 董高：《東北地區燕文化遺存及其有關問題》，《京華舊事存真》（一），北京：北京古籍出版社，1992 年。

455. 李江浙：《「薊城」前史初探》，《京華舊事存真》（二），北京：北京古籍出版社，1992 年。

456. 張亞初：《太保罍、盉銘文的再探討》，《考古》，1993 年第 1 期。

457. 傅振倫：《燕下都的營建》，《中國歷史博物館館刊》第 210、211 期，1993 年。

458. 傅振倫：《根據燕下都出土瓦類推測它的製作方法》，《文物研究》第 8 輯，1993 年。

459. 張漢英：《河北豐寧境內的古長城和金代界壕》，《文物春秋》，1993 年第 1 期。

460. 趙化成：《東周燕代青銅容器的初步分析》，《考古與文物》，1993 年第 2 期。

461. 韓彥：《遼寧出土戰國銅戈及相關問題》，《遼寧大學學報》，1993 年第 2 期。

462. 吳從松：《荊軻刺秦王試論》，《貴州文史從刊》，1993 年第 2 期。

463. 劉秀中：《牛頭紋伯矩鬲》，《中國文物報》，1993 年 6 月 13 日。

464. 徐錫臺、李自智：《太保玉戈銘補釋》，《考古與文物》，1993 年第 3 期。

465. 常徵：《釋〈大保鼎〉》，《北京社會科學》，1993 年第 3 期。

466. 孫繼安：《河北容城縣南陽遺址調查》，《考古》，1993 年第 3 期。

467. 劉子龍：《平泉縣七溝鎮發現青銅戈》，《文物春秋》，1993 年第 3 期。

468. 王其騰：《文安出土郾王職戈》，《文物春秋》，1993 年第 3 期。

469. 張忠勳：《玉田縣發現戰國布幣》，《文物春秋》，1993 年第 3 期。

470. 劉建華：《張家口地區戰國時期古城址調查發現與研究》，《文物春秋》，1993 年第 4 期。

471. 張鴻脣：《河北文安發現戰國錢幣》，《文物春秋》，1993 年第 4 期。

472. 董珊：《古璽中的燕都薊及其初封問題》，《江漢考古》，1993 年第 4 期。

473. 趙庭秀：《早期燕國的世系與疆域探幽》，《河北學刊》，1993 年第 4 期。

474. 劉秀中：《平谷劉家河商墓出土的金器》，《中國文物報》，1993 年 8 月 8 日。

475. 姜惠發：《戰國合縱抗秦失敗的原因》，《東疆學刊》，1993 年第 10 期。

476. 李學勤：《克罍克盉的幾個問題》，《第二屆國際中國古文字學研討會論文集》，香港中文大學，1993 年。

477. 張亞初：《燕國青銅器銘文研究》，《中國考古學論叢》，北京：科學出版社，1993 年。

478. 鄭紹宗：《戰國時期燕、趙、中山國都城的發現與研究》，《考古學研究》，西安：三秦出版社，1993 年。

479. 尹盛平：《新出太保銅器銘文及周初分封諸侯授民問題》，《西周史論文集》（上），西安：陝西人民教育出版社，1993 年。

480. 柴曉明：《華北西周陶器初論》，《青果集——吉林大學考古專業成立二十五週年考古論文集》，北京：知識出版社，1993 年。

481. 劉志一：《戰國燕北長城調查》，《內蒙古文物考古》，1994 年第 1 期。

482. 劉子敏：《孤竹不是游牧民族》，《延邊大學學報》，1994 年第 1 期。

483. 趙光賢：《關於琉璃河 1193 號周墓的幾個問題》,《歷史研究》,1994 年第 2 期。

484. 林澐：《「燕亳」和「燕亳邦」小議》,《史學集刊》,1994 年第 2 期；後收入《林澐學術文集》,北京：中國大百科全書出版社,1998 年。

485. 杜迺松：《論東周燕國銅器》,《文物春秋》,1994 年第 2 期；後收入氏著《吉金文字與青銅文化論集》,北京：紫禁城出版社,2003 年。

486. 傅振倫：《燕國大事記──燕下都獻徵之一》,《中國歷史博物館館刊》,1994 年第 2 期。

487. 劉震、劉大文：《河北遵化出土窖藏尖首刀》,《中國錢幣》,1994 年第 2 期。

488. 閻奇：《遼寧淩源縣發現燕國 》 》 錢》,《中國錢幣》,1994 年第 2 期。

489. 陳雍：《天津考古隨筆》,《天津史志》,1994 年第 2 期。

490. 陳雍：《天津考古隨筆（續一)》,《天津史志》,1994 年第 3 期。

491. 沈融：《燕兵器銘文格式、内容及其相關問題》,《考古與文物》,1994 年第 3 期。

492. 王彩梅：《召公奭與西周燕國的建立》,《北京社會科學》,1994 年第 3 期。

493. 閻奇：《遼寧省淩源縣劉杖子發現戰國貨幣窖藏》,《文物》,1994 年第 6 期。

494. 王嗣洲等：《遼寧莊河近年出土的戰國貨幣》,《文物》,1994 年第 6 期。

495. 楊釗：《〈戰國策〉與縱橫家》,《文史知識》,1994 年第 7 期。

496. 葛建軍：《關於燕國刀幣問題的辯論》,《首都博物館叢刊》,北京：北京燕山出版社,1994 年。

497. 李伯謙：《張家園上層類型若干問題研究》,《考古學研究》(二),北京：北京大學出版社,1994 年。

498. 韓嘉穀：《燕國「陽地」辨析》,《北方考古研究》(四),鄭州：中州古籍出版社,1994 年。

499. 閻忠：《周代燕國史研究》,吉林大學博士學位論文,1994 年。

500. 陳平：《再論克罍克盉銘文及其相關問題──兼答張亞初同志》,《考古與文物》,1995 年第 1 期。

501. 《考古與文物》編輯部：《補遺》,《考古與文物》,1995 年第 1 期。對沈融《燕兵器銘文格式、内容及其相關問題》一文（《考古與文物》1994 年第 3 期）漏排的圖及表補刊。

502. 陳平：《「先燕文化」與「周初燕文化」芻議》,《北京文博》,1995 年第 1 期。

503. 趙福生：《西周燕都遺址》，《北京文博》，1995 年第 1 期。

504. 陳光：《燕文化研究的歷史與現狀》，《北京文博》，1995 年第 1 期。

505. 徐浩生：《黃金臺其名及其故址初考》，《保定文博》，1995 年第 1 期。

506. 金岳：《滹沱河商族方國考——論燕初並滅商族方國》，《文物春秋》，1995 年第 2 期。

507. 田淑華：《燕北承德地區考古成果概述與思考》，《北方文物》，1995 年第 2 期。

508. 傅振倫：《漫話燕下都瓦當文》，《中國歷史博物館館刊》，1995 年第 2 期。

509. 李倩：《遼中老觀坨出土燕國窖藏刀幣》，《遼海文物學刊》，1995 年第 2 期。

510. 任力：《簡論蘇秦的「多極」鬥爭思想》，《中國軍事科學》，1995 年第 2 期。

511. 青城：《帛書〈戰國縱橫家書〉前十四章結構時序考辨》，《管子學刊》，1995 年第 2 期。

512. 閻忠：《燕北長城考》，《社會科學戰線》，1995 年第 2 期。

513. 閻忠：《從考古資料看戰國時期燕國經濟的發展》，《遼海文物學刊》，1995 年第 2 期。

514. 閻忠：《〈戰國策〉燕國疆域辨析》，《史學集刊》，1995 年第 3 期。

515. 閻忠：《南燕國考》，《松遼學刊》，1995 年第 3 期。

516. 劉子敏、金榮國：《簡議「鉅燕」與東北亞的若干古族——讀〈山海經〉》，《民族研究》，1995 年第 4 期。

517. 高雲海：《關於〈史記〉所載蘇秦史料的真偽》，《古籍整理研究學刊》，1995 年第 4 期。

518. 吳榮曾：《周代鄰近於燕的子姓邦國》，《先秦兩漢史研究》，北京：中華書局，1995 年。

519. 孫開泰：《鄒衍與道家的關係》，《道家文化研究》第八輯，上海：上海古籍出版社，1995 年。

520. 李民：《黃帝的傳說與燕文明的淵源》，《中原文物》，1996 年第 1 期。

521. 黃錫全：《燕刀明字新解》，《安徽錢幣》，1996 年第 1 期。

522. 劉子敏：《關於「遼東」的考辨》，《中國邊疆史地研究》，1996 年第 1 期。

523. 石永士：《燕下都搶救清理 1 號人頭骨叢葬遺迹》，《中國文物報》，1996 年 2 月 4 日第一版。

524. 趙化成：《「燕下都人頭骨叢葬遺迹」性質芻議》，《中國文物報》，1996 年 4 月 21 日第三版。

525. 杜金鵬：《北京建城史和燕文化研究的新進展——「北京建城 3040 週年暨燕文明國際學術研討會」綜述》,《史學月刊》, 1996 年第 1 期。

526. 李雪山：《北京建城 3040 週年暨燕文明國際學術研討會述要》,《殷都學刊》, 1996 年第 2 期。

527. 石永士：《初論燕下都大中型墓葬的分期——兼談人頭骨叢葬的年代及其形制》,《遼海文物學刊》, 1996 年第 2 期。

528. 張忠培：《河北考古學研究與展望》,《文物春秋》, 1996 年第 2 期。

529. 閻忠：《戰國時期燕國諸制度稽考》,《求是學刊》, 1996 年第 2 期。

530. 關續文：《東周薊城遺址踏勘記》,《北京文博》, 1996 年第 2 期。

531. 陶宗震：《燕都薊城考——再論北京城的起源》,《北京文博》, 1996 年第 2 期。

532. 劉春蕾：《試析北京地區青銅器紋飾的分期》,《北京文博》, 1996 年第 2 期。

533. 何琳儀、馮勝君：《燕璽簡述》,《北京文博》, 1996 年第 3 期。

534. 冀小軍：《戰國時期燕國貨幣上的「晏」字》,《中國人民大學學報》, 1996 年第 3 期。

535. 劉宏偉：《召公與甘棠遺愛》,《寶雞文理學院學報》, 1996 年第 3 期。

536. 陳恩林：《魯、齊、燕的始封及燕與邶的關係》,《歷史研究》, 1996 年第 4 期。後收入氏著《逸齋先秦史論文集》, 長春：吉林文史出版社, 2010 年。

537. 曲英傑：《周代燕君世系考辨》,《史林》, 1996 年第 4 期。

538. 陳平：《戲說燕昭王、鄒衍與〈山海經〉》,《中國典籍與文化》, 1996 年第 4 期。

539. 常徵：《北京城始建非西元前 1045 年》,《北京社會科學》, 1996 年第 4 期。

540. 張秀榮：《山戎：一個消逝的民族》,《地理知識》, 1996 年第 4 期。

541. 劉子敏：《戰國秦漢時期遼東郡東部邊界考》,《社會科學戰線》, 1996 年第 5 期。

542. 曲英傑：《周代燕國考》,《歷史研究》, 1996 年第 5 期。

543. 曲英傑：《燕都燕城及臨易考》,《河北學刊》, 1996 年第 6 期。

544. 舒志剛：《春秋戰國時期的燕都》,《北京工商》, 1996 年第 6 期。

545. 金土：《渤碣之間一都會》,《北京工商》, 1996 年第 7 期。

546. 董珊：《釋燕系文字中的「無」字》,《于省吾教授百年誕辰紀念文集》, 長春：吉林大學出版社, 1996 年。

547. 吳振武：《燕國銘刻中的「泉」字》,《華學》第二輯, 廣州：中山大學出

版社，1996 年。

548. 楊澤生：《燕國文字中的「無」字》，《中國文字》新二十二期，臺北：藝文印書館，1996 年。

549. 徐浩生：《燕國南長城調查報告》，《第四次環渤海考古論文集》，北京：知識出版社，1996 年。

550. 常金倉：《鄒衍「大九州說」考論》，《管子學刊》，1997 年第 1 期。

551. 李仲操：《燕侯克罍盉銘文簡釋》，《考古與文物》，1997 年第 1 期。

552. 趙福生：《琉璃河遺址訪談錄》，《北京文博》，1997 年第 1 期。

553. 張春雲等：《從「刀化」看齊燕二國社會經濟模型》，《廣西金融研究》，1997 年第 S1 期。

554. 陳平：《燕亳與薊城的再探討》，《北京文博》，1997 年第 2 期。

555. 朱鳳瀚：《〈燕史紀事編年會按〉評介》，《中國史研究》，1997 年第 2 期。

556. 許明綱：《大連地區燕文化遺迹》，《文物春秋》，1997 年第 2 期。

557. 石守仁、王恩林：《河北昌黎出土燕國貨幣概述》，《文物春秋》，1997 年第 2 期。

558. 孫傑：《阜新地區燕北長城調查》，《遼海文物學刊》，1997 年第 2 期。

559. 樊祥熹等：《燕國貨幣合金成分研究》，《中國錢幣》，1997 年第 2 期。

560. 雷興山、鄭文蘭、王鑫：《北京琉璃河遺址新出卜甲淺識》，《中國文物報》，1997 年 3 月 20 日。

561. 王巍：《中國古代鐵器及冶鐵術對朝鮮半島的傳播》，《考古學報》，1997 年第 3 期。

562. 劉緒、趙福生：《琉璃河遺址西周燕文化的新認識》，《文物》，1997 年第 4 期。

563. 陳平：《燕都興廢、遷徙談》，《北京社會科學》，1997 年第 4 期。

564. 雷興山等：《試論西周燕文化中的殷遺民文化因素》，《北京文博》，1997 年第 4 期。

565. 陳光：《東周燕文化分期論》，《北京文博》，1997 年第 4 期。

566. 杜金鵬：《試論北京琉璃河西周墓出土的玉冠飾》，《文物季刊》，1997 年第 4 期。

567. 吳慶均等：《燕下都半瓦當》，《華北電力大學學報》（社會科學版），1997 年第 4 期。

568. 張碧波、喻權中：《朝鮮箕氏考》，《社會科學戰線》，1997 年第 6 期，第 174～183 頁。

569. 辛愛罡：《幽燕秘事——琉璃河西周燕園遺址》，《百科知識》，1997 年第 8 期。

570. 金岳：《斐方鼎考釋——兼論殷周巽國》，《考古學文化論集》（四），北京：文物出版社，1997 年。

571. 楊靜剛：《琉璃河出土太保罍、太保盉考釋》，《第三屆國際中國古文字學研討會論文集》，香港，1997 年 10 月。

572. 王天海：《〈燕丹子〉簡論》，《貴州民族學院學報》，1997 年增刊。

573. 傅振倫：《黃金臺》，載氏著《七十年所見所聞》，上海：華東師範大學出版社，1997 年。

574. 馮勝君：《戰國燕系古文字資料綜述》，吉林大學碩士學位論文，1997 年。

575. 張龍海、張愛云：《臨淄出土重要文物——齊國故城發現燕昭王劍》，《管子學刊》，1998 年第 1 期。

576. 曹定云：《北京乃商族發祥之地——兼論北京「燕」稱之始》，《北京社會科學》，1998 年第 1 期。

577. 杜迺松：《克罍克盉銘文新釋》，《故宮博物院院刊》，1998 年第 1 期；後收入氏著《吉金文字與青銅文化論集》，北京：紫禁城出版社，2003 年。

578. 陳光：《東周燕文化分期論》，《北京文博》，1998 年第 1、2 期。

579. 趙福生、劉緒：《試論西周燕文化與張家園上層文化類型》，《北京文博》，1998 年第 1 期。

580. 馮勝君：《燕國陶文綜述》，《北京文博》，1998 年第 2 期。

581. 葛建軍：《瑰麗的燕國青銅器》，《中國文物報》，1998 年 4 月 26 日。

582. 雷依群：《論召公奭的幾個問題》，《史學月刊》，1998 年第 4 期。

583. 彭裕商：《保卣新解》，《考古與文物》，1998 年第 4 期。

584. 馬敬天：《荊軻山村和荊軻塔》，《中國地名》，1998 年第 5 期。

585. 陳光：《東周燕文化分期論（續）》，《北京文博》，1998 年第 5 期。

586. 杜勇：《關於魯、燕、齊始封年代的考察》，《大陸雜誌》第 97 卷第 3 期，1998 年 9 月。

587. 趙海鷹、龔天祥：《敦煌境內的燕國刀幣》，《甘肅金融》，1998 年第 11 期。

588. 吳振武：《燕國璽印中的「身」字》，《胡厚宣先生紀念文集》，北京：科學出版社，1998 年。

589. 李家浩：《燕國「洀谷山金鼎瑞」補釋》，《中國文字》第二十四期，臺北：藝文印書館，1998 年。後收入《著名中年語言學家自選集·李家浩卷》，合肥：安徽教育出版社，2002 年。

590. 馮勝君：《戰國燕王戈研究》，《華學》第三輯，北京：紫禁城出版社，1998 年。

591. 王彩梅：《關於召公奭歷史的幾個問題》，《周公攝政稱王與周初史事論集》，北京：北京圖書館出版社，1998 年。

592. 劉雨：《燕侯克罍盉銘考》，《遠望集——陝西省考古研究所華誕四十週年紀念文集》，西安：陝西人民美術出版社，1998 年。

593. 朱鳳瀚：《房山琉璃河出土之克器與西周早期的召公家族》，《遠望集——陝西省考古研究所華誕四十週年紀念文集》，西安：陝西人民美術出版社，1998 年。

594. 石永士：《姬燕國號的由來及其都城的變遷》，《河北省考古文集》，北京：東方出版社，1998 年。

595. 游喚民：《西周初年思想戰線上的一場大斗爭——〈尚書·君奭〉》，《湖南師範大學社會科學學報》，1999 年第 1 期。

596. 陳平：《初燕克器銘文「心」、「罃」辨》，《北京文博》，1999 年第 2 期。

597. 唐曉峰：《薊、燕分封與北京地區早期城市地理問題》，《中國歷史地理論叢》，1999 年第 1 期。

598. 李維明：《北京地區夏、商、西周時期考古學文化淺議》，《首都師範大學學報》，1999 年第 1 期。

599. 白宏建：《試論周公旦與召公奭的關係》，《晉中師專學報》，1999 年第 1 期。

600. 沈長雲：《說燕國的分封在康王之世——兼說銘有「匽侯」的周初青銅器》，《中國歷史博物館館刊》，1999 年第 2 期。

601. 劉貴華：《〈史記·荊軻傳〉解讀》，《湖北師範學院學報》，1999 年第 2 期。

602. 萬佳才：《「燕」文化內涵探源》，《欽州師範高等專科學校學報》，1999 年第 3 期。

603. 魏秀豔：《〈戰國策〉對蘇秦形象的成功描寫》，《內蒙古民族師院學報》，1999 年第 3 期。

604. 許宏：《燕下都營建過程的考古學考察》，《考古》，1999 年第 4 期。

605. 甌燕：《燕國開拓祖國北疆的歷史功績》，《文物春秋》，1999 年第 4 期。

606. 張蕾：《〈史記〉與〈燕丹子〉荊軻形象塑造之比較》，《河北學刊》，1999 年第 6 期。

607. 何琳儀：《戰國兵器銘文選釋》，《考古與文物》，1999 年第 5 期；該文又見《古文字研究》第二十輯，北京：中華書局，2000 年。

608. 白音查幹：《戰國時期燕、趙、秦長城新論》，《內蒙古社會科學》，1999 年第 5 期。

609. 林清源：《戰國燕王戈器銘特徵及其定名辨偽問題》，《中央研究院歷史語言研究所集刊》第 70 本第 1 分，臺北，1999 年。

610. 高智群：《〈保卣〉銘文考釋中的幾個問題》，《學術集林》卷十五，上海：上海遠東出版社，1999 年。

611. 馮勝君：《戰國燕青銅禮器銘文彙釋》，《中國古文字研究》第一輯，長春：吉林大學出版社，1999 年。

612. 陳光：《西周燕國文化初論》，《中國考古學的跨世紀反思》，商務印書館有限公司（香港），1999 年。

613. 陳絜：《燕召諸器銘文與燕召宗族早期歷史中的兩個問題》，《中國社會歷史評論》第一卷，張國剛主編，天津：天津古籍出版社，1999 年。

614. 〔日〕宮本一夫：《從琉璃河墓地來看燕國的政體和遼西》（日文），《考古學研究》46－1，1999 年。

615. 田淑華：《承德考古工作 50 年回顧》，《文物春秋》，1999 年增刊。

616. 彭華：《燕地的古族與古國》，華東師範大學碩士學位論文，1999 年。

617. 李德山、李成：《燕族的族稱、發展及對東北的開發》，《黑龍江民族叢刊》，2000 年第 1 期。

618. 陳零初：《新錢仍把舊刀承——淺談古燕國的「明刀」錢》，《中國文物報》，2000 年 3 月 1 日。

619. 李朝遠：《戰國郾王戈辨析二題》，《文物》，2000 年第 2 期。後收入氏著《青銅器學步集》，北京：文物出版社，2007 年。

620. 彭華：《先秦「三胡」綜考》，《貴州文史叢刊》，2000 年第 2 期。

621. 張清立：《荊軻塔》，《河北審計》，2000 年第 2 期。

622. 蕭景全：《遼東地區燕秦漢長城障塞的考古學考查研究》，《北方文物》，2000 年第 3 期。

623. 李維明：《北京昌平白浮墓地分析》，《北京文博》，2000 年第 3 期。

624. 馮勝君：《戰國燕幣綜述》，《北京文博》，2000 年第 3 期。

625. 楊玉生：《燕文化在建設先進文化中的作用》，《領導之友》，2000 年第 5 期。

626. 楊建華：《冀北周代青銅文化初探》，《中原文物》，2000 年第 5 期。

627. 曲英傑：《說匽》，《考古與文物》，2000 年第 6 期。

628. 楊玉生：《簡論燕文化資源的開發利用》，《經濟論壇》，2000 年第 22 期。

629. 陳平：《琉璃河遺址研究散論》，《首都博物館叢刊》第十四期，北京：北京燕山出版社，2000 年。

630. 周亞：《郾王職壺銘文初釋》，《上海博物館集刊》第八集，上海：上海書畫出版社，2000 年。

631. 靳楓毅、王繼紅：《山戎文化所含燕與中原文化因素之分析》，《考古學報》，2001 年第 1 期。

632. 任偉：《從考古發現看西周燕國殷遺民之社會狀況》，《中原文物》，2001年第2期。

633. 陳旭：《山東臨淄出土燕明刀範》，《中國錢幣》，2001年第2期。

634. 楊華：《孟子與齊燕戰爭——兼論〈孟子〉相關篇章的文本編年》，《中國哲學史》，2001年第2期。

635. 孫晶：《〈燕丹子〉成書時代及其文體考》，《古籍整理研究學刊》，2001年第2期。

636. 鄭君雷：《戰國時期燕墓陶器的初步分析》，《考古學報》，2001年第3期。

637. 曲英傑：《荊軻壯別何處》，《炎黃春秋》，2001年第9期。

638. 蔡運章：《太子鼎銘考略》，《文物》，2001年第6期。

639. 佟柱臣：《中國東北地區、內蒙古地區和朝鮮北部青銅短劍的研究》，《文物》，2001年第8期。

640. 白奚：《鄒衍四時教令思想考索》，《文史哲》，2001年第6期。

641. 石永士：《關於周初封燕的幾個問題》，《西周文明論集》，北京：科學出版社，2001年。

642. 蘇建洲：《戰國燕系文字研究》，臺灣師範大學碩士學位論文，2001年。

643. 王兆華：《鐵嶺縣境內與燕秦漢長城相關問題考》，《鐵嶺文博》，2002年創刊號。

644. 楊玉生：《燕文化及其在中國傳統文化中的地位》，《河北大學學報》，2002年第1期。

645. 路雲亭：《荊軻熱文化探源》，《太原師範學院學報》，2002年第1期。

646. 吳磬軍、劉德彪：《簡論燕下都半瓦當的錯金現象》，《考古》，2002年第1期。

647. 楊建華：《燕山南北商周之際青銅器遺存的分析研究》，《考古學報》，2002年第2期。

648. 何堂坤、靳楓毅、王繼紅：《北京市延慶縣軍都山山戎青銅合金技術初步研究》，《北方文物》，2002年第2期。

649. 楊軍：《燕齊方術「僊人」形象溯源》，《煙臺師範學院學報》，2002年第2期。

650. 張久和：《戰國時代燕、趙、秦諸國對今內蒙古部分地區的經略和管轄》，《內蒙古大學學報》，2002年第3期。

651. 秦丙坤：《〈戰國縱橫家書〉所見蘇秦散文時事考辨》，《西北師大學報》，2002年第4期。

652. 秦進才：《博采眾長集大成——論燕趙文化的特點》，《燕山大學學報》，

2002 年第 4 期。

653. 吳磬軍、劉德彪：《春秋戰國時期燕國半瓦當紋飾初步分析》，《文物春秋》，2002 年第 5 期。

654. 崔志遠、葛振江：《燕趙風骨考論》，《河北師範大學學報》，2002 年第 5 期。

655. 任偉：《西周金文與召公身世之考證》，《鄭州大學學報》，2002 年第 5 期。

656. 何成剛：《「荊軻刺秦」之歷史解讀及其他》，《中學歷史教學參考》，2002 年第 11 期。

657. 孫慶偉：《召公奭、燕國始封及相關史事的考察》，《國學研究》第九卷，北京：北京大學出版社，2002 年。

658. 黃錫全：《燕破齊史料的重要發現——郾王職壺銘文的再研究》，《古文字研究》第二十四輯，北京：中華書局，2002 年。

659. 李健民：《論燕國青銅戈》，《21 世紀中國考古學與世界考古學》，北京：中國社會科學出版社，2002 年。

660. 紀烈敏：《燕山南麓青銅文化的類型譜系及其演變》，《邊疆考古研究》第一輯，北京：科學出版社，2002 年。

661. 〔日〕岡内三眞：《燕下都出土銅戈的啓示》，《邊疆考古研究》第一輯，北京：科學出版社，2002 年。

662. 董珊：《戰國題銘與工官制度》，北京大學博士學位論文，2002 年。

663. 董珊、陳劍：《郾王職壺銘文研究》，《北京大學古文獻研究所集刊》（3），北京：北京大學出版社，2002 年。

664. 曹定云：《河北邢臺市出土西周卜辭與邢國受封選址——召公奭參政占卜考》，《考古》，2003 年第 1 期。

665. 張雪蓮等：《琉璃河西周墓葬的高精度年代測定》，《考古學報》，2003 年第 1 期。

666. 任偉：《西周早期金文中的召公家族與燕君世系》，《中國歷史文物》，2003 年第 1 期。

667. 張平一：《河北境內長城的歷史價值和作用》，《文物春秋》，2003 年第 1 期。

668. 郭旭東：《召公與周初政治》，《華中師範大學學報》，2003 年第 1 期。

669. 徐德源：《戰國全燕世所築障塞釋考》，《遼寧大學學報》，2003 年第 1 期。

670. 秦曉風：《西周初年歷時最長的政治家——召公姬奭》，《西安教育學院學報》，2003 年第 1 期。

671. 侯軍:《對赤峰發現燕國「明化」環錢的芻議》,《內蒙古金融研究》,2003年第 S1 期。

672. 洛保生、孫進柱:《黃金臺考》,《河北學刊》,2003 年第 1 期。

673. 洛保生、孫進柱:《黃金臺現象的現實價值》,《社會科學論壇》,2003 年第 2 期。

674. 李志毅:《幽燕古國——孤竹探秘》,《北京社會科學》,2003 年第 2 期。

675. 曹定云:《殷代燕國考》,《人文與社會》,2003 年第 2 期。

676. 趙衛東:《荊軻形象悲劇意蘊的消解及史學價值的還原》,《河南科技大學學報》(社會科學版),2003 年第 3 期。

677. 吳良寶、鄧成龍:《燕國「安陽」布幣補說》,《社會科學戰線》,2003 年第 3 期。

678. 陳致:《從王國維〈北伯鼎跋〉來看商周之際的一些史事》,《臺大歷史學報》第 31 期,2003 年 6 月。

679. 連劭名:《金文所見燕國早期史事》,《北京文博》,2003 年第 4 期。

680. 徐海峰:《河北東周銅劍初論》,《文物春秋》,2003 年第 4 期。

681. 儲道立、熊劍平:《蘇秦間諜案述評》,《軍事歷史研究》,2003 年第 4 期。

682. 吳磬軍、劉德彪:《燕下都瓦當紋飾分期述補》,《文物春秋》,2003 年第 5 期。

683. 晁福林:《上博簡〈甘棠〉之論與召公奭史事探析——附論〈尚書·召誥〉的性質》,《南都學壇》,2003 年第 5 期。

684. 李延祥:《開展燕文化區的銅冶金考古》,《有色金屬》第 55 卷第 4 期,2003 年 11 月。

685. 陳隆文:《春秋戰國時期金屬鑄幣的空間特徵與地理基礎——以北方刀、布幣為主的研究》,陝西師範大學碩士學位論文,2003 年。

686. 杜海燕、楊洪林:《〈燕昭王求士〉中的人才問題新解》,《山西經濟管理幹部學院學報》,2004 年第 1 期。

687. 何堂坤、王繼紅、靳楓毅:《延慶山戎文化銅柄鐵刀及其科學分析》,《中原文物》,2004 年第 2 期。

688. 聶樹鋒:《燕趙文化三題》,《石家莊師範專科學校學報》,2004 年第 2 期。

689. 陳旭霞:《燕趙文化脈理探析》,《中華文化論壇》,2004 年第 3 期。

690. 張斌:《燕齊風俗之比較》,《管子學刊》,2004 年第 4 期。

691. 洛保生、孫進柱:《黃金臺與詠黃金臺詩》,《河北大學學報》,2004 年第 5 期。

692. 劉湘蘭:《〈燕丹子〉與〈荊軻傳〉敘事藝術之比較》,《求索》,2004 年

第 8 期。

693. 何景成：《「亞吳」族銅器研究》，《古文字研究》第二十五輯，北京：中華書局，2004 年。

694. 孫岩：《燕國首都琉璃河出土西周早期青銅器及其政治含義》，《古文字研究》第二十五輯，北京：中華書局，2004 年。

695. 石永士：《關於周初封燕的幾個問題》，載宋鎮豪、郭引強主編：《西周文明論集》，北京：朝華出版社，2004 年。

696. 陳建立等：《從鐵器的金屬學研究看中國古代東北地區鐵器和冶鐵業的發展》，《北方文物》，2005 年第 1 期。

697. 仝衛敏：《孟子與燕國「禪讓」》，《管子學刊》，2005 年第 1 期。

698. 趙雅麗：《〈尚書〉中召公形象探微》，《重慶社會科學》，2005 年第 1 期。

699. 李文輝：《千古金臺安在哉》，《北京社會科學》，2005 年第 2 期。

700. 陳隆文：《從樂毅伐齊的進軍路線看博山刀的國屬——先秦貨幣地理研究之三》，《管子學刊》，2005 年第 2 期。

701. 沈學珩：《燕趙文化中慷慨悲歌之風格分析》，《南通航運職業技術學院學報》，2005 年第 2 期。

702. 鄭君雷：《戰國燕墓的非燕文化因素及其歷史背景》，《文物》，2005 年第 3 期。

703. 趙雅麗：《召公與孔儒思想——〈詩經〉及上海博物館楚簡中〈孔子詩論〉研究》，《唐都學刊》，2005 年第 3 期。

704. 侯廷生：《趙文化、燕文化等概念的文化邊界辨析——兼論趙文化發展延續的上下限》，《河北建築科技學院學報》（社科版），2005 年第 3 期。

705. 陳隆文：《春秋戎狄尖首刀幣在先秦貨幣史上的地位與影響》，《陝西師範大學繼續教育學院學報》，2005 年第 3 期。

706. 彭華：《燕國的政治制度——戰國時期的官僚機構和封君制度》，《宜賓學院學報》，2005 年第 5 期。

707. 楊玉生：《燕文化的價值和對中國古代文化的影響》，《河北大學學報》，2005 年第 6 期。

708. 張利潔等：《北京琉璃河燕國墓地出土銅器的成分和金相研究》，《文物》，2005 年第 6 期。

709. 張曉梅等：《燕國明刀幣的合金成分與金相組織的分析》，《考古》，2005 年第 9 期。

710. 楊玉生、薛蘭霞：《燕文化與社會主義精神文明建設》，《社會科學論壇》，2005 年第 11 期。

711. 趙平安：《燕國長條形陽文璽中的所謂襯字問題》，《考古與文物》，2005

年增刊。後收入氏著《金文釋讀與文明探索》，上海：上海古籍出版社，2011 年。

712. 姬娜：《戰國郾君戈器銘考釋平議》，陝西師範大學碩士學位論文，2005 年。

713. 梁世和：《聖賢與豪俠——燕趙人格精神探析》，《河北學刊》，2006 年第 1 期。

714. 閻榮素：《燕趙文明的起源與形成》，《邯鄲職業技術學院學報》，2006 年第 1 期。

715. 徐戰勇：《關於燕式戈三種稱謂的探討——兼與《〈燕下都〉》作者商榷》，《文物春秋》，2006 年第 2 期。

716. 梁志林、張樹春：《燕文化研究的一部力作——讀〈燕下都瓦當研究〉》，《河北日報》，2006 年 4 月 14 日第 11 版。

717. 李殿福：《國內城始建於戰國晚期燕國遼東郡塞外的一個據點之上》，《東北史地》，2006 年第 3 期。

718. 白玉民：《燕趙文化及其現代文明意義初探》，《河北師範大學學報》，2006 年第 3 期。

719. 趙平安：《論燕國文字中的所謂「都」當爲「袁阝（縣）」字》，《語言研究》，2006 年第 4 期。後收入氏著《金文釋讀與文明探索》，上海：上海古籍出版社，2011 年。

720. 吳奇：《試析〈燕丹子〉之「雜史小說」的文體特徵》，《重慶三峽學院學報》，2006 年第 4 期。

721. 侯毅、張昊：《東周燕國的戰爭及其在歷史進程中的作用》，《晉陽學刊》，2006 年第 5 期。

722. 馬琳燕：《燕都遺址博物館藏青銅器——提梁卣的修復》，《文博》，2006 年第 6 期。

723. 楊玉生：《論召公封燕及其對燕文化的影響》，《河北大學學報》，2006 年第 6 期。

724. 韓成武等：《燕趙文化精神與唐代燕趙詩人、唐詩風骨》，《河北師範大學學報》，2006 年第 6 期。

725. 趙君俊：《戰國時期燕國兵器研究》，北京師範大學碩士學位論文，2006 年。

726. 吳婷薇：《西周早期燕國金文與召公奭事迹研究》，（臺灣）中興大學碩士學位論文，2006 年。

727. 趙生群：《《戰國縱橫家書〉所載「蘇秦事迹」不可信》，《浙江師範大學學報》，2007 年第 1 期。

728. 許志國：《遼北境內燕秦漢長城及相關遺迹遺物的發現和研究》，《博物館

研究》，2007 年第 2 期。

729. 胡傳聳：《東周燕文化與周邊考古學文化的關係研究（上）》，《文物春秋》，2007 年第 1 期。

730. 胡傳聳：《東周燕文化與周邊考古學文化的關係研究（下）》，《文物春秋》，2007 年第 2 期。

731. 申雲豔：《燕瓦當研究芻議》，《考古》，2007 年第 2 期。

732. 朱紹侯：《論「周召之業」與「周召之治」──兼談召公在周初的歷史地位》，《南都學壇》，2007 年第 3 期。

733. 郎泰富：《行涿布論燕國饋金》，《文物春秋》，2007 年第 3 期。

734. 楊學晨：《琉璃河西周燕國墓地出土玉器初探》，《中原文物》，2007 年第 3 期。

735. 劉興林：《燕齊圜錢的比較研究》，《管子學刊》，2007 年第 3 期。按：該文又載《江蘇貨幣》，2007 年第 4 期。

736. 吳磬軍：《簡論燕下都瓦當紋飾的藝術特徵》，《河北大學成人教育學院學報》，2007 年第 3 期。

737. 楊玉生、薛蘭霞：《燕文化研究的歷史與現狀》，《河北大學成人教育學院學報》，2007 年第 4 期。

738. 張星德：《與燕文化起源相關的兩個問題》，《文化學刊》，2007 年第 4 期。

739. 陳慧：《兩周時期的北燕與山戎、東胡等族的關係》，《社會科學戰線》，2007 年第 5 期。

740. 陳慧：《戰國之燕對遼東的經營開發》，《遼寧大學學報》，2007 年第 5 期。

741. 后曉榮、陳曉飛：《考古出土文物所見燕國地名考》，《首都師範大學學報》，2007 年第 6 期。

742. 蘇建洲：《論戰國燕系文字中的「睛」》，《中國學術年刊》第二十二期，臺北：文津出版社，2007 年。

743. 王偶人：《東周秦、齊、燕瓦當紋飾研究》，四川大學碩士學位論文，2007 年。

744. 朱曉雪：《陳璋壺及郾王職壺綜合研究》，吉林大學碩士學位論文，2007 年。

745. 彭吉思：《戰國燕系文字地域特徵研究》，華南師範大學碩士學位論文，2007 年。

746. 秦進才：《燕趙文化研究的回顧──以 2006 年爲例》，《邯鄲職業技術學院學報》，2008 年第 1 期。

747. 蘇寶敦：《漫話燕都遺址》，《北京日報》，2008 年 3 月 30 日第六版。

748. 井中偉：《戰國時期燕戈的類型學考察》，《北方文物》，2008 年第 2 期。

749. 任偉：《西周燕國銅器與召公封燕問題》，《考古與文物》，2008 年第 2 期。

750. 周海峰：《燕文化若干問題研究的回顧與展望》，《博物館研究》，2008 年第 2 期。

751. 馬世之：《召公奭與甘棠遺愛》，《黃河科技大學學報》，2008 年第 2 期。

752. 徐克謙：《燕王噲讓國事件與戰國社會轉型中的政權交接問題》，《南京師範大學文學院學報》，2008 年第 3 期。

753. 苗威：《箕氏朝鮮同周邊國、族的關係》，《東北史地》，2008 年第 3 期。

754. 蔡強：《召公奭史事瑣議》，《黃河科技大學學報》，2008 年第 5 期。

755. 薛蘭霞：《燕文化資源的開發和利用》，《領導之友》，2008 年第 5 期。

756. 曹定云：《北京琉璃河出土的西周卜甲與召公卜「成周」——召公曾來燕都考》，《文物》，2008 年第 6 期。

757. 劉建軍、鮑玉倉：《三十年來燕趙文化研究的主要進展與思考》，《河北大學學報》，2008 年第 6 期。

758. 韓建業：《古燕國與燕子》，《文史知識》，2008 年第 6 期。

759. 陳平：《燕國「燕」名之由來與「燕亳」、「匽亳邦」再議》，《古文字研究》第二十七輯，北京：中華書局，2008 年。

760. 黃德寬：《釋琉璃河太保二器中的「宀」字》，《古文字學論稿》，合肥：安徽大學出版社，2008 年。

761. 吳振武：《〈燕國銘刻中的「泉」字〉補說》，載張光裕、黃德寬主編：《古文字學論稿》，合肥：安徽大學出版社，2008 年。

762. 鞏潔：《先秦燕趙文化比較研究》，廣西師範大學碩士學位論文，2008 年。

763. 王英強：《「燕南趙北」歷史文化地理的分合與變異》，華中師範大學碩士學位論文，2008 年。

764. 吳磐軍：《簡論燕下都瓦當承載的文化信息》，《文物春秋》，2009 年第 1 期。

765. 汪錫鵬：《燕昭延郭隗　遂築黃金臺——錢幣上的春秋戰國史之一》，《銀行博物》，2009 年第 1 期。

766. 邢培順：《碣石學宮考論》，《濱州學院學報》，2009 年第 1 期。

767. 張俊成：《商代吳國及其相關問題》，《內江師範學院學報》，2009 年第 1 期。

768. 張建國：《荊軻刺秦王的本意淺釋》，《安徽文學》，2009 年第 2 期。

769. 〔韓〕成璟瑭：《關於燕下都短内戈的幾個問題》，《文物春秋》，2009 年
　　　第 3 期。

770. 韓建業：《試論北京地區夏商周時期的文化譜系》，《華夏考古》，2009 年
　　　第 4 期。

771. 馬振方：《〈燕丹子〉考辨》，《浙江大學學報》，2009 年第 4 期。

772. 劉德彪、張春霞：《扣燕瓦之聲　播燕文化之韻──讀吳磬軍〈燕下都瓦
　　　當文化考論〉》，《社會科學論壇》，2009 年第 11 期（上）。

773. 康文遠：《新中國對燕下都的勘探》，《文史精華》，2009 年增刊 2。

774. 劉宏偉：《蘇秦的合縱悲喜劇》，《中外管理》，2009 年第 10 期。

775. 劉冠：《西周封燕原因的考古學考證》，遼寧大學碩士學位論文，2009
　　　年。

776. 曹迎春：《先秦趙國與燕國風俗差異解讀──析趙國「重婦」與燕國「輕
　　　婦」》，《邯鄲職業技術學院學報》，2009 年第 4 期。

777. 曹迎春：《「重婦」與「輕婦」──先秦趙國與燕國風俗差異解讀》，《中
　　　華文化論壇》，2010 年第 1 期。

778. 薛蘭霞、楊玉生：《燕下都和燕下都發掘研究》，《保定學院學報》，2010
　　　年第 1 期。

779. 喬梁：《燕文化進入前的遼西》，《内蒙古文物考古》，2010 年第 2 期。

780. 蔣剛：《冀西北、京津唐地區夏商西周北方青銅文化的演進》，《考古學
　　　報》，2010 年第 4 期。

781. 李競恒：《商周時代的異國》，《中華文化論壇》，2010 年第 4 期。

782. 陳康：《伯矩鬲和北京城》，《集郵博覽》，2010 年第 5 期。

783. 薛蘭霞、楊玉生：《論先燕文化》，《保定學院學報》，2010 年第 6 期。

784. 陳姝婕：《周代燕國都城研究》，中國人民大學碩士學位論文，2010 年。

785. 王愛民：《燕文字編》，吉林大學碩士學位論文，2010 年。

786. 楊博：《河北地區所見先秦時期有銘兵器調查與研究》，河北師範大學碩
　　　士學位論文，2010 年。

787. 薛蘭霞、楊玉生：《論燕國的五座都城》，《河北大學學報》，2011 年第 1
　　　期。

788. 藏明：《略論鄒衍對魯學與齊學的融通》，《管子學刊》，2011 年第 1 期。

789. 耿雪敏：《鄒衍學說的淵源及内容》，《河南理工大學學報》（社會科學
　　　版），2011 年第 1 期。

790. 賀根民：《荊軻形象的文學移位與道德人格的嬗變》，《井岡山大學學
　　　報》，2011 年第 1 期。

791. 丁琳慧：《從荊軻刺秦看先秦刺客的文化身份》，《現代語文》，2011 年第

1 期。

792. 于軍、吳磬軍:《新見燕下都陶尊及其銘文的初步研究》,《文物春秋》,2011 年第 2 期。

793. 閻玉光、賈芸:《懷來甘子堡春秋墓葬出土的青銅器》,《文物春秋》,2011 年第 2 期。

794. 李樹林、李妍:《燕秦漢遼東長城障塞遺址的量化統計分析》,《北方文物》,2011 年第 2 期。

795. 藏明:《論鄒衍思想中的儒、道成分》,《西北大學學報》,2011 年第 2 期。

796. 楚欣:《智謀超群 人生跌蕩──戰國時代的縱橫家蘇秦》,《炎黃縱橫》,2011 年第 2 期。

797. 劉麥田:《論燕趙文化的内涵特徵》,《吉林省教育學院學報》,2011 年第 2 期。

798. 吳豔麗、李莉:《河北出土商周時期貨幣文字考釋》,《語文學刊》,2011 年第 3 期。

799. 段天璟、朱永剛:《南放水遺址夏和西周時期遺存的初步認識》,《考古》,2011 年第 4 期。

800. 韓建業:《略論北京昌平白浮 M2 墓主人身份》,《中原文物》,2011 年第 4 期。

801. 王愛民:《燕系文字研究綜述》,《大慶師範學院學報》,2011 年第 4 期。

802. 靳寶:《燕國「禪讓」實踐的重新解讀》,《廊坊師範學院學報》,2011 年第 4 期。

803. 王福東:《召公治陝》,《中共伊犁州委黨校學報》,2011 年第 4 期。

804. 李占才:《比荊軻更悲壯的高漸離》,《文史天地》,2011 年第 4 期。

805. 高占才:《比荊軻更悲壯的高漸離》,《國學》,2011 年第 9 期。

806. 王志榮:《「右明」──燕國貨幣鑄造的管理機構》,《收藏界》,2011 年第 5 期。

807. 董林亭:《先秦燕、趙學術思想的差異與特徵》,《河北學刊》,2011 年第 5 期。

808. 佟貴銀:《弘揚燕趙優秀文化傳統 提高河北文化軟實力》,《河北大學學報》,2011 年第 5 期。

809. 王丹鳳:《談詠「荊軻」詩》,《衡水學院學報》,2011 年第 5 期。

810. 劉立祥:《從兩代燕王的傳位看當代企業家的傳承》,《唯實》,2011 年第 7 期。

811. 徐暢:《燕國、三晉系陶器文字》,《青少年書法》,2011 年第 8 期。

812. 丁國祥：《荊軻刺秦王探疑——讀〈史記·刺客列傳〉》，《現代語文》，2011 年第 8 期。

813. 谷振詣：《蘇秦之死與六國之亡——縱橫家的故事（三）》，《文史知識》，2011 年第 9 期。

814. 冉萬里、陳洪海：《河北淶水西水北遺址發掘獲得重要收穫》，《西北大學學報》，2011 年第 11 期。

815. 李學勤：《紂子武庚祿父與大保簋》，《甲骨文與殷商史》新二輯（紀念胡厚宣教授誕辰一百週年專輯），上海：上海古籍出版社，2011 年 11 月。

816. 周海峰：《燕文化研究——以遺址、墓葬爲中心的考古學考察》，吉林大學博士學位論文，2011 年。

817. 陸德富：《戰國時代官私手工業的經營形態》，復旦大學博士學位論文，2011 年。

818. 李瑤：《戰國燕、齊、中山通假字考察》，吉林大學碩士學位論文，2011 年。

819. 吳婷婷：《〈燕丹子〉注釋考辨》，曲阜師範大學碩士學位論文，2011 年。

820. 盧岩：《說燕國泉幣面文的所謂「明」字》，《中原文物》，2012 年第 1 期。

821. 成一農：《北京：從一方都會到中華帝都》，《江漢論壇》，2012 年第 1 期。

822. 賈輝銘：《從區域文化的特點看燕趙文化》，《領導之友》，2012 年第 1 期。

823. 彭豔芬：《全國衙署文化與燕文化學術研討會綜述》，《高校社科動態》，2012 年第 1 期。

824. 章永俊：《東周燕國地區的手工業》，《北京聯合大學學報》，2012 年第 2 期。

825. 徐文英、韓立森：《燕下都與靈壽故城出土瓦當的比較研究》，《文物春秋》，2012 年第 2 期。

三、論文集

1. 陳光彙編：《燕文化研究論文集》，北京：中國社會科學出版社，1995 年。

2. 齊心主編：《北京建城 3040 年暨燕文明國際學術研討會會議專輯》，北京：北京燕山出版社，1997 年。

附錄四：主要參考書目

一、傳世典籍與出土文獻

1. 〔清〕阮元校刻：《十三經注疏》，北京：中華書局，1980 年。

2. 〔清〕王聘珍撰，王文錦點校：《大戴禮記解詁》，北京：中華書局，1983 年。

3. 〔清〕劉文淇：《春秋左氏傳舊注疏證》，北京：科學出版社，1959 年。

4. 楊伯峻編著：《春秋左傳注》（修訂本），北京：中華書局，1990 年第二版。

5. 〔清〕顧棟高輯，吳樹平、李解民點校：《春秋大事表》，北京：中華書局，1993 年。

6. 上海師範大學古籍整理研究所校點：《國語》，上海：上海古籍出版社，1988 年。

7. 徐元誥撰，王樹民、沈長雲點校：《國語集解》（修訂本），北京：中華書局，2002 年。

8. 〔西漢〕劉向集錄：《戰國策》，上海：上海古籍出版社，1985 年第二版。

9. 繆文遠：《戰國策考辨》，北京：中華書局，1984 年。

10. 繆文遠：《戰國策新校注》，成都：巴蜀書社，1987 年。

11. 諸祖耿：《戰國策集注彙考》，南京：江蘇古籍出版社，1985 年。

12. 郭人民：《戰國策校注繫年》，鄭州：中州古籍出版社，1988 年。

13. 馬王堆漢墓帛書整理小組編：《戰國縱橫家書》，北京：文物出版社，1976 年。

14. 范祥雍編：《古本竹書紀年輯校訂補》，上海：上海人民出版社，1957 年新 1 版。

15. 方詩銘、王修齡：《古本竹書紀年輯證》，上海：上海古籍出版社，1981 年。附錄：王國維《今本竹書紀年疏證》。

16. 〔漢〕宋衷注，〔清〕秦嘉謨等輯：《世本八種》，上海：商務印書館，1957 年；北京：中華書局，2008 年（據商務印書館 1957 年排印本影印）。

17. 袁珂：《山海經校注》，上海：上海古籍出版社，1980 年。

18. 黃懷信等：《逸周書彙校集注》，上海：上海古籍出版社，1995 年。

19. 黃懷信：《逸周書校補注譯》，西安：西北大學出版社，1996 年。

20. 〔漢〕司馬遷：《史記》，北京：中華書局，1982 年第二版。

21. 〔清〕梁玉繩撰，賀次君點校：《史記志疑》，北京：中華書局，1981 年。

22. 張衍田輯校：《史記正義佚文輯校》，北京：北京大學出版社，1985 年。

23. 張文虎：《校刊史記集解索隱正義箚記》，北京：中華書局，1977 年。

24. 〔日〕瀧川資言考證，水澤利忠校補：《史記會注考證（附校補）》，上海：上海古籍出版社，1986 年。

25. 〔漢〕班固撰，〔唐〕顏師古注：《漢書》，北京：中華書局，1962 年。

26. 〔清〕王先謙：《漢書補注》，北京：中華書局，1983 年。

27. 〔宋〕范曄撰，〔唐〕李賢等注：《後漢書》，北京：中華書局，1965 年。

28. 〔清〕王先謙：《後漢書集解》，北京：中華書局，1984 年。

29. 〔晉〕陳壽撰，陳乃乾校點：《三國志》，北京：中華書局，1959 年，1982 年第二版。

30. 〔宋〕司馬光編著，〔元〕胡三省音注：《資治通鑒》，北京：中華書局，1956 年。

31. 〔晉〕皇甫謐著，徐宗元輯：《帝王世紀輯存》，北京：中華書局，1964 年。

32. 〔宋〕羅泌：《路史》，北京：北京圖書館出版社，2003 年。

33. 〔清〕馬驌撰，王利器整理：《繹史》，北京：中華書局，2002 年。

34. 〔明〕董說：《七國考》，北京：中華書局，1956 年。

35. 〔明〕董說原著，繆文遠訂補：《七國考訂補》，上海：上海古籍出版社，1987 年。

36. 〔清〕王先謙撰，呂蘇生補釋：《鮮虞中山國事表疆域圖說補釋》，上海：上海古籍出版社，1993 年。

37. 無名氏撰，程毅中點校：《燕丹子》，北京：中華書局，1985 年。

38. 〔西晉〕王嘉著，〔梁〕蕭綺錄，齊治平校注：《拾遺記》，北京：中華書局，1981 年。

39. 〔北魏〕酈道元著，王國維校：《水經注校》，上海：上海人民出版社，1984 年。

40. 〔北魏〕酈道元著，陳橋驛校證：《水經注校證》，北京：中華書局，2007 年。

41. 〔唐〕李泰等著，賀次君輯校：《括地志輯校》，北京：中華書局，1980 年。

42. 〔宋〕樂史：《宋本太平寰宇記》，北京：中華書局，2000 年（影印本）。

43. 〔清〕顧祖禹撰，賀次君、施和金點校：《讀史方輿紀要》，北京：中華書局，2005 年。

44. 〔清〕于敏中等編：《日下舊聞考》，北京：北京古籍出版社，1985 年。

45. 郭沫若、聞一多、許維遹：《管子集校》，北京：科學出版社，1956 年。

46. 〔清〕孫詒讓撰，孫啓治點校：《墨子閒詁》，北京：中華書局，1986 年。

47. 吳毓江撰，孫啓治點校：《墨子校注》，北京：中華書局，1993 年第一版，2006 年第二版。

48. 〔清〕郭慶藩撰，王孝魚點校：《莊子集釋》，北京：中華書局，1961 年。

49. 〔清〕王先謙撰，沈嘯寰、王星賢點校：《荀子集解》，北京：中華書局，1988 年。

50. 陳奇猷：《呂氏春秋新校釋》，上海：上海古籍出版社，2002 年。

51. 陳奇猷：《韓非子新校注》，上海：上海古籍出版社，2000 年。

52. 劉文典撰，馮逸、喬華點校：《淮南鴻烈集解》，北京：中華書局，1989 年。

53. 〔清〕顧炎武著，〔清〕黃汝成集釋，秦克誠點校：《日知錄》，長沙，嶽麓書社，1994 年。

54. 〔清〕崔述撰著，顧頡剛編訂：《崔東壁遺書》，上海：上海古籍出版社，1983 年。

55. 〔唐〕虞世南：《北堂書鈔》，北京：中國書店，1989 年（影印本）。

56. 〔唐〕歐陽詢撰，汪紹楹校：《藝文類聚》，上海：上海古籍出版社，1982 年新一版。

57. 〔宋〕李昉等：《太平御覽》，北京：中華書局，1960 年（影印本）。

58. 湖北省荊州市博物館：《郭店楚墓竹簡》，北京：文物出版社，1998 年。

59. 李零：《郭店楚簡校讀記》（增訂本），北京：中國人民大學出版社，2007 年。

60. 馬承源主編：《上海博物館藏戰國楚竹書》（一），上海：上海古籍出版社，2001 年。

61. 李零：《上博楚簡三篇校讀記》，北京：中國人民大學出版社，2007 年。

62. 清華大學出土文獻研究與保護中心編，李學勤主編：《清華大學藏戰國竹簡（壹）》，上海：中西書局，2010 年。

二、考古學與古文字學

1. 郭沫若主編，胡厚宣總編輯：《甲骨文合集》，北京：中華書局，1978～1982 年。

2. 胡厚宣主編：《甲骨文合集釋文》，北京：中國社會科學出版社，1999 年。

3. 中國社會科學院考古研究所：《殷墟花園莊東地甲骨》，昆明：雲南人民出版社，2003 年。

4. 郭沫若：《卜辭通纂》，《郭沫若全集》考古編第二卷，北京：科學出版社，1983 年。

5. 姚孝遂、肖丁：《小屯南地甲骨考釋》，北京：中華書局，1985 年。

6. 于省吾：《甲骨文字釋林》，北京：中華書局，1979 年。

7. 于省吾主編：《甲骨文字詁林》，北京：中華書局，1996 年。

8. 李孝定：《甲骨文字集釋》，臺北：中央研究院歷史語言研究所，1965 年。

9. 胡厚宣、王宇信主編：《甲骨文與殷商史》，上海：上海古籍出版社，1983 年；1986 年（第二輯）；1991 年（第三輯）。

10. 陳夢家：《殷虛卜辭綜述》，北京：中華書局，1988 年。

11. 丁山：《甲骨文所見氏族及其制度》，北京：中華書局，1988 年。

12. 中國社會科學院考古研究所：《殷周金文集成》，北京：文物出版社，1984～1994 年。

13. 中國社會科學院考古研究所編：《殷周金文集成釋文》，香港：香港中文大學中國文化研究所，2001 年。

14. 劉雨、盧岩編著：《近出殷周金文集錄》，北京：中華書局，2002 年。

15. 劉雨、嚴志斌編著：《近出殷周金文集錄二編》，北京：中華書局，2010 年。

16. 羅振玉編：《三代吉金文存》，北京：中華書局，1983 年。

17. 郭沫若：《兩周金文辭大系圖錄考釋》，北京：科學出版社，1957 年。

18. 于省吾：《商周金文錄遺》，北京：科學出版社，1992 年。

19. 陳夢家：《西周銅器斷代》，北京：中華書局，2004 年。

20. 楊樹達：《積微居金文說》（增訂本），北京：中華書局，1997 年。

21. 周法高主編：《金文詁林》，香港：香港中文大學出版社，1974 年。

22. 唐蘭：《西周青銅器銘文分代史徵》，北京：中華書局，1986 年。

23. 張亞初、劉雨：《西周金文官制研究》，北京：中華書局，1986 年。

24. 周寶宏：《近出西周金文集釋》，天津：天津古籍出版社，2005 年。

25. 吳鎮烽編撰：《金文人名彙編》（修訂本），北京：中華書局，2006 年。

26. 羅福頤：《古璽彙編》，北京：文物出版社，1981 年。

27. 何琳儀：《戰國文字通論》，北京：中華書局，1989 年。

28. 何琳儀：《戰國文字通論訂補》，南京：江蘇教育出版社，2003 年。

29. 鄒衡：《夏商周考古學論文集》，北京：文物出版社，1980 年。

30. 鄒衡：《夏商周考古學論文集（續集）》，北京：科學出版社，1998 年。

31. 張光直：《考古學專題六講》，北京：文物出版社，1986 年；北京：三聯書店，2010 年增訂本。

32. 張光直：《美術‧神話與祭祀——通往古代中國政治權威的途徑》，瀋陽：

遼寧教育出版社，1988 年。

33. 張光直：《中國青銅時代》，北京：三聯書店，1999 年。

34. 張光直：《中國考古學論文集》，北京：三聯書店，1999 年。

35. 張光直著，毛小雨譯：《商代文明》，北京：北京工藝美術出版社，1999 年。

36. 黃烈編：《黃文弼歷史考古論集》，北京：文物出版社，1989 年。

37. 《慶祝蘇秉琦考古五十五年論文集》編輯組編：《慶祝蘇秉琦考古五十五年論文集》，北京：文物出版社，1989 年。

38. 蘇秉琦：《華人‧龍的傳人‧中國人——考古尋根記》，瀋陽：遼寧大學出版社，1994 年。

39. 蘇秉琦：《中國文明起源新探》，北京：三聯書店，1999 年。

40. 佟柱臣：《中國新石器研究》，成都：巴蜀書社，1998 年。

41. 張忠培：《中國北方考古文集》，北京：文物出版社，1990 年。

42. 李學勤：《東周與秦代文明》，北京：文物出版社，1984 年，1991 年第二版（增訂本）；上海人民出版社，2007 年。

43. 李學勤：《新出青銅器研究》，北京：文物出版社，1990 年。

44. 李學勤：《走出疑古時代》，瀋陽：遼寧大學出版社，1994 年。

45. 李殿福：《東北亞研究——東北考古研究》（二），鄭州：中州古籍出版社，1994 年。

46. 朱鳳瀚：《古代中國青銅器》，天津：南開大學出版社，1995 年。

47. 中國社會科學院考古研究所編：《新中國的考古收穫》，北京：文物出版社，1961 年。

48. 中國社會科學院考古研究所編：《新中國的考古發現與研究》，北京：文物出版社，1984 年。

49. 文物編輯委員會編：《文物考古工作三十年》，北京：文物出版社，1979 年。

50. 文物編輯委員會編：《文物考古工作十年》，北京：文物出版社，1991 年。

51. 本社編：《新中國考古五十年》，北京：文物出版社，1999 年。

52. 中國社會科學院考古研究所編著：《殷墟的發現與研究》，北京：科學出版社，1994 年。

53. 中國社會科學院考古研究所：《中國考古學‧兩周卷》，北京：中國社會科學出版社，2003 年。

54. 張之恒：《中國新石器時代考古》，南京：南京大學出版社，2004 年第二版。

55. 張之恒、周裕興：《夏商周考古》，南京：南京大學出版社，1995 年。

56. 天戈：《北京出土文物》，北京：北京出版社，1980 年。

57. 北京市文物研究所：《北京文物與考古》（第一、二、三輯），北京：北京燕山出版社，1983 年、1991 年、1992 年。

58. 北京市文物研究所：《北京考古四十年》，北京：北京燕山出版社，1990年。

59. 河北省博物館、文物管理處編：《河北省出土文物選集》，北京：文物出版社，1980 年。

60. 北京市文物研究所：《琉璃河西周燕國墓地》，北京：文物出版社，1995年。

61. 河北省文物研究所：《燕下都》，北京：文物出版社，1996 年。

62. 石永士、石磊：《燕下都東周貨幣聚珍》，北京：文物出版社，1996 年。

63. 郭大順、張星德：《東北文化與幽燕文明》，南京：江蘇教育出版社，2005年。

64. 許宏：《先秦城市考古學研究》，北京：北京燕山出版社，2000 年。

65. 印群：《黃河中下游地區的東周墓葬制度》，北京：社會科學文獻出版社，2001 年。

三、中國史

1. 王國維：《觀堂集林》，北京：中華書局，1959 年。

2. 謝維揚、房鑫亮主編：《王國維全集》，杭州‧廣州：浙江教育出版社‧廣東教育出版社，2009 年。

3. 王國維著，彭華選編：《王國維儒學論集》，成都：四川大學出版社，2010年。

4. 劉師培：《劉申叔遺書》，南京：江蘇古籍出版社，1997 年。

5. 郭沫若：《中國古代社會研究》，北京：人民出版社，1964 年第二版。

6. 顧頡剛：《史林雜識》（初編），北京：中華書局，1963 年。

7. 楊寬：《古史新探》，北京：中華書局，1965 年。

8. 齊思和：《中國史探研》，北京：中華書局，1981 年。

9. 裘錫圭：《古代文史研究新探》，南京：江蘇古籍出版社，1992 年。

10. 陳直：《漢書新證》，天津：天津人民出版社，1959 年。

11. 陳直：《史記新證》，天津：天津人民出版社，1979 年。

12. 徐旭生：《中國古史的傳說時代》（增訂本），北京：文物出版社，1985年。

13. 丁山：《中國古代宗教與神話考》，上海：上海文藝出版社，1988 年（據龍門聯合書局 1961 年版影印）。

14. 蘇秉琦主編，張忠培、嚴文明撰：《中國遠古時代》，上海：上海人民出版社，2010 年。

15. 王玉哲：《中華遠古史》，上海：上海人民出版社，2000 年。

16. 呂思勉：《先秦史》，上海：上海古籍出版社，1982 年。

17. 孟士凱：《夏商》，北京：中國青年出版社，1994 年。

18. 宋鎮豪：《夏商社會生活史》，北京：中國社會科學出版社，1994 年。

19. 孫淼：《夏商史稿》，北京：文物出版社，1987 年。

20. 丁山：《商周史料考證》，北京：中華書局，1988 年。

21. 楊升南：《商代經濟史》，貴陽：貴州人民出版社，1992 年。

22. 李雪山：《商代分封制度研究》，北京：中國社會科學出版社，2004 年。

23. 孫亞冰、林歡：《商代地理與方國》，北京：中國社會科學出版社，2010 年。

24. 許倬云：《西周史》，北京：三聯書店，1994 年。

25. 童書業：《春秋左傳研究》，上海：上海人民出版社，1980 年。

26. 童書業：《春秋史》，濟南：山東大學出版社，1987 年。

27. 藍永蔚：《春秋時期的步兵》，北京：中華書局，1979 年。

28. 陳槃：《春秋大事表列國爵姓及存滅表譔異》，臺北：中央研究院歷史語言研究所，1969 年；上海：上海古籍出版社，2009 年（三訂本）。

29. 陳槃：《不見於春秋大事表之春秋方國稿》，臺北：中央研究院歷史語言研究所，1970 年初版，1982 年再版；上海：上海古籍出版社，2009 年。

30. 楊寬：《西周史》，上海：上海人民出版社，1999 年。

31. 楊寬：《戰國史》（增訂本），上海：上海人民出版社，1998 年。

32. 楊寬：《戰國史料編年輯證》，上海：上海人民出版社，2001 年。

33. 楊寬、吳浩坤主編：《戰國會要》，上海：上海古籍出版社，2005 年。

34. 繆文遠：《戰國史繫年輯證》，成都：巴蜀書社，1997 年。

35. 繆文遠：《戰國制度通考》，成都：巴蜀書社，1998 年。

36. 徐中舒：《先秦史論稿》，成都：巴蜀書社，1992 年。

37. 徐中舒：《徐中舒歷史論文選輯》（上下），北京：中華書局，1998 年。

38. 金景芳：《中國奴隸社會史》，上海：上海人民出版社，1983 年。

39. 金景芳：《古史論集》，濟南：齊魯書社，1981 年。

40. 金景芳:《金景芳古史論集》,長春:吉林大學出版社,1991 年。

41. 謝維揚:《周代家庭形態》,北京:中國社會科學出版社,1990 年;哈爾濱:黑龍江人民出版社,2005 年。

42. 謝維揚:《中國早期國家》,杭州:浙江人民出版社,1995 年。

43. 謝維揚:《至高的哲理:千古奇書〈周易〉》,北京:三聯書店,1997 年。

44. 朱鳳瀚:《商周家族形態研究》,天津:天津古籍出版社,1990 年。

45. 任偉:《西周封國考疑》,北京:社會科學文獻出版社,2004 年。

46. 林劍鳴:《秦史稿》,上海:上海人民出版社,1981 年。

47. 吳榮曾:《先秦兩漢史研究》,北京:中華書局,1995 年。

48. 李學勤:《古文獻叢論》,上海:上海遠東出版社,1996 年。

49. 李學勤:《簡帛佚籍與學術史》,南昌:江西教育出版社,2001 年。

50. 李學勤主編:《中國古代文明與國家形成研究》,昆明:雲南人民出版社,1997 年。

51. 錢穆:《先秦諸子繫年》,北京:中華書局,1985 年。

52. 侯外廬、趙紀彬、杜國庠:《中國思想通史》(第一卷),北京:人民出版社,1957 年。

53. 王夢鷗:《鄒衍遺説考》,臺北:商務印書館,1966 年。

54. 彭華:《陰陽五行研究(先秦篇)》,長春:吉林人民出版社,2011 年。

55. 周緯:《中國兵器史稿》,北京:三聯書店,1957 年。

56. 朱活:《古錢新探》,濟南:齊魯書社,1984 年。

57. 楊泓:《中國古兵器論叢》,北京:文物出版社,1985 年。

58. 李瑞蘭主編:《中國社會通史·先秦卷》,太原:山西教育出版社,1996 年。

59. 馮爾康等著:《中國宗族社會》,杭州:浙江人民出版社,1994 年。

60. 王健:《西周政治地理結構研究》,鄭州:中州古籍出版社,2004 年。

61. 杜正勝:《周代城邦》,臺北:聯經出版事業公司,1979 年。

62. 〔日〕白川靜著,袁林譯:《西周史略》,西安:三秦出版社,1992 年。

63. 〔美〕李峰著,徐峰譯,湯惠生校:《西周的滅亡——中國早期國家的地理和政治危機》,上海:上海古籍出版社,2007 年。

64. 〔美〕李峰著,吳敏娜等譯:《西周的政體:中國早期的官僚制度與國家》,北京:三聯書店,2010 年。

65. Michael Loewe and Edward L.Shaughnessy ed.: *The Cambridge History of Ancient China: From the Origins of Civilization to 221 B.C.*,Cambridge: Cambridge Unoversity press, 1999.

四、地方史

1. 黃萍蓀編：《北京史話》，上海：子曰社，1950 年。

2. 侯仁之：《歷史上的北京城》，北京：中國青年出版社，1962 年第一版，1980 年第二版。

3. 侯仁之、金濤：《北京史話》，上海：上海人民出版社，1980 年。

4. 侯仁之、鄧輝：《北京城的起源與變遷》，北京：北京燕山出版社，1997 年。

5. 北京市社會科學研究所《北京史大事紀年》編寫組：《北京史大事紀年》，北京史研究會暨北京市社會科學研究所歷史室，1981 年。

6. 北京史研究會編：《燕京春秋》，北京：北京出版社，1982 年。

7. 閻崇年：《北京史話》，北京：中華書局，1982 年。

8. 黎虎：《燕國故事》，石家莊：河北人民出版社，1983 年。

9. 北京市社會科學研究所《北京歷史紀年》編寫組：《北京歷史紀年》，北京：北京出版社，1984 年。

10. 北京大學歷史系《北京史》編寫組：《北京史》，北京：北京出版社，1985 年；1999 年增訂版。

11. 孫魯等：《燕國史話》，北京：工人出版社，1985 年。

12. 丁守和、勞允興主編：《北京文化綜覽》，北京：北京師範學院出版社，1990 年。

13. 鄭樹民、張顯傳主編：《北京鄉土史話》，北京：兵器工業出版社，1990 年。

14. 李淑蘭：《北京史稿》，北京：學苑出版社，1994 年。

15. 曹子西主編：《北京通史》（十卷），北京：中國書店，1994 年。

16. 方彪：《北京簡史》，北京：北京燕山出版社，1995 年。

17. 于德源：《北京史通論》，北京：學苑出版社，2008 年。

18. 佟洵：《北京地方史概要》，北京：北京大學出版社，2010 年。

19. 齊心主編：《圖說北京史》，北京：北京燕山出版社，1999 年。

20. 杜金鵬：《幽燕秘史——京都探古記趣》，成都：四川教育出版社，1996 年。

21. 王燦熾：《燕都古籍考》，北京：京華出版社，1995 年。

22. 河北社會科學院地方史編寫組：《河北古代歷史編年》，石家莊：河北教育出版社，1988 年。

23. 河北社會科學院地方史編寫組：《河北簡史》，石家莊：河北人民出版社，1990 年。

24. 王獻唐：《山東古國考》，濟南：齊魯書社，1983 年。

25. 劉敦願、逢振鎬主編：《東夷古國史研究》，西安：三秦出版社，1988 年（第一輯），1990 年（第二輯）。

26. 金毓黻：《東北通史》，重慶：五十年代出版社，1944 年版，1981 年重印。

27. 張博泉、蘇金源、董玉瑛：《東北歷代疆域史》，長春：吉林人民出版社，1981 年。

28. 張博泉：《東北地方史稿》，長春：吉林大學出版社，1985 年。

29. 張博泉、魏存成主編：《東北古代民族、考古與疆域》，長春：吉林大學出版社，1998 年。

30. 李健才：《東北史地考略》，長春：吉林文史出版社，1986 年。

31. 佟冬主編：《中國東北史》（六卷），長春：吉林文史出版社，1987～1993 年，2006 年第二版。

32. 常徵：《古燕國史探微》，聊城：聊城地區新聞出版局，1992 年。

33. 張京華：《燕趙文化》，瀋陽：遼寧教育出版社，1995 年。

34. 杜榮泉等著：《中華文化通志》第二典《地域文化典》之《燕趙文化志》，上海：上海人民出版社，1998 年。

35. 陳平：《燕史紀事編年會按》（上下），北京：北京大學出版社，1995 年。

36. 陳平：《燕國風雲八百年》，北京：北京出版社，2000 年。

37. 陳平：《燕文化》，北京：文物出版社，2006 年。

38. 王彩梅：《燕國簡史》，北京：紫禁城出版社，2001 年。

39. 保定歷史文化叢書編輯委員會編：《燕文化》，北京：方志出版社，2005 年。

40. 陳光彙編：《燕文化研究論文集》，北京：中國社會科學出版社，1995 年。

41. 齊心主編：《北京建城 3040 年暨燕文明國際學術研討會會議專輯》，北京：北京燕山出版社，1997 年。

42. 金岳：《北方民族方國歷史研究》，鄭州：中州古籍出版社，1991 年。

43. 馬世之：《中原古國歷史與文化》，鄭州：大象出版社，1998 年。

44. 王穎：《中山國史話》，北京：中國戲劇出版社，2000 年。

45. 沈長雲等：《趙國史稿》，北京：中華書局，2000 年。

五、民族學與人類學

1. 內蒙古自治區蒙古語文歷史研究所歷史研究室、內蒙古大學蒙古史研究室編：《中國古代北方各族簡史》（修訂本），呼和浩特：內蒙古人民出版

社，1979 年第二版。

2. 《社會科學戰線》編輯部編：《民族史論叢》，長春：吉林人民出版社，1980 年。

3. 劉義棠：《中國邊疆民族史》，臺北：中華書局，1982 年。

4. 傅朗雲、楊暘：《東北民族史略》，長春：吉林人民出版社，1983 年。

5. 林幹：《匈奴通史》，北京：人民出版社，1986 年。

6. 林幹：《東胡史》，呼和浩特：內蒙古人民出版社，1989 年。

7. 唐嘉弘：《中國古代民族研究》，西寧：青海人民出版社，1986 年。

8. 呂思勉：《中國民族史》，上海：中國大百科全書出版社，1987 年。

9. 《中國北方民族關係史》編寫組：《中國北方民族關係史》，北京：中國社會科學出版社，1987 年。

10. 干志耿、孫秀仁：《黑龍江古代民族史綱》，哈爾濱：黑龍江人民出版社，1987 年。

11. 田繼周：《先秦民族史》，成都：四川民族出版社，1988 年；北京：社會科學文獻出版社，2007 年。

12. 段連勤：《北狄族與中山國》，石家莊：河北人民出版社，1982 年。

13. 段連勤：《丁零、高車與鐵勒》，上海：上海人民出版社，1988 年。

14. 楊保隆：《肅慎挹婁合考》，北京：中國社會科學出版社，1989 年。

15. 費孝通等著：《中華民族多元一體格局》，北京：中央民族學院出版社，1989 年。

16. 〔蘇〕尼·切博克薩羅夫、伊·切博克薩羅娃著，趙俊智、金天明譯：《民族·種族·文化》，北京：東方出版社，1989 年。

17. 林耀華主編：《民族學通論》，北京：中央民族學院出版社，1990 年。

18. 江應樑主編：《中國民族史》（上中下），北京：民族出版社，1990 年。

19. 費孝通主編：《中國民族關係史綱要》，北京：中國社會科學出版社，1990 年。

20. 佟柱臣：《中國邊疆民族物質文化史》，成都：巴蜀書社，1991 年

21. 蒙文通：《古族甄微》（《蒙文通文集》第二卷），成都：巴蜀書社，1993 年。

22. 蒙文通：《蒙文通中國古代民族史講義》，天津：天津古籍出版社，2008 年。

23. 舒大剛：《春秋少數民族分佈研究》，臺北：文津出版社，1994 年。

24. 李德山：《東北古民族與東夷淵源關係考論》，長春：東北師範大學出版社，1996 年。

25. 田繼周等著：《少數民族與中華文化》，上海：上海人民出版社，1996年。

26. 〔美〕哈維蘭著，王銘銘等譯：《當代人類學》，上海：上海人民出版社，1987年。

27. 童恩正：《文化人類學》，上海：上海人民出版社，1989年。

28. 〔美〕墨菲著，王卓君、杜迺基譯：《文化與社會人類學引論》，北京：商務印書館，1991年。

29. 〔法〕列維－斯特勞斯著，謝維揚、俞宣孟譯：《結構人類學》，上海：上海譯文出版社，1995年。

30. 〔法〕列維－斯特勞斯著，俞宣孟、謝維揚等譯：《結構人類學》第二卷，上海：上海譯文出版社，1999年。

31. 王銘銘：《社會人類學與中國研究》，北京：三聯書店，1997年。

六、地圖與地理學

1. 譚其驤主編：《中國歷史地圖集》（第一冊），北京：地圖出版社，1982年。

2. 侯仁之主編：《北京歷史地圖集》，北京：北京出版社，1988年。

3. 童書業：《中國疆域沿革略》，上海：開明書店，1946年。

4. 童書業：《中國古代地理考證論文集》，北京：中華書局，1962年。

5. 侯仁之：《歷史地理學的理論與實踐》，上海：上海人民出版社，1984年第二版。

6. 譚其驤：《長水集》（上下），北京：人民出版社，1987年。

7. 史念海：《河山集》，北京：三聯書店，1963年。

8. 史念海：《河山集》（三集），北京：人民出版社，1988年。

9. 中國古都學會編：《中國古都研究》，杭州：浙江人民出版社，1985年。

10. 曲英傑：《先秦都城復原研究》，哈爾濱：黑龍江人民出版社，1991年。

11. 李學勤：《殷代地理簡論》，北京：中華書局，1956年；北京：科學出版社，1959年。

12. 鄭傑祥：《商代地理概論》，鄭州：中州古籍出版社，1994年。

13. 文物編輯委員會：《中國長城遺迹調查報告集》，北京：文物出版社，1981年。

14. 侯仁之：《北京城市歷史地理》，北京：北京燕山出版社，2000年。

15. 侯仁之：《北京城的生命印記》，北京：三聯書店，2009年。

16. 尹鈞科：《北京歷代建置沿革》，北京：北京出版社，1994年。

17. 尹鈞科主編：《北京建置沿革史》，北京：人民出版社，2008 年。

18. 孫進己、王綿厚等：《東北歷史地理》卷一，哈爾濱：黑龍江人民出版社，1996 年。

19. 鄒逸麟主編：《黃淮海平原歷史地理》，合肥：安徽教育出版社，1993 年初版，1997 年第二版。

20. 〔美〕H‧J‧德伯里著，王民等譯：《人文地理》，北京：北京師範大學出版社，1988 年。

七、曆法與年表

1. 陳夢家：《六國紀年》，上海：上海人民出版社，1956 年。

2. 陳夢家：《西周年代考‧六國紀年》，北京：中華書局，2005 年。

3. 李仲操：《西周年代》，北京：文物出版社，1991 年。

4. 方詩銘：《中國歷史紀年表》，上海：上海辭書出版社，1980 年。

5. 張培瑜：《中國先秦史曆表》，濟南：齊魯書社，1987 年。

6. 北京師範大學國學研究所編：《武王克商之年研究》，北京：北京師範大學出版社，1997 年。

7. 張聞玉：《西周王年論稿》，貴陽：貴州人民出版社，1996 年。

8. 朱鳳瀚、張榮明編：《西周諸王年代研究》，貴陽：貴州人民出版社，1998 年。

9. 夏商周斷代工程專家組編著：《夏商周斷代工程 1996～2000 年階段成果報告‧簡本》，北京：世界圖書出版公司北京公司，2000 年。

附錄五：甲骨文、金文著錄書目及其簡稱

《合集》＝《甲骨文合集》

《屯南》＝《小屯南地甲骨》

《花東》＝《殷墟花園莊東地甲骨》

《鐵》＝《鐵雲藏龜》

《甲》＝《殷虛文字甲編》

《乙》＝《殷虛文字乙編》

《丙》＝《殷虛文字丙編》

《前》＝《殷虛書契》

《後》＝《殷虛書契後編》

《續》＝《殷虛書契續編》

《菁》＝《殷虛書契菁華》

《粹》＝《殷契粹編》

《通》＝《卜辭通纂》

《佚》＝《殷契佚存》

《遺》＝《殷契遺珠》

《掇》＝《殷契拾掇》

《庫》＝《庫方二氏藏甲骨卜辭》

《懷特》＝《安大略博物館懷特氏等收藏甲骨文集》

《續存》＝《甲骨續存》

《京津》＝《戰後京津新獲甲骨集》

《寧滬》＝《戰後寧滬新獲甲骨集》

《南北》＝《戰後南北所見甲骨錄》

《綴合》＝《甲骨文字綴合》

《集成》＝《殷周金文集成》

《集錄》＝《近出殷周金文集錄》

《集二》＝《近出殷周金文集錄二編》

《貞續》＝《貞松堂集古遺文續編》

《大系》＝《兩周金文辭大系圖錄考釋》

《三代》＝《三代吉金文存》

《錄遺》＝《商周金文錄遺》

《美錄》＝《美帝國主義劫掠的我國殷周青銅器集錄》

初版後記

　　一部《燕國史稿》的正文，至此算是暫告一段落。煌煌燕地一隅（燕國）的歷史與文化，所涉及的層面實在是太多太多，但我最後「交卷」的僅僅是這一部並不算非常滿意的《燕國史稿》。誠如我在「引言」中所言，因材料的欠缺與不足，對於本書所涉及的某些問題，並沒有完全做到具體、深入而又細緻的研究與論述，有些只能做大致的判斷與約略的推測，而有些問題甚至只好暫時付諸闕如了。藉此簡短「後記」，筆者打算對本書撰寫的「緣起」（借用佛教術語）稍微做些交代。

　　「催生」本書的時間，約略可以上溯至 1996 年。那一年的金秋九月，我從西南邊陲的巴蜀，又回到了東方之珠的上海，考入華東師範大學中國史學研究所（後併入歷史系）攻讀碩士學位，有幸拜在謝維揚先生的門下，系統地學習「先秦史」。謝維揚先生治學嚴謹，成就卓著，建樹頗豐，有口皆碑。對於自己的學生，謝維揚先生是慈愛有加，關心我們的學習生活和個人成長；但對於我們的讀書和治學，謝維揚先生卻是絲毫也不敢鬆懈，要求非常的嚴格、非常的仔細，有時甚至是手把手地教我們如何讀書、如何治學，勤勤懇懇，一絲不苟。每每回憶起我們師生相處的那些時光，我感悟到的既是油然而生的不勝感激，同時又是綿綿不盡的誠惶誠恐——畢竟自己的所獲所得，距離先生的要求和自我的理想，直有千里之遙。

　　當時筆者確實有意撰寫一部《燕國史稿》，但因碩士學位論文篇幅的限制和時間的倉促，最後只做了其中的很小一部分，即於 1999 年 6 月提交答辯的《燕地的古族與古國》；該論文的主體部分便是本書的第十、十一章，其餘「有用」的部分文字則散入全書。畢業之後，我回到宜賓師範高等專科學校

（後於 2001 年升級爲宜賓學院）工作了兩年。在此期間，由於興趣的轉移和條件的限制，大體上停止了對燕國歷史與文化的進一步研究，僅對碩士學位論文做了一些小小的增補。

2001 年，我又第三次踏入華東師範大學歷史系攻讀博士學位（導師仍是謝維揚先生）。九月的一天，同門王剛（與我同一級的博士生）見我正在「拆賣」學位論文的部分章節，他當時說了一句似乎是不經意的話：爲什麼不把你的碩士學位論文做成一部《燕國史稿》呢？他的提醒，最終促使我「添酒回燈重開宴」。隨後，我便對燕國的歷史文化展開了「全面」研究。

在「全面」研究的過程中，筆者進一步深深感受到本課題（燕國的歷史文化）研究的重重困難。個中滋味，寸心知之，難以歷數。隨著研究的「全面」鋪開和逐漸「深入」，這種感受越來越深，有時是「上窮碧落下黃泉」般地全面搜索材料，有時是「尋章摘句老雕蟲」般地仔細分析材料，有時是「兩處茫茫皆不見」的深深困惑，有時又是「柳暗花明又一村」的絲絲喜悅。在那一段日子裏，我基本上是全身心地沉浸在《燕國史稿》之中。到 2002 年上半年，本書的篇幅業已增加到二十萬字。在接下來的日日夜夜裏，我又對全書進行了全方位的修訂與增補，最後交出的便是讀者面前的這部二十五萬字許的稿子。

本書的完成和問世，是與諸多師友的指導、關心和支持分不開的。首先是我的導師謝維揚先生。如果沒有先生的培養與指導，筆者難以在治學上取得較爲長足的進步，本書也無法順利完成。2005 年，先生又親自執筆撰序，爲本書增色不少。師恩浩蕩，對於謝維揚先生，筆者在此謹致以誠摯的謝意。1997 年 11 月，在吉林大學調研期間，筆者有幸聆聽了師祖金老景芳的講課。金老九六高齡，依然開館授徒，仍然堅持授課，令我肅然起敬（金老已於 2001 年 5 月 1 日歸隱道山）。在吉林大學期間，還旁聽了呂紹綱教授的《周易》課和吳振武教授的古文字課；另外，兩位先生又爲我們三人（黃愛梅、趙燦鵬和我）做了特別講解，使我們獲益匪淺，並在圖書資料的借閱上提供了諸多方便。林澐教授病後康復不久，但仍然愉快地接見了我們，並就我們提出的一些問題進行了答疑，使後學茅塞頓開。在北京調研期間，清華大學思想文化研究所的廖名春教授爲我們專門就出土文獻做了提綱挈領式的講解，並饋贈了他的一些作品。對以上諸位先生，在此一併致謝。同門學友和學界朋友（如黃愛梅、于凱、王剛、周言、朱淵清、趙燦鵬、寧鎮疆、郭善

兵、李遠濤、白於藍等），也一直關心、支持著筆者的學業與本書的撰寫，他們或在圖書資料上提供便利，或在思想觀念上互相切磋，使筆者獲益匪淺。對於他們的熱情幫助，謹在此致以謝忱。

在修訂本書期間，筆者有幸獲得了兩筆經費的支持。2004 年，筆者以「燕國歷史文化研究」為題，向宜賓學院青年基金申報課題，隨後獲准立項（2004S18）；同一年，該課題又成為四川省教育廳科研專案（編號：SB04～014）。對於宜賓學院和四川省教育廳，在此一併致謝。

本書草成之後，曾經熱忱地向國內十餘家出版社（京、冀、遼、吉等地）聯繫出版，聯繫信函大多數如石沈大海，而反饋回來的三兩消息則是「愛莫能助」——望尊駕自費出版。既然出版無望，我便暫時將此事擱置一邊。在慢條斯理地修訂中，兩三年的光陰轉瞬而過。而本書最後之所以能夠付梓刊行（當然也是自費刊行），實與學長李修餘的熱忱幫助、中國文史出版社的熱情工作分不開。在此，一併向他們致謝。

由於筆者學識的淺陋，這部《燕國史稿》難免疏漏和錯誤，敬請各位專家學者和廣大讀者指正。（電子信箱：penghua629@163.com）

彭華

2002 年 3 月，草擬於上海

2005 年 7 月，修訂於宜賓

修訂版後記

關於《燕國史稿》的撰寫緣起及其寫作經過，我已經在初版本《燕國史稿》的《後記》（今改題爲「初版後記」）中做了交代，故無需在此贅述。

在寫作初版本《燕國史稿》時，由於當時見聞不廣、讀書不精、學思不純（自忖現在依然如此），故初版本「難免疏漏和錯誤」（自忖修訂本亦「難免疏漏和錯誤」）。而更爲要害的是，由於初版本《燕國史稿》是自費出版、自辦發行（課題經費在扣除管理費 560 元後的餘額爲 7440 元，遠遠不敷出版之用，而發行更是未遑慮及）；並且爲了壓縮出版費用，最終忍痛刪除了長篇附錄《燕文化研究參考論文》（修訂本恢復了這份附錄，並且增加了嗣後所出新信息），故拙著在出版後的流傳是頗爲有限的。（筆者雖然曾經自費向海内外的學者和機構贈閱若干冊，廣大讀者亦曾致函訂購若干冊，但個人之力實屬有限。）通語云，學術乃天下之公器；故論文之發表、著作之出版，目在爲人所參閱、所指正也。誠因如此，故在初版本推出之後，筆者一直有意謀求：他日若有機緣，自當修訂拙著，冀其暢通之發行與廣泛之流佈耳。但因雜務與俗事時常纏身，煩惱與苦悶並存其間，痛苦與焦慮不時來襲，故雖發願若此，終無緣踐履也。

2008 年 6 月，我作爲引進人才至四川大學古籍整理研究所工作。供職於四川大學後，我便全副身心地從事著我所喜愛的教學工作和科研工作。常規工作之餘，《燕國史稿》的修訂便提上了個人的工作日程。至此，多年的夙願得以償還。撫今思昔，此亦蓋「因緣之際會」也！

與初版本相較，修訂本在以下幾方面有所改進、有所增補（似乎還談不上深入和突破）：一是體系的完善與自足（如附錄三「燕文化研究參考論文」

的補入），二是文字的校對和訂正（包括傳世文獻與出土文獻），三是內容的擴充和拓展（比較充分地吸收了近年來所公佈的新資料、所推出的新成果）。

在《陰陽五行研究（先秦篇）》（長春：吉林人民出版社，2011 年 12 月）的「後記」中，我曾經引述過以下二語。屈原云：「路曼曼其修遠兮，吾將上下而求索。」（《楚辭·離騷》）劉向云：「山修遠其遼遼兮，塗漫漫其無時。」（《九歎·憂苦》）吟誦斯語，洵然而為鞭策也！

本次推出的修訂本《燕國史稿》，依然熱忱地歡迎各位學者和廣大讀者指正！

彭華（印川）
2008 年 10 月，草擬於成都
2012 年 6 月，改訂於雙流

在斷斷續續修訂《燕國史稿》的近四年中，我曾經試探著跟國內近二十家出版社聯繫修訂本的出版事宜；期間，亦有近十家出版社主動與我聯繫。但是，聯繫與協商的結果，幾乎與初版時的情形如出一轍——或者石沈大海，杳無音信；或者委婉暗示，敬請資助；或者坦言相告，愛莫能助（我們出版社自負盈虧，效益至上）。歷史命運之相似，何其如此之驚人也！

2012 年 3 月，我收到臺灣花木蘭文化出版社徵求文史哲國學論著在臺出版之專用函。函云，出版社不向作者收取任何費用，亦不另行支付作者版稅或稿費；出版社於作品出版後，贈予作者出版品 30 本，做為作者授權出版之報酬。此等熱情與慷慨，令人感動不已！誠因如此，謹向花木蘭文化出版社誠摯致謝！

2012 年 7 月 22 日

致　謝

歐美著作，往往有專門的致謝之頁。今仿其例。

在拙著《燕國史稿》（修訂本）付梓刊行之際，筆者要向以下前輩、老師、同門、同學、朋友、親人、家人致謝。他們是：

我的授業恩師、中國先秦史學會副會長、上海大學教授謝維揚先生。

我求學於華東師範大學時期（1988～1992、1996～1999、2001～2004）的老師丁季華、林正根、王家範、謝俊美、莊輝明、胡逢祥、鄔國義、張耕華、房鑫亮、王東、章義和、路新生、張海英、沈堅、王令愉等。

吉林大學的金景芳（1902～2001）、呂紹綱（1933～2008）、吳振武、呂文郁、陳恩林等。清華大學的廖名春等，中國社會科學院的宮長為等，大連大學的葛志毅等。

四川大學的胡昭曦、劉琳、舒大剛、李文澤、郭齊、楊世文、王智勇、劉復生、彭裕商、彭邦本、何崝、楊天宏、粟品孝、李曉宇、霞紹暉等。

四川師範大學的蔡方鹿、段渝，四川省社會科學院的陳德述，山東大學的黃玉順，湖南科技學院的張京華，等等。

美國斯坦福大學的謝幼田，臺灣輔仁大學的丁原植，臺灣東吳大學的黃兆強，香港中文大學的劉國強，臺灣花木蘭文化出版社的杜潔祥、楊嘉樂，等等。

同門黃愛梅、趙燦鵬、周言、王剛、于凱、朱淵清、王健、寧鎮疆、郭善兵、金學清、劉兵、趙爭、俞達等，同窗李遠濤、方平、朱發建、于少海、鄭先興等，好友陳勇、白於藍、夏保國、朱紅林、敬文東、黃安靖、劉平中等。

我的父母、岳父母及各位親人，吾妻蕭琴、吾子彭思叡。

彭華（印川）

2012 年 8 月 30 日，於四川成都